Matthias Hunger · Fußballkosmos 1. FC Nürnberg

Matthias Hunger

Fußballkosmos
1. FC Nürnberg

100 Orte der Erinnerung

Arete Verlag Hildesheim

Der Autor

Matthias Hunger, Jahrgang 1977, ist seit jeher Im Bann der Legende, manchmal Abseits der Kreisklasse und stammt aus der Fußballheimat Franken. Nun hat er sich auf eine Reise durch den Fußballkosmos 1. FC Nürnberg begeben. So entstand die Fußballkosmos-Reihe des Arete Verlags und das vierte Buch Hungers zum Thema Fußball. Hierbei lässt er sein komplettes Autorenhonorar dem Nachwuchsleistungszentrum des FCN zugute kommen.

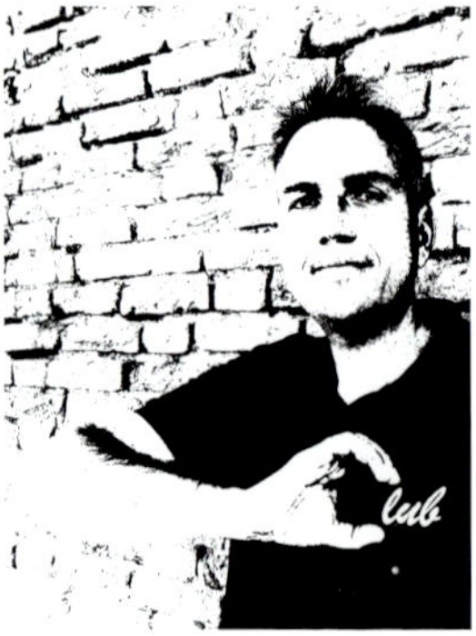

Gruß an alle Clubfans

Bibliografische Information der Deutschen Nationalbibliothek

Die Deutsche Bibliothek verzeichnet diese Publikation in der Deutschen Nationalbibliografie; detaillierte bibliografische Daten sind im Internet über http://dnb.ddb.de abrufbar.

Layout, Satz und Umschlaggestaltung: Composizione Katrin Rampp, Kempten
Fotografien: Matthias Hunger 001, 004–015, 019, 020, 022–027, 029–045, 048–073, 075–085, 087, 090, 092–095, 097, 098, 100;
Daniel Marr 017, 018, 028, 091, 096, 099;
Benjamin Voigtländer 003, 016, 038, 046;
Stefan Schwenk 086, 089;
Maximilian Laackman 021, 047;
Christian Mössner 074;
Stefan Lubig 088;
Christian Bruckner 002
Titelbild: Gelsenkirchen, Arena Auf Schalke
Fotografie: Stephan Kleier
Grafiken: Matthias Hunger
Karte Klappe hinten: © siraanamwong – stock.adobe.com
Redaktionsschluss: August 2022
Druck und Verarbeitung: Color+, Holzminden
ISBN: 978-3-96423-099-7

Inhaltsverzeichnis

Vorwort

„Kosmos" stammt aus dem Griechischen und bezeichnet das Universum. Aber auch so viel wie „Glanz" oder „Ehre" bedeutet dieses Wort. Und wenn es um den Fußballkosmos des 1. FC Nürnberg geht, sind jene weiteren Begriffsbedeutungen ebenfalls durchaus passend.

Doch nicht nur Stätten aus glanzvollen Zeiten oder Begebenheiten, die dem FCN Ehre einbrachten, zählen zu den 100 Orten der Erinnerung. Schließlich existieren im Clubkosmos neben zahlreichen Höhepunkten ebenso diverse Tiefen und Untiefen.

Es ist also auch eine Reise zu Orten, die aufzeigen, dass Clubfans vergebenen Chancen im Spiel nachtrauern, wie andere den vergebenen im Leben. Zu Orten, die für negative, zu solchen, die für lehrreiche, oder eben auch positive Erfahrungen stehen – einige sogar für alles zusammen. Denn: Vom 1. FC Nürnberg kann man während eines einzigen Fußballspiels mehr lernen, als dies vielerorts im ganzen Leben gelingt.

Aufstehen und Weitermachen wenn man gefallen ist, beispielsweise. Denn das hat der FCN noch immer getan. Nicht zuletzt deshalb führt der Weg immer wieder an Orte, die beweisen, dass man nicht aufgeben darf zu hoffen. Hoffen, dass der beständige Glaube an das Gute im Fußball einem von Zeit zu Zeit schöne Belohnung zuteilwerden lässt.

Deshalb ist eine Reise durch den Fußballkosmos des 1. FC Nürnberg auch eine Reise durch die Zeit. Zu einem Club, permanent im Chaos. Zu einem erfolgreichen FCN. Zu einem rauen, ehrlichen und nahbaren 1. FC Nürnberg.

Unabhängig von Ort und Zeit zeigt sich überdies, dass der FCN, egal ob ihn die anderen nun gerade lieben, hassen, verehren oder verhöhnen, stets die wichtigste Lebenskonstante von Zigtausenden in der Clubfamilie darstellt. Der 1. FC Nürnberg, nicht bloß Fußball, sondern höchst schützenswertes – und zugleich quicklebendiges – kulturelles Erbe.

So umfasst der Fußballkosmos des FCN Stadien und viele andere Lokalitäten, die die ganz besondere Geschichte des 1. FC Nürnberg erzählen. Orte ruhmreicher Triumphe des Traditionsvereins schlechthin. Orte schmerzlicher Tragödien des Skandalklubs par excellence.

Der Club bietet nun mal die komplette Bandbreite dessen, was der Fußball hergibt: Mal Weltklub, mal Provinzverein. Mal modern, mal modernd. Mal gescheit, mal gescheitert, worüber oft nur Nuancen entscheiden – oder ein paar Buchstaben. Mal Grandseigneur des Fußballs, mal glückloser Filou.

Es sind auch diese Gegensätze, die anziehen. Sie ziehen die Menschen in den Bann. Der FCN bringt sie zusammen. Der Club, das Größte und der kleinste gemeinsame Nenner. Egal, ob nun aus dem Rekordmeister ein Rekordabsteiger wurde. Clubfan ist man nicht zuletzt „trotzdem".

Wer sich dieser Spezies zuordnen lässt, ist schließlich im Bewältigen von Katastrophen routiniert. Fan des 1. FC Nürnberg zu sein ist kein oberflächlicher Zeitvertreib. Cluberer zu sein ist eine Lebenseinstellung, eine Rote Karte für den fußballerischen Extremkapitalismus und all die Erfolgsfans großzügig alimentierter Fußballunternehmungen.

Denn entkoppelt von der sportlichen Bilanz bewies und beweist die Clubfamilie nicht nur in zahllosen Krisen Zusammenhalt und Treue, sondern auch, dass der FCN für mehr Ekstase, mehr Drama, mehr Hingabe, mehr unverbrüchliche Liebe sowie als eingetragener Verein auch für mehr Demokratie steht. All dies ist jenem Kult zu verdanken, den die Clubfamilie aus sich selbst erzeugt.

Es war auch dieses Zusammenwirken der Cluberer auf dem Rasen und der drumherum, das den 1. FC Nürnberg sehr früh, sehr tief in Franken und angrenzenden Regionen wie der Oberpfalz verwurzeln ließ. Naturgemäß befinden sich etliche Erinnerungsorte in diesem Stammgebiet des FCN, nennen wir es mal die Innere Cluberei.

Von dort zieht der 1. FC Nürnberg seit jeher aufs Neue in ferne Gefilde, bezeichnen wir sie mal als die Äußere Cluberei, wenn es um Punkte, Pokale oder eben um Glanz und Ehre geht. Denn: Istanbul, New York, Madrid, Rom oder auch Bielefeld – seine Spuren hinterlässt der Club in der ganzen Welt.

Aachen 001

Tivoli

Geisterspiel

Stimmungsvoll war er, der alte Tivoli von Alemannia Aachen. Und von Zeit zu Zeit kochte die Stimmung auf den nur teilweise überdachten Tribünen des reinen Fußballstadions schon mal über.

So wie am 24. November 2003, als der 1. FC Nürnberg zum Spitzenspiel der 2. Bundesliga am Montagabend antrat und mit 0:1 das Nachsehen hatte. In der 71. Spielminute ging die Entscheidung des Schiedsrichters, den Aachener Erik Meijer mit Gelb-Rot vom Platz zu schicken, etlichen Alemannia-Fans derart auf den Geist, dass Feuerzeuge, Bierbecher und Co. auf das Spielfeld geworfen wurden.

Clubtrainer Wolfgang Wolf wurde dabei von einem Gegenstand am Kopf getroffen, ging zu Boden und musste nach einer Unterbrechung angeschlagen in der Kabine bleiben.

Der FCN legte anschließend Protest ein und erreichte eine Wiederholung der Partie unter Ausschluss der Öffentlichkeit. Am 26. Januar 2004, wieder eine Montagspartie, kam es schließlich zum ersten Geisterspiel in der Geschichte des deutschen Profifußballs.

Nur rund 250 Leute durften rein. Abgezählte 40 Personen pro Verein, Spieler inkludiert, das Schiedsrichtergespann, ausgewählte Medienvertreter, Stadionsprecher, Sanitäter, Sicherheitsdienst, Technik- und Toilettenpersonal, zwei Würstchenverkäufer und ein Geist. Denn tatsächlich hüpfte eine Gestalt im weißen Bettlaken zeitweise vor den Fernsehkameras umher.

Trotz Geisterstimmung gewann Aachen mit 3:2 und kürte sich nachträglich zum Herbstmeister. Im weiteren Saisonverlauf übernahm allerdings der Club die Tabellenführung und stieg als Zweitligameister auf. Die Alemannen hingegen stürzten am letzten Spieltag noch aus den Aufstiegsrängen.

Die Ränge im altehrwürdigen Tivoli stürzten dann schließlich während der Saison 2011/12 ein. Die Traditionsspielstätte wurde abgebrochen, da die Aachener seit 2009 ein paar Meter weiter in einer modernen und ebenfalls Tivoli genannten Arena spielen. Und dort, wo einst der Geist des alten Tivoli lebte, befinden sich heute moderne Wohnhäuser, zahlreiche Büroflächen und ein Spielplatz.

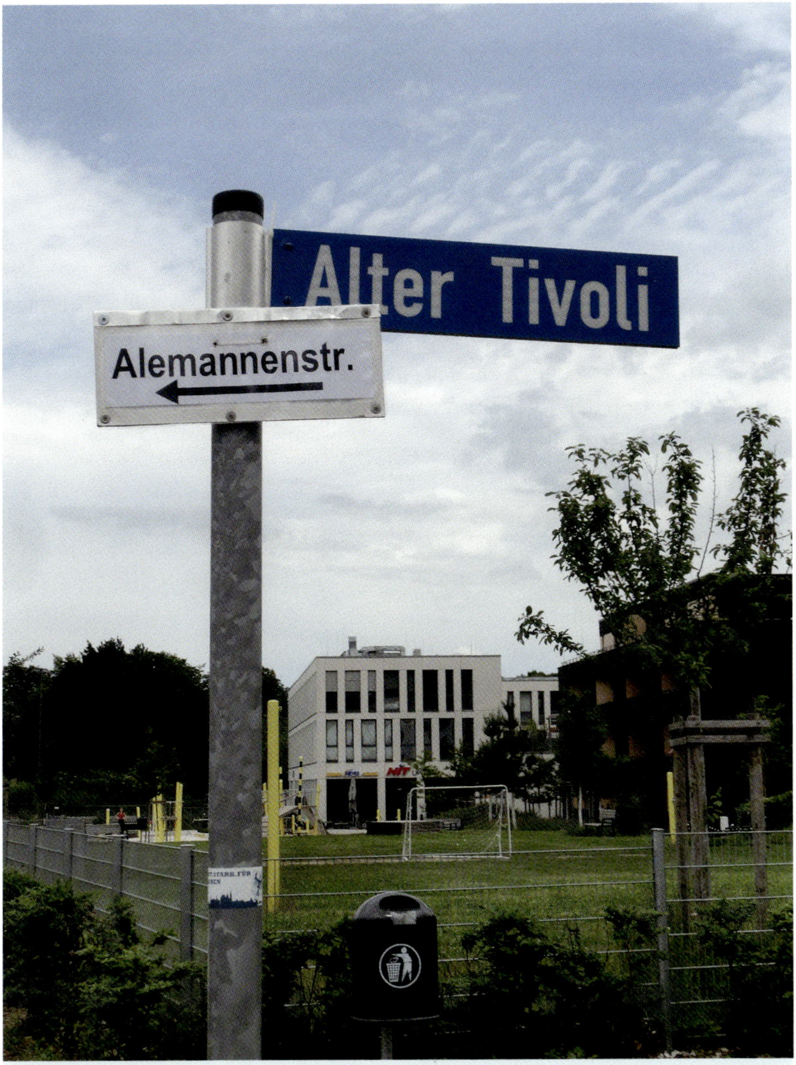

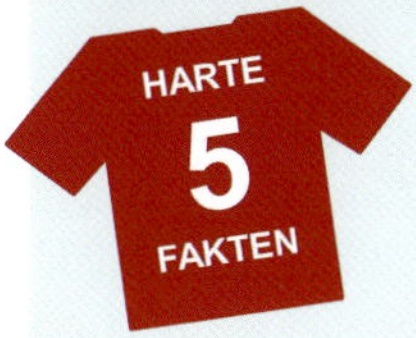

Adresse: Alter Tivoli, 52070 Aachen
Erbaut: 1928
Abbruch: 2012
Zuschauerkapazität: 21.300
Begebenheit: Geisterspiel 2003/04

Amsterdam 002

Olympisch Stadion

Renommierklub

Bevor auf das Olympisch Stadion, das Olympiastadion von 1928 eingegangen werden kann, muss auf das Oude Stadion geblickt werden. Offiziell Nederlandsch Sportpark genannt, lag es direkt daneben. 1914 eröffnet und 1929 abgerissen, erlebte es einst die sogenannte Blockbildung in der Deutschen Nationalmannschaft in Reinkultur. Denn beim Spiel gegen die Niederlande am 24. April 1924 bestand die Nationalelf ausschließlich aus Spielern des FCN und der SpVgg Fürth.

Aufgrund der gegenseitigen Abneigung beider Vereine reisten jedoch die Blocks der Nürnberger und Fürther in unterschiedlichen Zugabteilen nach Amsterdam, saßen im Hotel separiert, und selbst den 1:0-Siegtreffer bejubelten sie in getrennten Gruppen.

Als sich ein paar Monate später die Spieler von Club und SpVgg schließlich weigerten, gemeinsam zu spielen, und beide Blocks gar nicht anreisten, setzte es ein 1:4 gegen Schweden in Berlin. Bis heute die höchste Niederlage gegen die Skandinavier.

Doch nun zum Olympisch Stadion, das bei Spielen mit großem Zuschauerandrang von Ajax Amsterdam genutzt wurde. Entsprechend war am 2. Oktober 1968 auch der 1. FC Nürnberg dort im Europapokal der Landesmeister zu Gast. Ein schweres Los gleich in Runde 1 für den Club, der große Hoffnungen und hohe finanzielle Erwartungen an diesen Wettbewerb geknüpft hatte. Aber nach einem 1:1 in Nürnberg ging das Rückspiel vor knapp 55.000 Zuschauern deutlich mit 0:4 gegen das Team um Johan Cruyff verloren.

Der eine Renommierklub stieg in der Folge ab, der andere auf. Ajax erklomm Europas Fußballthron. Zwar ging 1968/69 das Finale noch verloren, doch zwischen 1971 und 1973 gab es dann kein Vorbeikommen mehr an den Amsterdamern im Landesmeisterpokal und drei Titel in Serie.

Der Club hingegen verschwand in jener Zeit in der Zweitklassigkeit und konnte bis heute kein weiteres Spiel mehr in Europas Königsklasse bestreiten. Und als Ajax 1996 seine hochmoderne Arena mit verschließbarem Dach einweihte und das Olympisch Stadion verließ, war der FCN gerade in die Drittklassigkeit abgerutscht.

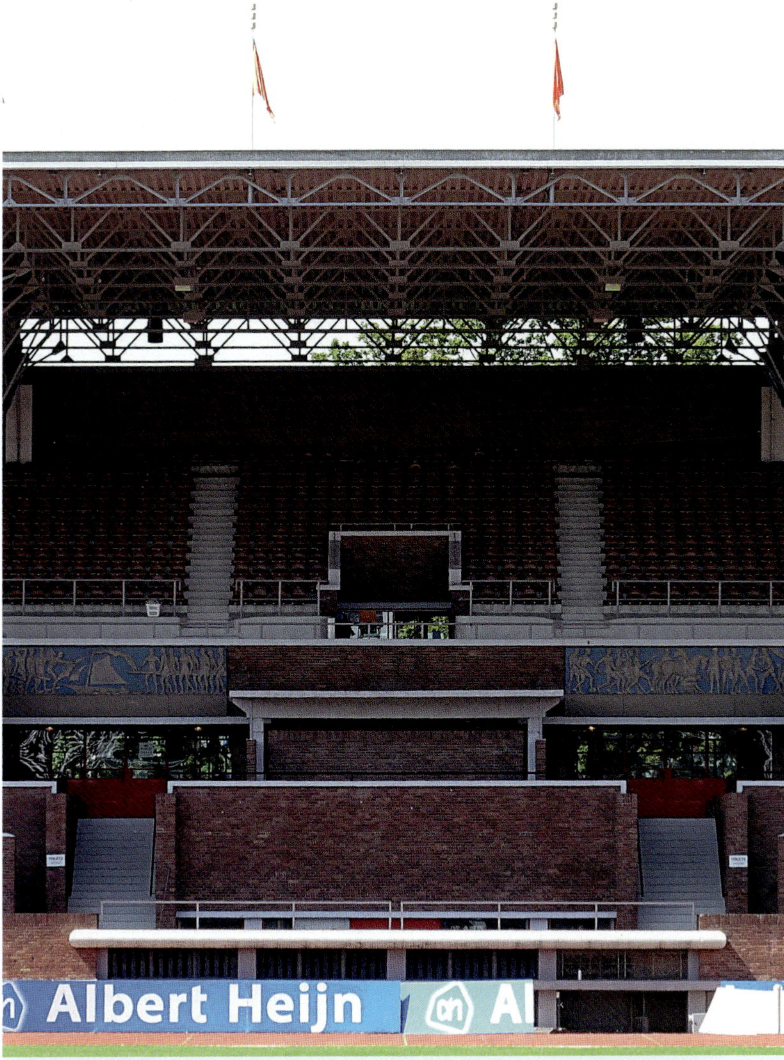

HARTE 5 FAKTEN

Adresse: Olympisch Stadion 2, 1076 DE Amsterdam
Erbaut: 1928
Zuschauerkapazität: 22.288
Verein: Ajax Amsterdam
Begebenheit: 1. Runde
Europapokal der Landesmeister 1968/69

Anderlecht/Brüssel 003

Stade Constant Vanden Stock

Von internationalen Titeln

1917 erbaute man im Parc du Meir das Stadion des späteren belgischen Rekordmeisters RSC Anderlecht. Zunächst Stade Emile Verse genannt, wurde es 1983 von Grund auf neu errichtet und erhielt den Namen des damaligen Vereinspräsidenten Constant Vanden Stock.

Dieser stand dem RSC von 1971 bis 1996 stolze 25 Jahre vor und war prägend für den Brüsseler Vorortklub. Neben mehreren belgischen Titeln fielen in seine Amtszeit auch die internationalen Erfolge im Europapokal der Pokalsieger 1976 und 1978 sowie der UEFA-Pokalsieg 1983.

Doch auch vor Vanden Stocks Zeit war Anderlecht durchaus erfolgreich. So holte der RSC, wie der 1. FC Nürnberg, 1968 den nationalen Meistertitel. Beide Vereine nahmen danach zudem am Intertoto-Cup teil. Dieser war im Jahr zuvor eingeführt worden, um auch in der fußballfreien Sommerzeit der europäischen Ligen Toto-Wetten anbieten zu können.

Der Wettbewerb wurde dabei in Gruppen ausgespielt und Sieger waren diejenigen Vereine, die am Ende Gruppenerster waren. Denn weitere Spiele zwischen den jeweils Erstplatzierten waren nicht vorgesehen. Neben dem RSC Anderlecht war in der Nürnberger Gruppe noch Inter Mailand, das mit zwei Erfolgen im Europapokal der Landesmeister 1964 und 1965 bereits internationale Titel vorweisen konnte.

Nachdem Inter zuhause Anderlecht mit 2:1 besiegt hatte, anschließend der RSC wiederum sein Heimspiel gegen Mailand mit 3:1 gewann, stieg auch der FCN in den Wettbewerb ein. Am 5. Juni 1968 gab es ein 2:2 in Anderlecht, wobei Brungs beide Clubtore erzielte. In Nürnberg konnte der RSC am 10. August 1968 gar mit 5:1 besiegt werden, durch zwei Tore von Heinz Müller sowie je einem von Beer, Ludwig Müller und Cebinac.

Der FCN führte damit die Tabelle an, und da Inter Mailand zu den Spielen gegen den Club nicht antrat und diese jeweils mit 3:0 für die Franken gewertet wurden, durfte sich der 1. FC Nürnberg 1968 – gemeinsam mit 13 weiteren Teams – in die Siegerliste des Intertoto-Cups eintragen. Bis heute der einzige internationale Titel des FCN, der 1984 nochmals an diesem Wettbewerb teilnahm und hierbei Gruppenletzter wurde.

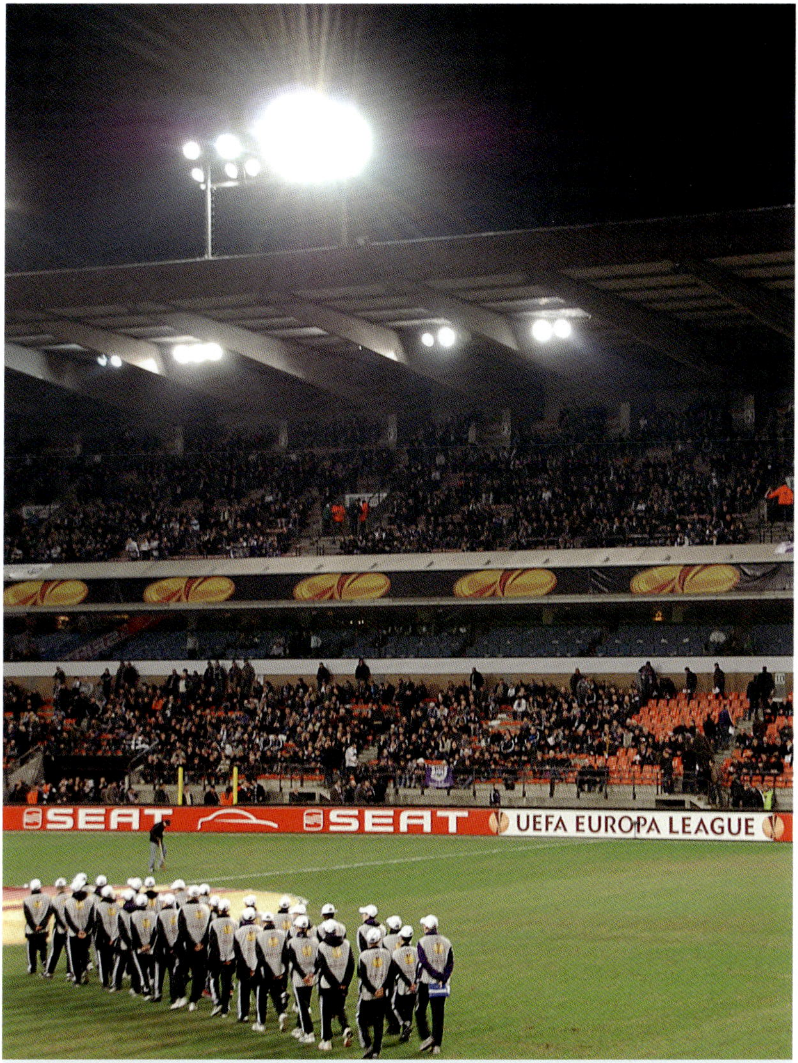

HARTE 5 FAKTEN

Adresse: Avenue Theo Verbeeck 2, 1070 Anderlecht / Brüssel
Erbaut: 1917
Zuschauerkapazität: 21.500
Verein: RSC Anderlecht
Begebenheit: Gruppenspiel Intertoto-Cup 1968

Augsburg 004

Arena

Umweg

Nachdem der 1. FC Nürnberg im Jahr zuvor den Wiederaufstieg in die 1. Bundesliga durch zwei Siege in den Relegationsspielen gegen Energie Cottbus vollbracht hatte, musste er auch am Ende der Saison 2009/10 wieder in die Relegation. Diesmal nach einem 16. Tabellenplatz in der ersten Liga.

Gegner war der FC Augsburg, der in der zu Saisonbeginn neu eröffneten Arena auf den dritten Platz in der 2. Bundesliga gestürmt war. Möglich gemacht hatte all das, sowohl den sportlichen Erfolg, als auch den Stadionneubau, der Textilunternehmer Walther Seinsch.

Der ambitionierte Fußballfunktionär gelangte über einige Umwege schließlich nach Augsburg, hatte er doch bereits 1994 beim FC Schalke 04 für das Präsidentenamt kandidiert und noch 1999 ein Engagement beim SSV Reutlingen geplant. 2000 stieg er mit einer Investorengruppe beim FCA ein und pushte ihn mit Finanzkraft bis 2006 zunächst in die Zweitklassigkeit, später sogar in die 1. Bundesliga und damit zu einem bis dato nie dagewesenen Höhenflug in der Fuggerstadt.

Was im alten Rosenaustadion nicht gelang, wurde also in der neuen Arena in Göggingen möglich. Dort war eine Spielstätte mit 30.660 Plätzen für etwa 45 Millionen Euro entstanden, wovon eine Investorengruppe um Seinsch allein 25 Millionen Euro beisteuerte. Zudem wurden von der Stadt Augsburg weitere 13,5 Millionen in die Infrastruktur investiert.

Knapp ein Jahr nach der Einweihung des ersten klimaneutralen Fußballstadions der Welt stand dann auch das erste große Spiel in der Arena an. Das Relegationsrückspiel gegen den 1. FC Nürnberg. Der hatte das Hinspiel zu Hause mit 1:0 durch ein Tor von Christian Eigler gewonnen.

Am 16. Mai 2010 rollte dann die beeindruckende Karawane von Nürnberg nach Augsburg und verwandelte die ausverkaufte Arena in eine uneinnehmbare Clubfestung. Das 1:0 durch Ilkay Gündogan, später über Borussia Dortmund zu Manchester City gewechselt, nach 34 Minuten sowie das 2:0 durch Eric Maxim Choupo-Moting, später auch bei Paris Saint-Germain, nach 63 Minuten bescherten dem FCN schließlich den Klassenerhalt über den Umweg Relegation.

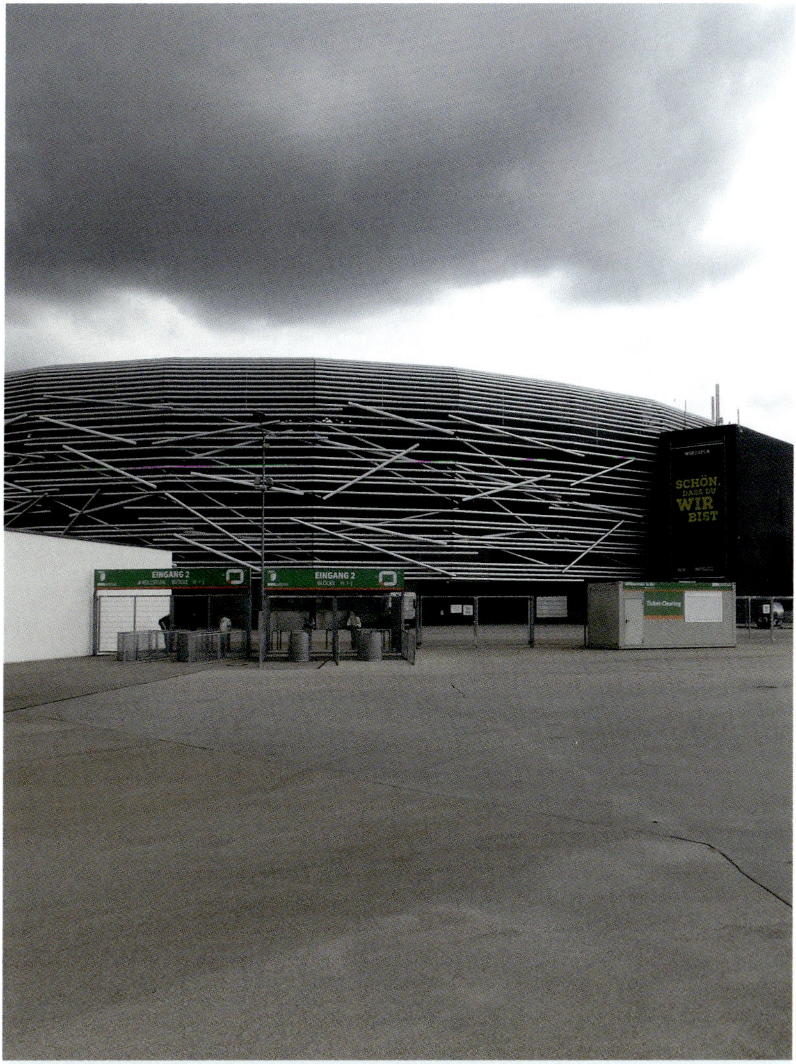

HARTE 5 FAKTEN

Adresse: Bürgermeister-Ulrich-Straße 90, 86199 Augsburg
Erbaut: 2009
Zuschauerkapazität: 30.660
Verein: FC Augsburg
Begebenheit: Relegation 2010

Augsburg 005

Rosenaustadion

Heimspiel in Augsburg

Odense, eine der größten Städte Dänemarks, auf der Insel Fünen gelegen, hat durchaus einiges zu bieten. Den Dom, die gotische Sankt Knuds Kirke aus dem 14. Jahrhundert, beispielsweise, einen der bedeutendsten dänischen Sakralbauten, oder das zweitälteste Theater des Königreichs.

Aber auch B 1909 Odense, unter anderem Dänischer Pokalsieger 1962 und als solcher Viertelfinalgegner des 1. FC Nürnberg im Europapokal der Pokalsieger 1962/63.

Doch die Reise zum Hinspiel führte den Club nicht etwa in die Geburtsstadt des weltbekannten Märchenerzählers Hans Christian Andersen, sondern nach Augsburg.

Im dortigen Rosenaustadion empfing nämlich B 1909 Odense am 21. März 1963 den 1. FC Nürnberg. Das Ganze glich freilich einem Heimspiel für den Club, wie meist bei Spielen des FCN in Augsburg. Dennoch gelang an einem nasskalten Donnerstag vor 33.000 Zuschauern lediglich ein mühevoller 1:0-Sieg durch ein Elfmetertor von Gustl Flachenecker.

Das Rosenaustadion hatte damals übrigens, ob seiner Größe und Modernität, eine sehr hohe Bedeutung in der Nachkriegsentwicklung des Sports in Deutschland. Und im Eröffnungsjahr der Spielstätte 1951 lobte die „Neue Zeitung" den ersten großen deutschen Sportarenaneubau nach dem Zweiten Weltkrieg als „eines der schönsten Stadien Europas".

Bis 2009 trug dort für gewöhnlich der FC Augsburg, beziehungsweise dessen Vorgängerverein BC Augsburg, seine Heimspiele aus. Just gegen den 1. FC Nürnberg gab es im Übrigen auch mit 42.000 Besuchern den Zuschauerrekord der Augsburger. 1973 war das, bei einem zweitklassigen Regionalligaspiel.

1962/63 hingegen schwebte der Club noch in anderen Sphären und schrieb an seinem Europapokalmärchen. Denn gegen B 1909 aus der Hans-Christian-Andersen-Stadt zog man souverän ins Halbfinale ein.

Im Rückspiel in Nürnberg siegte der FCN deutlich mit 6:0. Zweimal Morlock, Dachlauer, Wild, Engler und Haseneder waren nur drei Tage nach dem Hinspiel die Torschützen beim bis dato höchsten Sieg in der Nürnberger Europapokalhistorie.

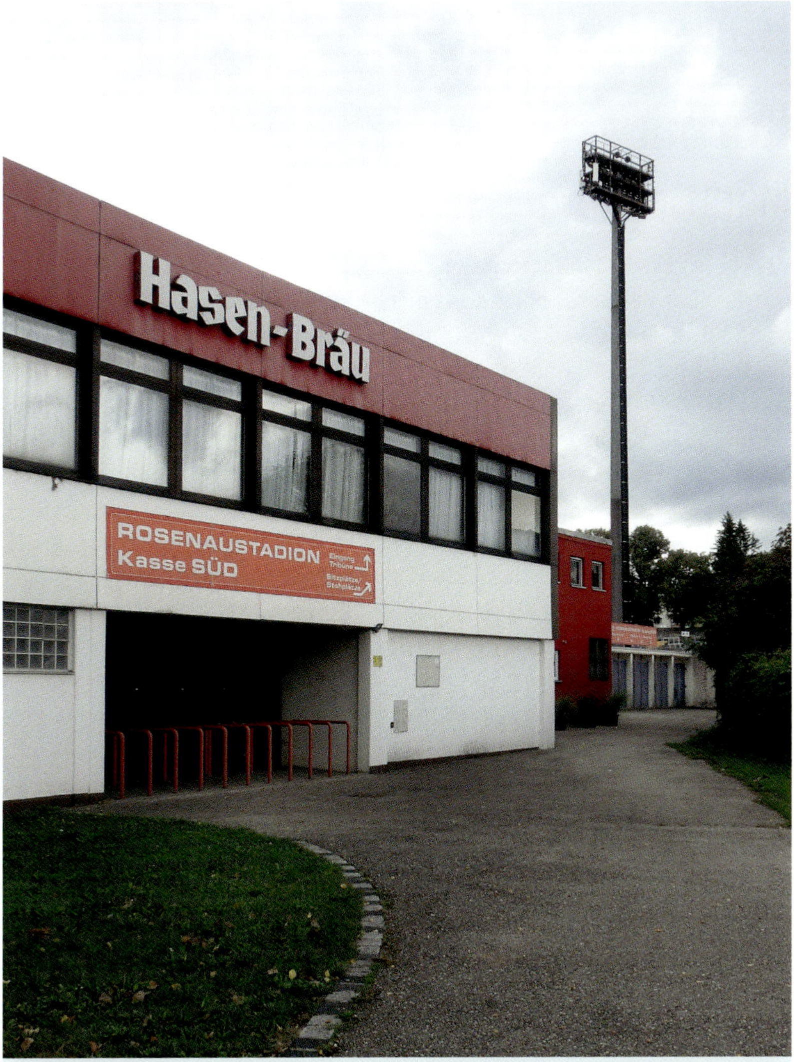

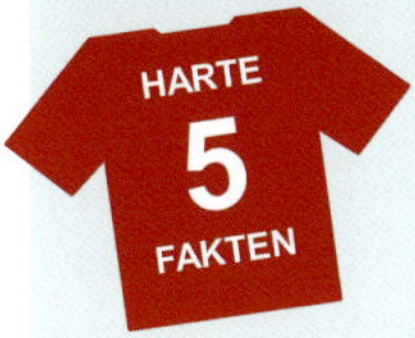

Adresse: Stadionstraße 21, 86159 Augsburg

Erbaut: 1951

Zuschauerkapazität: 28.000

Vereine: BC/FC Augsburg
(Europapokal 1962/63: B 1909 Odense)

Begebenheit: Viertelfinale
Europapokal der Pokalsieger 1962/63

Baden-Baden 006

Kurhaus

Mannschaft des Jahres

1947 beschäftigte den Journalisten Kurt Dobbratz die Frage, wer denn eigentlich der beste deutsche Sportler im Kalenderjahr sei. Das Urteil wollte er jedoch nicht alleine fällen, weshalb er ein paar Zeitungskollegen aus den vier Sektoren, in die das Land damals unterteilt war, kontaktierte. Es war die Geburt der Wahl zu Deutschlands Sportler des Jahres.

Die Proklamation der jahresbesten Sportlerinnen, Sportler und Mannschaften erfolgt dabei inzwischen traditionell im Kurhaus von Baden-Baden. Erstmals gastierte die Veranstaltung 1960 in der Kurstadt am Rande des Schwarzwalds, die sich als „gute Stube des deutschen Sports" bezeichnet.

Und die vereinigte Sportfamilie schätzt Baden-Baden auch, schließlich blieb die Sportlerwahl, abgesehen von wenigen Umzügen nach Berlin, Dortmund, Hannover oder München, dem Flair von Kurhaus, Casino und Luxushotels treu.

Der 1. FC Nürnberg kam spätestens mit dem Gewinn der Deutschen Meisterschaft im Sommer 1961 in den Fokus der Juroren. Schon zuvor hatte die Clubmannschaft für Furore gesorgt und wurde ob des geringen Altersdurchschnitts bundesweit als die „jungen Wilden" bezeichnet.

Rudolf Eberhard, stellvertretender bayerischer Ministerpräsident, stellte ferner selbstbewusst und völlig zurecht fest: „Wenn man in Bayern vom Fußball spricht, schaut man nicht nach München, sondern nach Nürnberg, das ist die Sport-Hauptstadt."

Tatsächlich durfte der 36-jährige Senior und FCN-Kapitän Max Morlock nach der Meisterschale auch die Trophäe für die Sport-Mannschaft des Jahres 1961 in Empfang nehmen.

Überreicht von Initiator und Organisator Kurt Dobbratz, wurde damit eine Clubmannschaft mit beachtenswerten acht Eigengewächsen geehrt, die forsch, unbekümmert und überdies sehr erfolgreich spielte.

Darüber hinaus erreichte der Mannschaftskapitän Max Morlock bei der Einzelsportlerwahl desselben Jahres einen bemerkenswerten dritten Platz hinter dem zweitplatzierten Leichtathletikstar Manfred Germar und dem posthum geehrten Formel-1-Vizeweltmeister Wolfgang Graf Berghe von Trips.

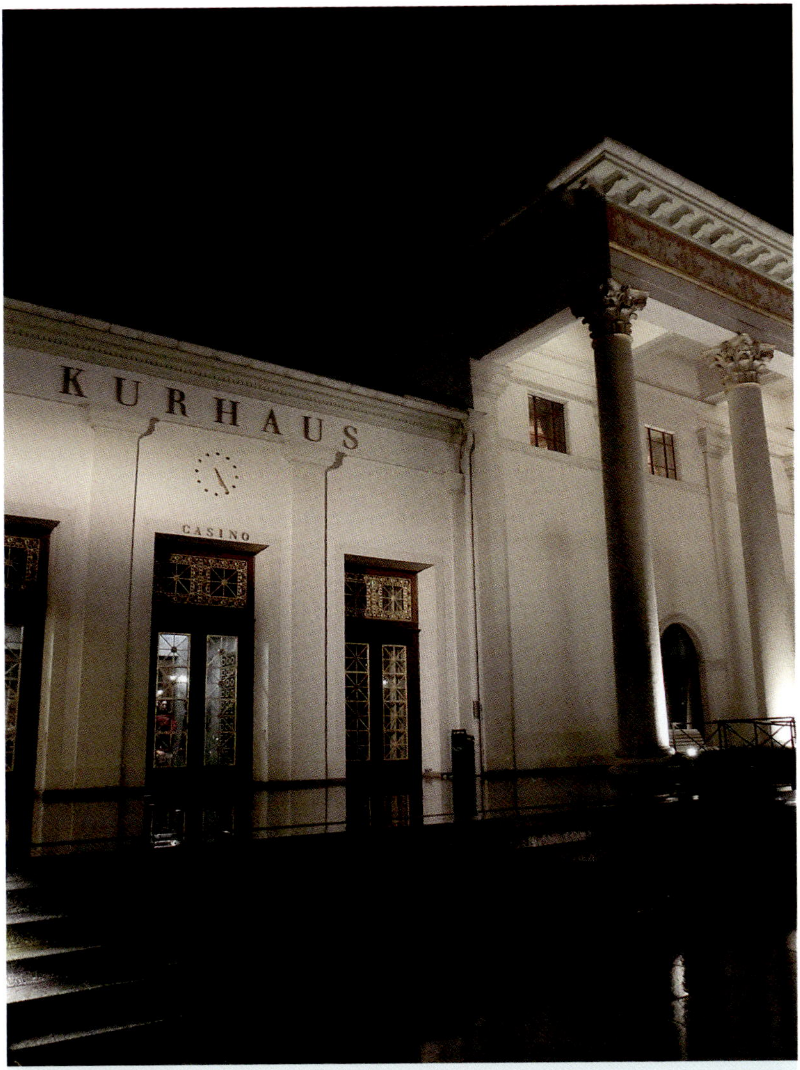

HARTE 5 FAKTEN

Adresse: Kaiserallee 1, 76350 Baden-Baden
Erbaut: 1823 / 1854 / 1917
Gebäudeteile: Mittelbau, Seitenflügel links / rechts (Casino)
Sportlerehrung in Baden-Baden: erstmals 1960
Begebenheit: Mannschaft des Jahres 1961

Bamberg 007

Schützenwiese

Das erste offizielle Wettspiel

Der 1. FC Bamberg wurde am 3. März 1901 in der Wirtschaft Goldener Schwan gegründet und erhielt in der Folge von der Stadt Bamberg die Genehmigung, den vorderen Teil der Schützenwiese als Fußballfeld zu nutzen.

Auf dieser sollte dann auch das erste Spiel des FCB stattfinden. Und zwar gegen den 1. FC Nürnberg, für den dieses Aufeinandertreffen ebenfalls die erste offizielle Fußballpartie in der Clubhistorie darstellte.

Denn mangels rugbywilliger Spieler widmete sich der FCN ab Sommer 1901 dem Fußball und forderte den nächstgelegenen Fußballverein zum Wettspiel heraus.

So kam es zur Reise ins 60 Kilometer entfernte Bamberg, welche einige Nürnberger Spieler sogar mit dem Fahrrad antraten. Die Bamberger Akteure hingegen fuhren in Kutschen vor. Elegant gekleidet, alle mit neuen Fußballschuhen, während beim 1. FC Nürnberg lediglich Vorstand und Kapitän Christoph Heinz spezielles Schuhwerk besaß.

Im Zusammenhang mit dem Spiel des FCN beim FCB ist zudem von hunderten von Zuschauern die Rede, die diesem Ereignis am 29. September 1901 in der Domstadt beiwohnten. Zwar entwickelte sich auf dem ehemaligen Krautacker eher ein wildes Gebolze, dennoch zeigten sich die Besucher auf der Schützenwiese begeistert.

Im Anschluss schrieb damals die „Bamberger Zeitung“: „In anstrengenden, fast zwei Stunden dauernden Ballstößen maßen die beiden Gegner ihre Kräfte, wobei die Nürnberger, denen es gelang, den Ball zweimal durch das Ziel zu bringen, als Sieger hervorgingen.“

Weiter als „eigenartig interessantes Schauspiel“ bezeichnet, endete das erste offizielle Wettspiel des damals noch jungen 1. FC Nürnberg mit einem 2:0-Auswärtsieg.

Von der Schützenwiese, wo sich heute auch das Erzbischöfliche Priesterseminar befindet, ging es aber nicht gleich zurück nach Nürnberg. Zunächst stand nämlich noch eine ausgiebige Tour durch die Bamberger Gartenwirtschaften mit den Gastgebern vom FCB auf dem Programm. Erst der Morgenzug brachte die siegreiche FCN-Elf dann wieder zurück nach Nürnberg.

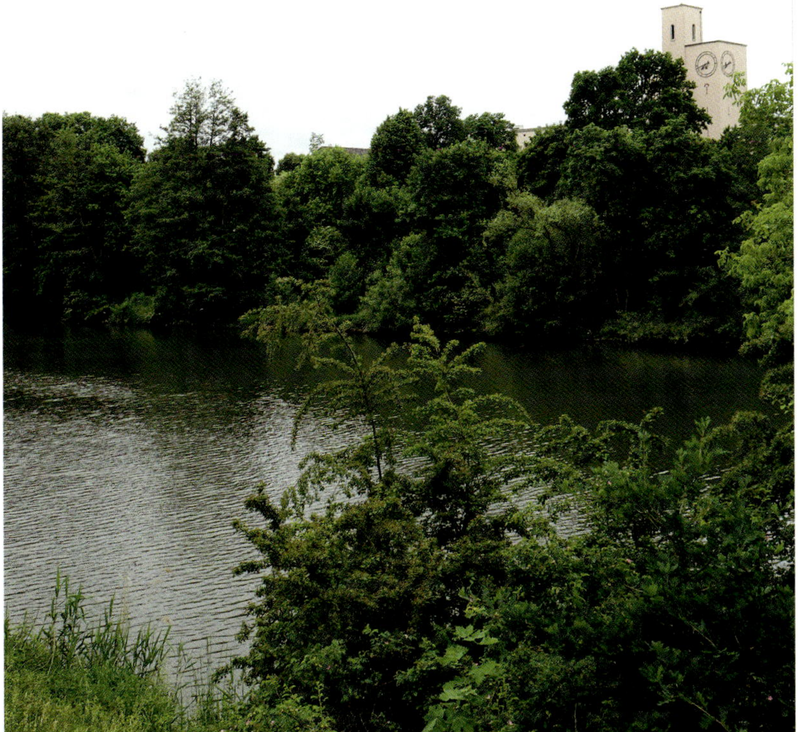

HARTE 5 FAKTEN

Adresse: Heinrichsdamm, 96047 Bamberg
Verein: 1. FC Bamberg (heute: FC Eintracht Bamberg)
Erstes offizielles Spiel von FCB und FCN: 29.9.1901
Heutige Nutzung: u.a. Erzbischöfliches Priesterseminar
Begebenheit: Erstes offizielles Clubspiel

Grunewaldstadion

Endlosendspiel und Rekordmeisterehren

Das Grunewaldstadion, das offiziell Deutsches Stadion hieß, wurde am 8. Juni 1913 zum 25-jährigen Thronjubiläum Kaiser Wilhelms II. eingeweiht. Es befand sich im Inneren der Pferderennbahn Grunewald und war versenkt angelegt. Der Zuschauerbereich war nur über einen Tunnel erreichbar.

Erbaut wurde es für die Olympischen Spiele 1916, die allerdings kriegsbedingt ausfielen. Statt zu Olympiaehren kam das Deutsche Stadion später als viermaliger Austragungsort des Endspiels zu nationalen Fußballehren.

Zunächst konnte im Grunewaldstadion jedoch gar kein Meister ermittelt werden. Denn das erste Finale am 18. Juni 1922 zwischen dem Club und dem Hamburger SV wurde nach sagenhaften 189 Minuten wegen Dunkelheit beim Stand von 2:2 abgebrochen. Flutlicht und Elfmeterschießen waren noch Zukunftsmusik. Stattdessen gab es ein Wiederholungsspiel, das allerdings in Leipzig stattfand.

Zwei Jahre später kam es dann zur Neuauflage des Endlosendspiels. Titelverteidiger HSV, 1923 an gleicher Stelle siegreich, traf am 9. Juni 1924 abermals auf den FCN.

Doch dank der Treffer von Georg Hochgesang und Wolfgang Strobel behielt der Club eindeutig mit 2:0 die Oberhand, kam zum dritten Mal zu Meister- und damit auch zu Rekordmeisterehren.

Der fünfte und letzte Meisterstreich der 1920er-Jahre gelang dem 1. FC Nürnberg ebenfalls im Grunewaldstadion. Finalgegner am 12. Juni 1927 war Lokalmatador Hertha BSC.

50.000 Menschen drängten in das eigentlich nur für 33.000 Zuschauer konzipierte Deutsche Stadion. Doch der Heimvorteil nutzte den hoffnungsfrohen Berlinern nichts. 2:0 für den Club hieß es nach Toren von Hans Kalb und Heiner Träg.

Es sollte das letzte Meisterschaftsfinale im Grunewaldstadion sein. Und auch zu olympischen Wettkampfehren kam das Deutsche Stadion nicht mehr. 1934 wurde es abgerissen, um Platz für das Olympiastadion von 1936 zu machen. Lediglich der alte Zugangstunnel mit dem Marchhof genannten Ehrenhof erinnert noch an die Stätte der Clubtriumphe von 1924 und 1927.

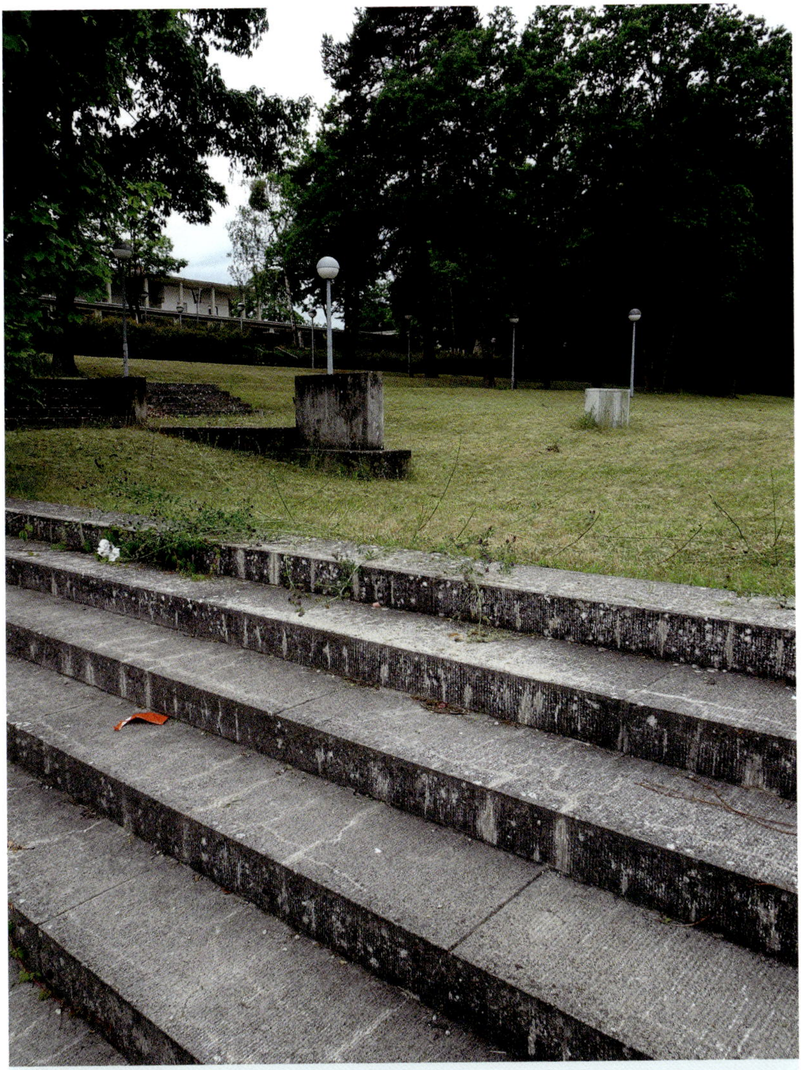

HARTE 5 FAKTEN

Adresse: Jesse-Owens-Allee, 14053 Berlin
Erbaut: 1913
Abbruch: 1934
Zuschauerkapazität: 33.000
Begebenheit: Meisterschaftsendspiele 1922, 1924, 1927

Berlin

009

Olympiastadion

Franken am Frankenturm

Am Rande des 1936 eröffneten Berliner Olympiastadions sind sechs, nach deutschen Stämmen benannte Türme angeordnet. Einer davon trägt den Namen Frankenturm. Das ist freilich nicht der Grund, warum sich dieses Stadion im Fußballkosmos des fränkischen Volksvereins befindet, aber eine interessante Randnotiz.

Erstmals trat das Olympiastadion im nationalen Fußball als Endspielort der Deutschen Meisterschaft 1937 in Erscheinung. Dabei trat wiederum gleich der Club aus der Frankenmetropole an, gegen Schalke 04. Sage und schreibe 101.000 Menschen waren dabei, als der 1. FC Nürnberg mit 0:2 unterlag.

Auch das zweite Meisterschaftsendspiel des FCN im Olympiastadion ging verloren. Sogar sehr deutlich, mit 0:4 gegen den 1. FC Köln. Max Morlock erklärte danach seinen Rücktritt, gab jedoch 1963 aufgrund der Langzeitverletzung von Kurt Haseneder sein Comeback.

So war er dann auch beim ersten Nürnberger Bundesligaspiel überhaupt dabei. Gegner war Hertha BSC und der Austragungsort das Olympiastadion. Morlock höchstpersönlich traf zum 1:0 und erzielte damit das erste Clubtor in der neuen Liga – Endstand 1:1.

In Pokalendspielen schrieb der FCN in Berlin andere Geschichten. Sogar ein einmaliges Kunststück gelang dem Club im Cup. Klar, er stieg nach dem hier an anderer Stelle gewürdigten Triumph von 2007 in der Folgesaison ab. Doch vielmehr ist und bleibt der FCN der einzige Verein, dem es gelang, in einem Jahr zweimal im Pokalfinale zu stehen.

Dazu sei erklärt, dass der Wettbewerb anfangs innerhalb eines Kalenderjahres ausgetragen wurde. Gestartet wurde jeweils im Januar, das Endspiel sollte dann im Dezember stattfinden, verschob sich aber 1939 kriegsbedingt auf 28. April 1940. Durch zwei Tore von Max Eiberger besiegte der Club den SV Waldhof dort mit 2:0.

Und auch im Pokalwettbewerb 1940 erreichte der FCN wieder das Finale, das am 1. Dezember 1940 abermals im Olympiastadion stattfand. Auf gefrorenem und schneebedecktem Boden verloren die Franken dieses allerdings mit 1:2 nach Verlängerung gegen den Dresdner SC.

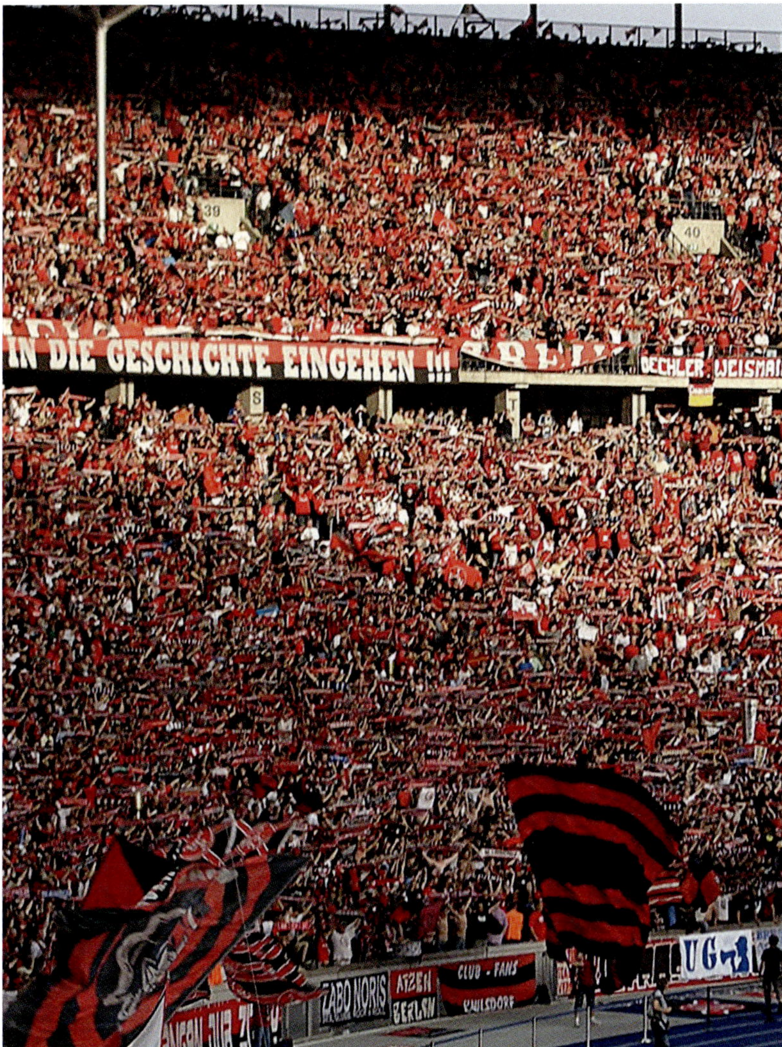

HARTE 5 FAKTEN

Adresse: Olympischer Platz 3, 14053 Berlin
Erbaut: 1936
Zuschauerkapazität: 74.475
Verein: Hertha BSC
Begebenheit: Meisterschaftsendspiele 1937, 1962; Pokalfinals 1939, 1940, 2007

Berlin

010

Poststadion

Verflixt

Im Auftrag der Reichssportverwaltung entstanden, war das Poststadion zweimal Endspielort der Deutschen Meisterschaft. Und beide Male war der 1. FC Nürnberg beteiligt, zunächst am 24. Juni 1934.

Dem Finale jener Saison war die Gleichschaltung im deutschen Fußball durch die Nationalsozialisten vorausgegangen. Die bisherigen Regionalverbände wurden aufgelöst, an ihre Stelle trat der Reichsbund für Leibesübungen – ohne große Widerstände des DFB, der zwar nicht aufgelöst wurde, aber praktisch keine Funktion mehr hatte.

Für den FCN war es schon das siebte Finale und lange sah es aus, als würde der Club beim verflixten siebten Mal ohne sportliche Endspielniederlage bleiben. Georg Friedel hatte nach 54 Minuten das 1:0 erzielt. Doch gegen Spielende geschah etwas, das dem Ruhmreichen eigentlich erst widerfährt, seit der Ruhm verblassen zu droht: Der Gegner dreht das Spiel in der verflixten Schlussphase.

Und so holten vor 45.000 Zuschauern die aufstrebenden Schalker durch Tore von Szepan in der 88. und Kuzorra in der 90. Minute ihre erste Meisterschaft, und eben nicht der FCN seine sechste.

Justament im Poststadion folgte diese 1935/36. Zuvor hatte der Club im Dezember 1935 bereits das Pokalfinale gewonnen, wobei dieser Titel verflixter Weise zur Saison 1934/35 gerechnet wird und so diese Leistung nicht als offizielles Double zählt.

Verflixt heiß war es dann beim Endspiel am 21. Juni 1936. Das setzte nicht nur den Spielern, sondern auch dem Rasen enorm zu. Knochentrocken, mit zahlreichen Rissen, war er die Ursache für das verdrehte Knie von Clubspieler Heinz Carolin in Halbzeit eins. Aber Auswechseln war nicht, und so schleppte er sich fortan humpelnd über den Platz.

Zu allem Überfluss war Endspielgegner Fortuna Düsseldorf sehr früh in Führung gegangen. Doch Max Eiberger hatte nach etwas über einer halben Stunde ausgleichen können. Und dank Karl Gußners 2:1 in der 120. Minute konnte der dezimierte FCN in der Verlängerung doch noch die Hitzeschlacht für sich entscheiden.

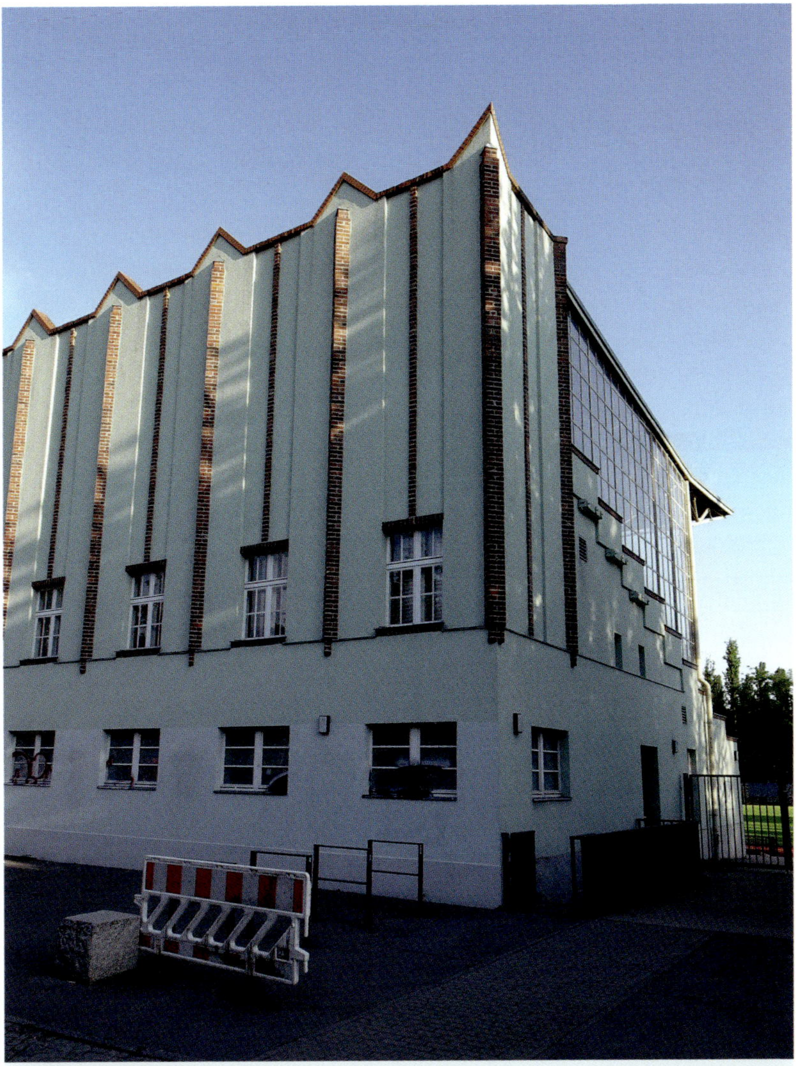

HARTE 5 FAKTEN

Adresse: Lehrter Straße 59, 10557 Berlin
Erbaut: 1929
Baudenkmal seit: 1990
Zuschauerkapazität: 10.000
Begebenheit: Meisterschaftsendspiele 1934, 1936

Berlin

Ritz-Carlton

Spät

Am 26. Mai 2007 gewann der 1. FC Nürnberg in Berlin nicht nur den DFB-Pokal, es wurde überdies eine ganze, beinahe schon verloren geglaubte, Fangeneration erlöst. Unzählige Clubfans, die so etwas nie zuvor erleben durften, ja lediglich aus Erzählungen ihrer Väter und Großväter kannten, hatten mit diesem Tag endlich ihren eigenen Titel.

Besser spät als nie! 45 Jahre waren seit dem letzten Pokalsieg des FCN vergangen. Die Meisterschaft von 1968 lag ebenfalls schon sehr lange zurück, was auch Thema der ultrastarken Nürnberger Choreographie beim Finale war. In der Ostkurve des Olympiastadions stand: „Auch in 39 Jahren ohne Titel waren wir stets stolz und treu!" Weiter wurde prognostiziert: „Aber wenn wir schon mal hier sind, nehmen wir den Pokal halt mit."

Es gelang tatsächlich. Dank des späten Siegtores von Jan Kristiansen in der 109. Minute setzte sich der 1. FC Nürnberg mit 3:2 nach Verlängerung gegen den VfB Stuttgart durch. Zuvor hatten in der regulären Spielzeit Marek Mintal und Marco Engelhardt für den Club vor 74.400 Zuschauern getroffen.

Kapitän Schäfer durfte also spätabends den langersehnten Pokal in den Berliner Himmel recken und konnte sich noch später kaum mehr von der begehrten Trophäe losreißen. „Vielleicht schlafe ich heute Nacht mit dem Pokal. Muss da mal mit meiner Frau drüber verhandeln", gab Torwart Raphael Schäfer lachend zu Protokoll.

Wie die spätere Verhandlung mit Frau Schäfer ausging, ist nicht genau überliefert. Jedenfalls konnte sie wie im Lied „Zu spät" der Berliner Band „Die Ärzte" feststellen: „Und du warst mit ihm essen, natürlich im Ritz." Denn dort, also im noblen Hotel Ritz-Carlton, gab es nach ausgiebigem Feiern im Olympiastadion ein Galabuffet mit reichlich Champagner.

Anders als die Clubspieler, genossen viele Fans eher eine lokale Spezialität: „Bei mir gab's nur Currywurst mit Pommes Frites!", wie es auch in der nächsten Textzeile des Songs heißt.

Die Spieler wiederum feierten später noch in der bekannten Berliner Nobeldisco Felix weiter. Und es bleibt festzuhalten: Es wurde spät – bei Spielern und Fans.

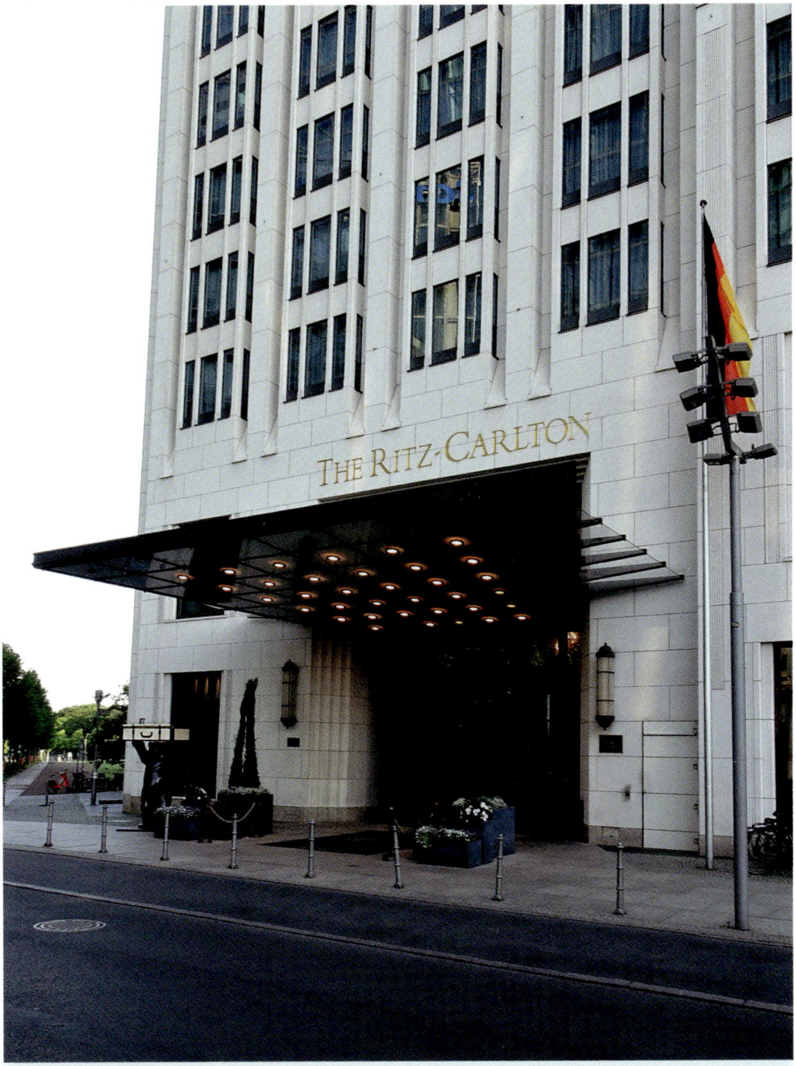

HARTE 5 FAKTEN

Adresse: Potsdamer Platz 3, 10765 Berlin
Kategorie: 5-Sterne-Hotel
Zimmer: 303
Prominente Restaurantgäste: Pokalsiegermannschaft 2007
Begebenheit: Galabuffet nach dem Pokalsieg 2007

Bielefeld 012

Alm

Von Montagen und Rekorden

3. Mai 2004, 20.15 Uhr. Ein Montag. Natürlich ein Montag. Schließlich spielte der FCN gerade mal wieder in der 2. Bundesliga. Und egal wie schlecht der Club auch gerade war, um von den TV-Sendern für das leidige Montagsspiel „nominiert" zu werden, reichte es gefühlt immer.

Tatsächlich musste der 1. FC Nürnberg 84-mal montags in Liga 2 ran und ist hier führend, was die absolute Anzahl an Montagstoren, aber auch -gegentoren, angeht.

Nur der FC St. Pauli kommt mit 86 Montagspielen auf mehr Auftritte, schaffte es aber im Gegensatz zum ruhmreichen FCN auch kaum einmal in die 1. Bundesliga und hatte somit viel mehr Gelegenheiten in die Montagsverlosung zu kommen.

Nun ja, seit 2021 und nach jahrelangen Fanprotesten ist das Zweitliga-Montagsspiel Geschichte. Und an jenem 3. Mai 2004 musste der Club auch nicht nur ob seines großen Namens am Montag antreten, die Partie bei Arminia Bielefeld war sogar das Spitzenspiel des 31. Spieltags. Der FCN war Tabellenführer, die Arminia Zweiter und hatte nur drei Punkte Rückstand vor der Partie auf der Alm.

So heißt das Bielefelder Stadion unbestätigten Gerüchten zufolge deshalb, weil es die höchstgelegene Bundesliga-Spielstätte sei, denn man brauche dort ein Jahr für den Aufstieg und ein Jahr für den Abstieg. Nun ja, die Arminia ist, was die „Titel" Rekordaufsteiger und -absteiger anbetrifft, dem Club stets auf den Fersen.

In jener Saison war mal wieder der FCN dran und machte den Aufstieg auf der 1926 eröffneten Alm vermeintlich klar – vor 20.000 Zuschauern gab es einen 3:1-Auswärtssieg. Bei drei verbleibenden Spielen und neun Punkten sowie 26 Toren Vorsprung auf einen Nichtaufstiegsplatz konnte man sich sicher sein: Wenn es einer schaffen kann, das noch zu verspielen, dann der Club. Das legendäre Abstiegsdrama von 1999, als der eigentlich schon gerettete FCN am letzten Spieltag trotz drei Punkten und fünf Toren Vorsprung noch von Platz 12 auf den Abstiegsrang 16 fiel, ist allzeit präsent. Doch 2004 fand sich der Club nicht am Abgrund wieder, sondern in Liga 1.

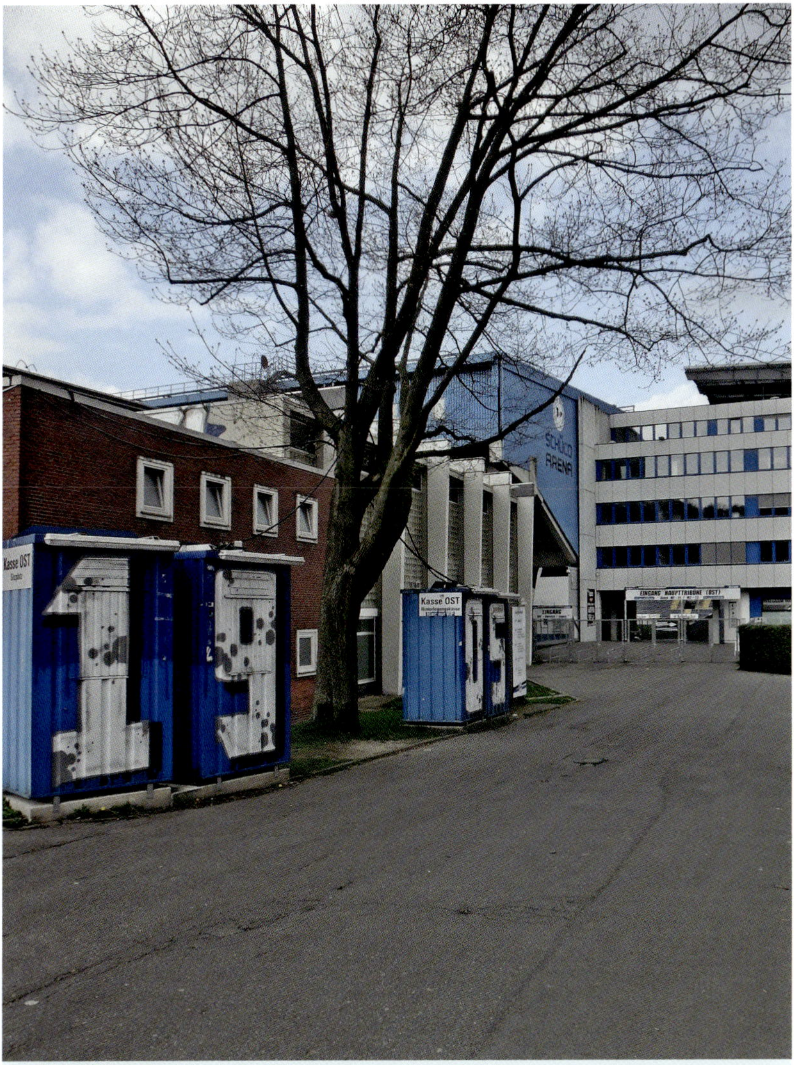

HARTE 5 FAKTEN

Adresse: Melanchthonstraße 31 a, 33615 Bielefeld
Erbaut: 1926
Zuschauerkapazität: 26.515
Verein: Arminia Bielefeld
Begebenheit: Aufstieg in die 1. Bundesliga 2003/04

Blaibach 013

TSV-Sportanlage

Bundesliga-Rekordspieler aus dem Wald

Der auf das Jahr 1929 zurückgehende TSV Blaibach war lange am Cham-Anger des Dorfes im Bayerischen Wald beheimatet. Auch ein gewisser Thomas Brunner lernte dort das Fußballspielen, wechselte 1976 zum ASV Cham und 1978 weiter zum 1. FC Nürnberg.

Als 1993 der Umzug des TSV auf die neue Sportanlage in den Weiherwiesen erfolgte, schaute sich auch Brunner bei seinem Heimatverein um. Die Chronik zum 75. Vereinsjubiläum zeigt ihn dabei von Autogrammjägern umringt. Kein Wunder, gilt er doch laut dieser Schrift als „Vorbild der Blaibacher Jugend" und wird zudem als „Musterprofi und Nationalspieler des 1. FC Nürnberg" bezeichnet.

Tatsächlich wurde Thomas Brunner mit Deutschland Welt- und Europameister, allerdings mit den Junioren. Zu einem A-Länderspiel kam der kernige Oberpfälzer nicht. Dafür blieb er dem FCN während seiner gesamten Profikarriere treu, wobei er 1984 kurzzeitig als entlassen galt. Denn Brunner war einer der fünf Clubspieler, die bei der Spielerrevolte am 28. Oktober 1984 die Ablösung von Trainer Heinz Höher forderten. Bekanntlich wurde jedoch am Trainer festgehalten und die revoltierenden Spieler vor die Tür gesetzt. Thomas Brunner aber durfte bleiben, zeigte er sich doch „einsichtig".

In der Saison 1984/85 erzielte er zudem auch sein kuriosestes Tor, als er in Offenbach einen Elfmeter zum 3:2-Sieg verwandelte und sich dabei verletzte, sowie seinen wichtigsten Treffer, das den Bundesligaaufstieg besiegelnde 2:0 gegen Hessen Kassel am letzten Spieltag. Neben diesem Aufstieg, waren sicher das DFB-Pokalfinale 1982 sowie die UEFA-Pokal-Qualifikation 1988 weitere Karrierehöhepunkte.

Nach dem Abstieg in die Regionalliga 1996 beendete der gebürtige Blaibacher schließlich seine Spielerlaufbahn und war danach lange als Co-Trainer beim FCN tätig.

Hier kam es dann aufgrund einiger Reibereien mit Teilen der Clubszene zum Zerwürfnis und aus dem Urgestein wurde der Buhmann. Doch mit 328 Einsätzen in Liga 1 ist Thomas Brunner bis heute der Bundesliga-Rekordspieler des 1. FC Nürnberg.

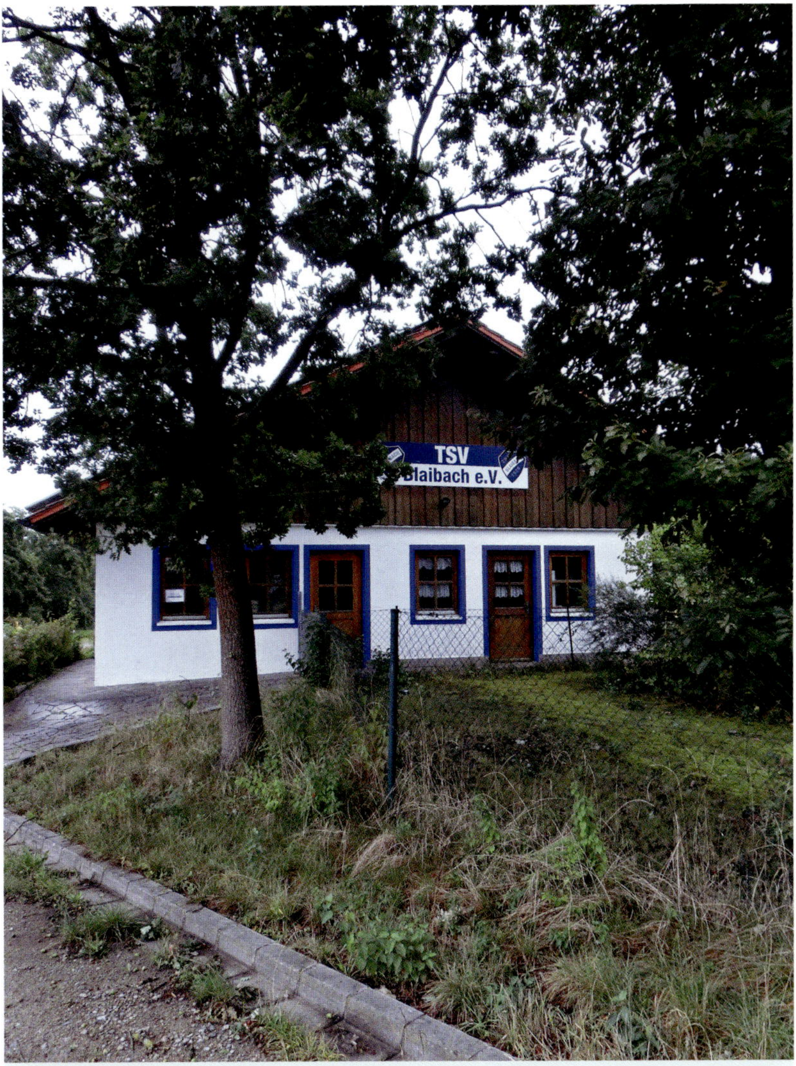

HARTE 5 FAKTEN

Adresse: Weiherwiesenweg, 93476 Blaibach
Erbaut: 1993
Zuschauerkapazität: 1.500
Brunners Geburtstag/-ort: 10.8.1962 in Blaibach
Begebenheit: Heimatverein von Bundesliga-Rekordspieler Brunner

Bochum-Wattenscheid 014

Lohrheidestadion

Hexe, Platzsturm, Trikots und ein Schuh

Am 15. Juni 1991, um kurz vor 15.30 Uhr, tanzte im Bochumer Stadtteil Wattenscheid zunächst einmal eine fränkische Hexe im Anstoßkreis. So sollte der Abstieg verhindert werden, gegen den der 1. FC Nürnberg wieder einmal spielte.

Doch nicht nur eine Hexe folgte dem FCN ins 1954 erbaute Lohrheidestadion zum Spiel gegen die SG Wattenscheid 09. Stolze 6.000 Nürnberger Schlachtenbummler, wie man damals noch sagte, begleitet von nochmal 3.000 Schalker Freunden, machten die Partie zu einem Heimspiel für den Club.

Natürlich galt es, den rettenden Tabellenplatz 15 zu verteidigen und so dem Abstieg zu entgehen. Hinzu kam aber, dass der FC Schalke 04 in jener Saison den Wiederaufstieg in die 1. Bundesliga vollbrachte, sodass es auch um das heißersehnte Wiedersehen der beiden Altmeister in der obersten Spielklasse ging.

Getragen von dieser grandiosen Stimmung erzielte dann bereits nach sechs Minuten Hans Dorfner die 1:0-Führung für den FCN. Dieser Spielstand hatte auch noch nach 84 Minuten bestand, als schließlich die Clubfans siegesgewiss und freudetrunken in den Stadioninnenraum drängten. Sie gruppierten sich um das Spielfeld, um dieses nach geglücktem Klassenerhalt zu stürmen und zu feiern. Das taten sie dann auch wenig später. Problem nur, der angehende Weltklasse-Schiedsrichter Markus Merk hatte noch gar nicht abgepfiffen. Etwas überfordert mit dieser Situation, gelang es nicht ihm, aber Vertretern von FCN und Wattenscheid, die Fans dazu zu bewegen, sich an den Spielfeldrand zurückzuziehen.

Es waren nämlich noch vier Minuten zu spielen. Das wollten die Clubspieler auch tun. Nur hatten einige von ihnen bereits ihre Trikots an Fans gegeben, mussten sich nun welche leihen.

Jörg Dittwar war im ersten Freudentaumel sogar sein linker Fußballschuh abhandengekommen. Und da er mit nur einem Schuh nicht spielen durfte, bekam er kurzerhand den linken Turnschuh von Kulttrainer Willi Entenmann. Doch auch so verteidigte der FCN das 1:0 bis zum offiziellen Schlusspfiff, nach dem es wahrlich kein Halten mehr gab.

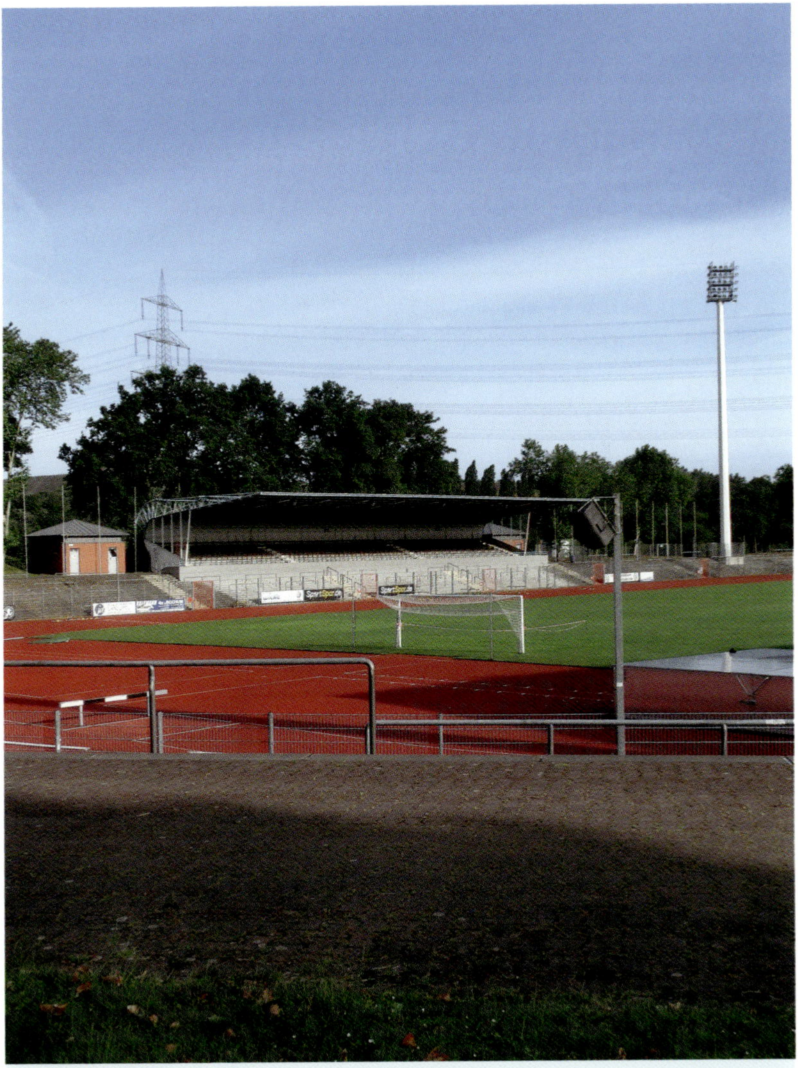

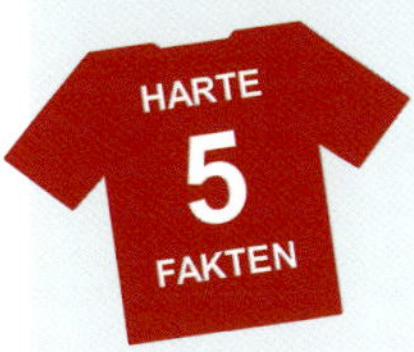

Adresse: Lohrheidestraße 82, 44866 Bochum-Wattenscheid
Erbaut: 1954
Zuschauerkapazität: 16.233
Verein: SG Wattenscheid 09
Begebenheit: Klassenerhalt 1. Bundesliga 1990/91

Bruneck 015

Sportpark Reischach

Eine Mannschaft wurde geboren

Nachdem der 1. FC Nürnberg 2014 mal wieder in die 2. Bundesliga abgestiegen war, wurde Trainer Valérien Ismaël für den „sofortigen Wiederaufstieg" verpflichtet. Doch der Start in die Saison 2014/15 fiel mehr als holprig aus. Als es dann aber am 4. Spieltag einen 4:0-Sieg bei Union Berlin gab, verkündete Ismaël gelöst: „Eine Mannschaft wurde geboren."

Offensichtlich ein Trugschluss, denn diese Leistung blieb die Ausnahme. Nach 13 Punktspielen standen mickrige vier Siege auf der Habenseite. Ismaël wurde als Trainer abgelöst.

Und die Hoffnung, dass dann unter Nachfolger René Weiler eine Mannschaft geboren werden könnte, zerfiel schließlich in der gescheiterten Aufstiegsrelegation 2016.

Sie flammte erst in der Saisonvorbereitung 2017/18 wieder auf. Der damals noch relativ neue Trainer Michael Köllner lud nach Natz ins schöne Südtirol. Er verordnete seiner Mannschaft eine Klosterführung und eine Weinprobe, ließ sie mit der Dorfjugend kicken und auf dem Dorffest mit Einheimischen feiern. Auf dem Fußballplatz wurde nicht nur trainiert, sondern sogar vom Trainer höchstpersönlich eine Geschichte vorgelesen.

Natürlich gab es Zweifler, ob es denn Sinn mache, Profis neben körperlichen und fußballerischen Grundlagen auch noch Kultur näherzubringen. Doch als zum Abschluss des Trainingslagers am 15. Juli 2017 im Sportpark Reischach in Bruneck der mehrfache Europapokalsieger Inter Mailand phasenweise hergespielt wurde, konnte man konstatieren: „Eine Mannschaft wurde geboren." Wobei das Südtiroler Blatt „Dolomiten" eine andere Formulierung wählte: „Inter Mailand blamiert sich." Angetrieben von etlichen hunderten Clubfans siegte der FCN vor 3.500 Zuschauern verdient mit 2:1.

Vom Geist des Trainingslagers in Südtirol beseelt, wurde der Club am Ende der Spielzeit 2017/18 tatsächlich mit dem langersehnten Wiederaufstieg belohnt.

Doch in Liga 1 wirkten Mannschaft und Trainer dann teils überfordert. Es folgten der nächste Abstieg und die Hoffnung auf die erneute Geburt einer Mannschaft.

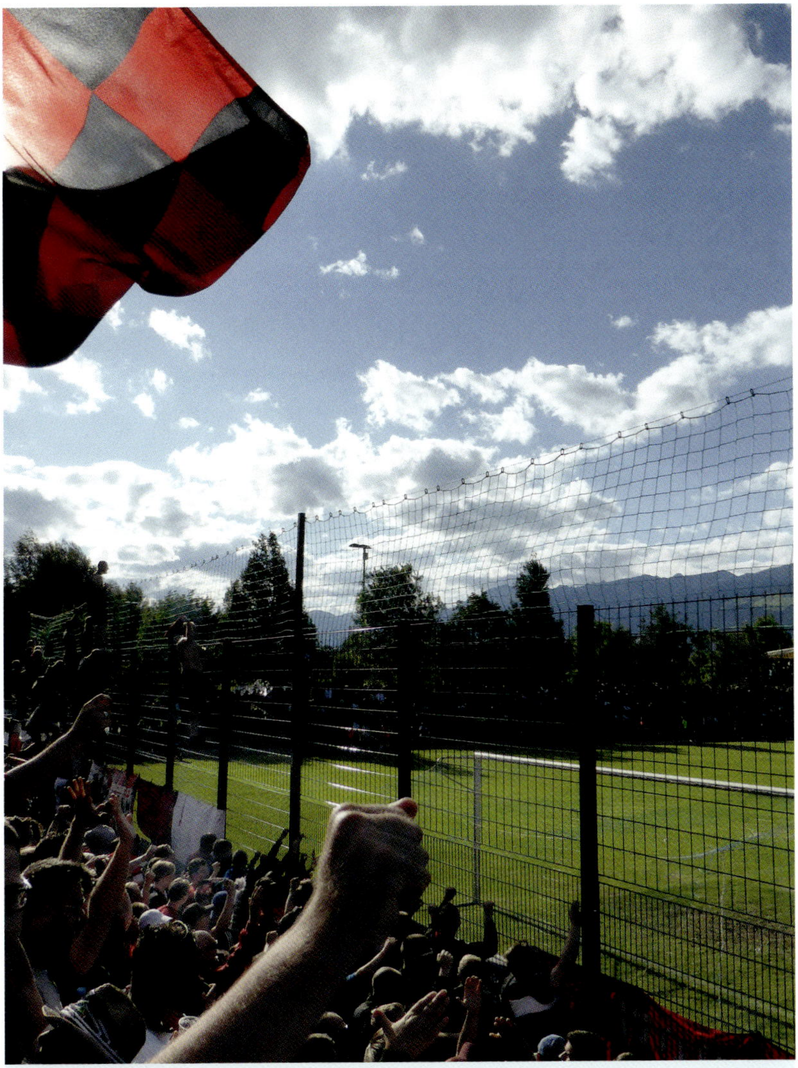

HARTE 5 FAKTEN

Adresse: Im Gelände, 39031 Bruneck (Südtirol)
Zuschauerkapazität: 3.500
Hotel Trainingslager 2017: Seehof Nature Retreat, Natz-Schabs
Lage: Südtirol
Begebenheit: Freundschaftsspiel gegen Inter Mailand 2017

Buenos Aires 016

El Monumental

Pino und der FCN: Eine Liebesbeziehung

Angriffslustig spielte sich Javier Pinola zwischen 2005 und 2015 in die Herzen der Clubfans, stand aber auch gefühlt in jedem Spiel kurz vor einem Platzverweis. „Robin Hood ist ein Dreck dagegen“, sagte Trainer Hans Meyer nicht umsonst über den hitzigen Gerechtigkeitsfanatiker und liebevoll Pino genannten Argentinier. Pino und der FCN, das sind zehn Jahre Liebesbeziehung, unzählige „Pinola, Pinola“-Rufe, ein nach ihm benannter Schabrackentapir im Nürnberger Tiergarten und natürlich der DFB-Pokalsieg 2007. Aber auch zwei Abstiege, 2008 und 2014.

2008 stand der emotionale Linksverteidiger weinend vor der Fankurve – und vor dem Abschied. Eine Internetaktion, bei der sich über 22.500 Menschen dafür aussprachen, dass Pinola bleiben muss, rührte ihn kurz darauf zutiefst. Pino blieb ob dieses Liebebeweises, stieg mit dem Club 2009 wieder auf und wollte nie mehr gehen.

Nach dem verpassten Wiederaufstieg 2015 befanden dann aber die Verantwortlichen des FCN Pinola für nicht mehr tauglich für Liga 2. Und dann geschah etwas, worüber die einen sagen, „solche Geschichten schreibt nur der Fußball“, die anderen: „So blöd ist nur der Club!“

„Mein Herz tut weh“, klagte Pino, ging mit 32 Jahren zurück nach Argentinien und startete nochmals durch. Er gab sein Comeback in der Nationalelf und wurde auch im El Monumental von River Plate zum Publikumsliebling. Obwohl das größte Spiel von Pinola im River-Dress gar nicht dort stattfinden konnte. Denn ein Anschlag auf den Bus von Erzrivale Boca Juniors verhinderte das Finalrückspiel um die Copa Libertadores am 24. November 2018 im El Monumental.

Stattdessen wurde dieser heißeste Superclasico zwischen den Stadtrivalen aus Buenos Aires im spanischen Madrid ausgetragen. River gewann am 9. Dezember 2018 mit 3:1 nach Verlängerung. Das Hinspiel war 2:2 ausgegangen. In beiden Partien stand Pino über die komplette Spielzeit auf dem Platz und kassierte noch nicht einmal eine Gelbe Karte. Spätestens als Sieger der südamerikanischen Champions League dürfte der Herzensnürnberger bewiesen haben, dass er immer noch viel mehr als zweitligatauglich ist.

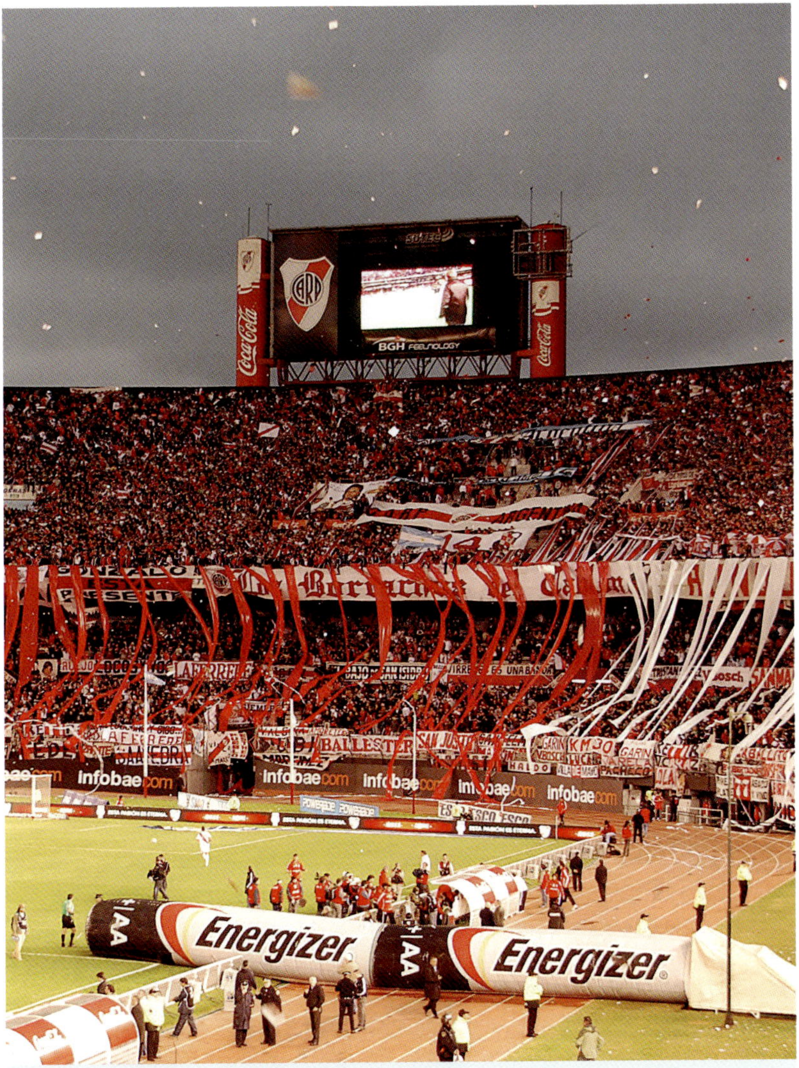

HARTE 5 FAKTEN

Adresse: Avenida Presidente Jose Figueroa Alcorta 7597, 1428 Buenos Aires

Erbaut: 1938

Zuschauerkapazität: 72.054

Verein: River Plate

Begebenheit: Zweite Heimat für den Herzensnürnberger Pinola

Bukarest 017

Stadionul Giulesti – Valentin Stanescu

Erste Runde Bukarest …

„Erste Runde Bukarest …" schallte es 2006/07 durchs Stadion. Euphorisiert von einem grandiosen Saisonverlauf, sangen zehntausende Clubkehlen diesen Gassenhauer. Die Melodie geht auf das italienische Volkslied „L'uva fogarina" zurück und der Europapokaltext auf die Hoffnung, irgendwann mal wieder international spielen zu können.

Nun, beim 1. FC Nürnberg wurde das 2007 tatsächlich wahr. Nicht nur, dass der Einzug in den UEFA-Pokal geschafft wurde, tatsächlich wurde dem Club in der 1. Runde auch Bukarest zugelost. Rapid Bukarest, um genau zu sein, gegen das es zuhause im Hinspiel zunächst ein zähes 0:0 gab.

Beim Rückspiel in Bukarest durfte der FCN dann mal wieder den Duft der weiten Fußballwelt schnuppern. Nicht nur, weil es der erste internationale Auftritt der Cluberer seit 19 Jahren war, sondern weil das Stadionul Giulesti ein kleiner Nachbau des legendären Highbury war. Also des inzwischen abgerissenen Kultstadions in London, in dem einst der große FC Arsenal spielte. Die Bukarester Spielstätte trug zudem seit 2001 den Beinamen Valentin Stanescu, nach Rapids Meistertrainer von 1967.

Leider waren beim Clubgastspiel an jenem 4. Oktober 2007 nur 11.000 Zuschauer zugelassen. Und diese sahen ein 2:2, was den FCN aufgrund der angewandten Auswärtstorregel weiterbrachte.

Kluge und Misimovic hießen die Torschützen für den Club, der damit aber nicht in die 2. Runde gegen Rom vorrückte, sondern für die Gruppenphase qualifiziert war.

Das Europapokallied überdauerte dennoch auch weniger erfolgreiche Zeiten. Und wer es hören möchte, muss bloß auf ein paar siegreiche Clubspiele in Serie warten, dann wird es bestimmt mal wieder angestimmt. Wem das zu lange dauert, der kann auf die Aufnahme der Nürnberger Band „Wassd scho? Bassd scho!" zurückgreifen, die den Kultsong 2007 auf CD presste.

Oder hier einfach mal Strophe 1 zum Selbstsingen: „Erste Runde Bukarest, zweite Runde Rom, in Kopenhagen schellt das Telefon, vielleicht nach Rotterdam, vielleicht nach Mailand, vielleicht auch Teneriffa, eine Woche Sandstrand! Europapokal …"

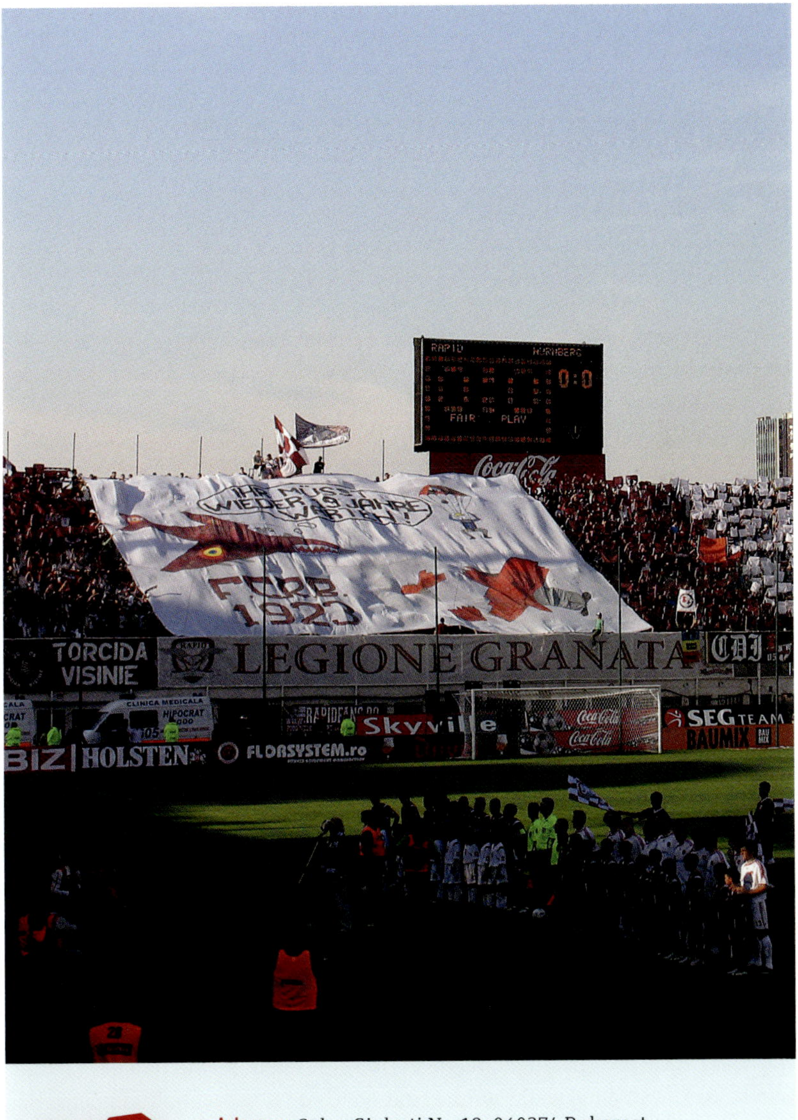

HARTE 5 FAKTEN

Adresse: Calea Giulesti Nr. 18, 060274 Bukarest
Erbaut: 1939
Abbruch: 2019
Verein: Rapid Bukarest
Begebenheit: 1. Runde UEFA-Pokal 2007/08

Cottbus 018

Stadion der Freundschaft

Es trifft Nürnberg

Als 2007 der Pokalsieg samt Europapokal-Teilnahme gelang, wähnte man sich beim Club auf einem guten Weg. Jedenfalls schien Liga 2 ganz weit weg. Doch es trifft Nürnberg in den unmöglichsten Situationen. 1969 als amtierender Meister abgestiegen, sorgte der FCN 2008 für ein weiteres Novum und stieg auch als Vorjahres-Pokalsieger ab.

Getroffen hatte Nürnberg in jener Saison selten, hatte gar die mit Abstand schlechteste Chancenverwertung der Liga. Betroffen war der Club laut „Wahrer Tabelle" 2007/08 aber mehr als jedes andere Team von Schiedsrichterfehlentscheidungen.

Und dann traf den FCN auch noch der erste Spielabbruch der Bundesligageschichte wegen Regens. Aufgrund der Unbespielbarkeit des Platzes wurde das Heimspiel gegen den VfL Wolfsburg beim Stand von 1:0 für den Club in der Halbzeit abgebrochen und später wiederholt.

Zutreffend war die Befürchtung, nach dem Abstieg schwach in die Saison 2008/09 zu starten. Doch dank der Treffer von Torschützenkönig Marek Mintal und der Paraden von Raphael Schäfer, der 945 Minuten ohne Heimgegentor blieb und so einen neuen Zweitligarekord aufstellte, erreichte der FCN noch Platz drei. Dieser hatte bis zur Vorsaison zum Aufstieg berechtigt. Aber Nürnberg traf 2008/09 eine Modusänderung. Erstmals seit 1991 fanden am Saisonende Relegationsspiele zwischen dem Sechzehnten der ersten und dem Dritten der zweiten Liga statt, deren Sieger in der Folgesaison erstklassig spielen würde.

Im Vorjahr als Sechzehnter noch direkt vom Abstieg betroffen, musste Nürnberg 2009 bei Erstligist Energie Cottbus antreten. Im Stadion der Freundschaft, das 1930 eingeweiht wurde und während des Profifußballhochs, das sich dort ab 1997 für knapp zwanzig Jahre hielt, auf rund 22.000 Plätze ausgebaut wurde.

Es trifft Nürnberg, hieß es am 28. Mai 2009 beim Relegations-Hinspiel in Cottbus gleich dreimal: Isaac Boakye, Christian Eigler und nochmals Boakye. Zwei weitere Treffer im Rückspiel durch Eigler und Mintal machten dann den Wiederaufstieg des FCN mit insgesamt 5:0-Toren perfekt.

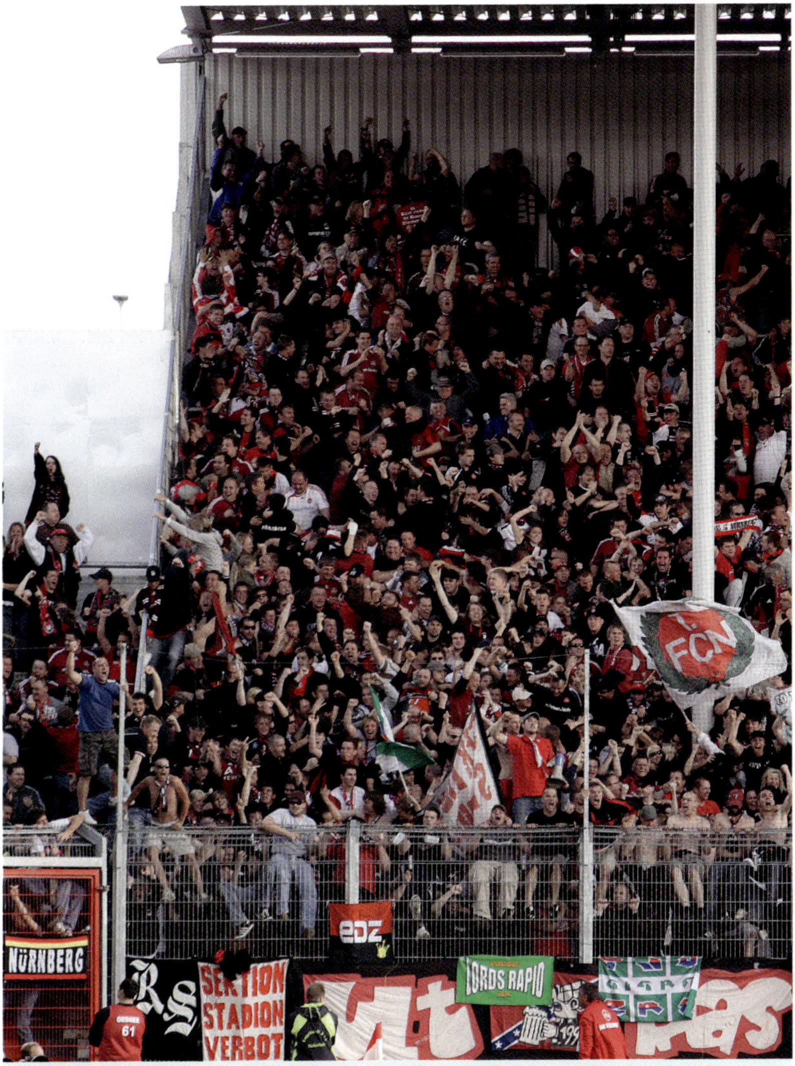

HARTE 5 FAKTEN

Adresse: Am Eliaspark 1, 03042 Cottbus
Erbaut: 1930
Zuschauerkapazität: 22.528
Verein: FC Energie Cottbus
Begebenheit: Relegation 2009

Kampfbahn Niederstadt

Vom Zabo an die Ostsee

Anton Kugler bestritt zwischen 1914 und 1932 insgesamt 668 Spiele für den 1. FC Nürnberg und kam zudem auf sieben Länderspiele. An den Titelgewinnen 1920, 1921, 1924 und 1925 war der drahtige Lockenkopf mit bestechendem Stellungs- und Kopfballspiel meist als Linker Verteidiger maßgeblich beteiligt und verpasste nur verletzungsbedingt das siegreiche Endspiel 1927.

Während etliche Clubspieler nach ihrem Karriereende in Franken blieben und ein Geschäft betrieben, wählte Kugler die Trainerlaufbahn und zog vom Zabo in die Fußballwelt hinaus.

Er war dabei freilich nicht der Erste und Einzige. Erinnert sei beispielsweise an Bumbes Schmidt, der den FC Schalke 04 und den VfR Mannheim zu Meisterehren führte, oder später Günther Glomb, den es sogar bis nach Thailand verschlug.

Der Toni startete seine Trainerkarriere zwischen 1932 und 1933 beim FCN, wechselte dann zu Borussia Fulda und war von 1935 bis 1945 als Sportlehrer in Berlin tätig.

Dazu betreute er zwischen 1942 und 1944 die Post-SG Danzig in der erstklassigen Gauliga Danzig-Westpreußen und trug den hervorragenden Ruf Nürnberger Trainingslehre bis an die Ostsee. So äußerte sich sein damaliger Schützling, der spätere Nationalspieler Kurt Ehrmann, nur lobend über Anton Kugler, dessen Training in Sachen Zweikampf und Taktik prägend gewesen sei.

Dank seiner Erfahrung gelang es Kugler, die Elf aus der Kampfbahn Niederstadt in der Gauliga zu halten. Das Kriegsende erlebte er dann aber wieder in Berlin, wo Anton Kugler sämtlichen Besitz durch einen Bombenangriff und schließlich 1945 seine Anstellung verlor. Im gleichen Jahr wurde auch die Post-SG Danzig zwangsaufgelöst und deren Fußball vor dem monumentalen Marathontor samt Kolonnade war Geschichte.

Während die Kampfbahn Niederstadt später in Stadion im. Zbigniewa Podleckiego umbenannt wurde und sich zu einer Hochburg des Speedway-Rennsports entwickelte, machte Kugler als Trainer bei Normannia Gmünd, Hamborn 07 und Wormatia Worms Station, ehe er zwischen 1952 und 1954 nochmals den Club übernahm und nach Nürnberg heimkehrte.

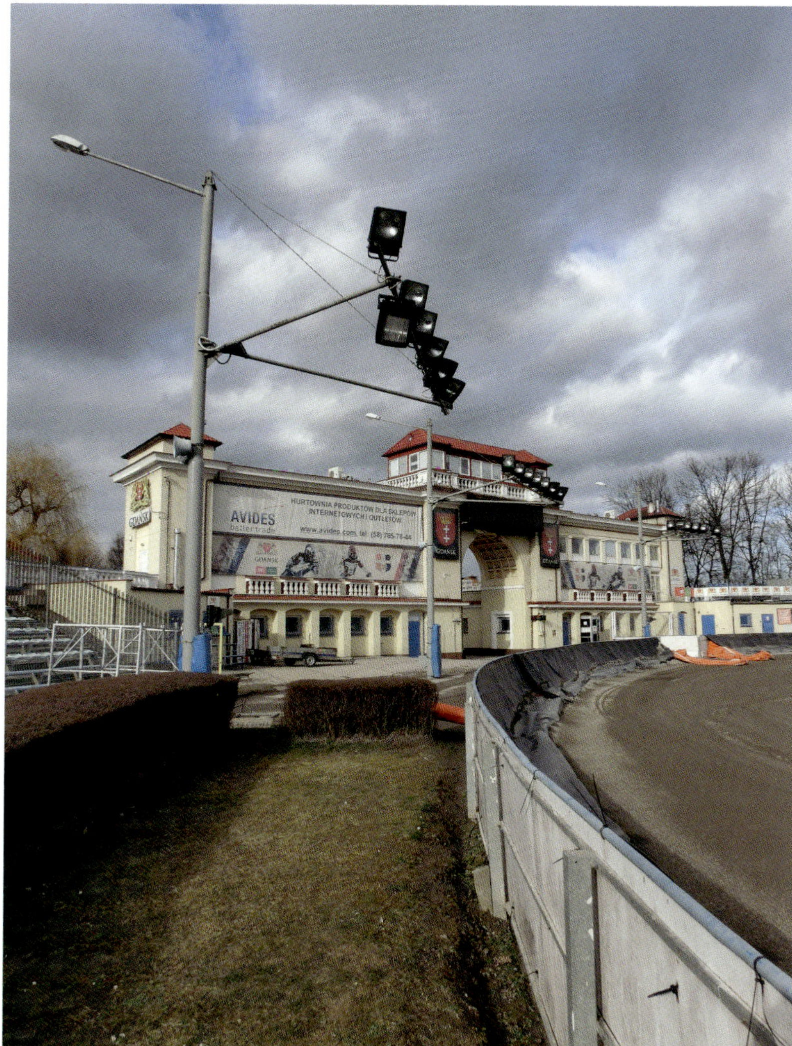

HARTE 5 FAKTEN

Adresse: Zawadników 1, 80-980 Danzig
Erbaut: 1925
Zuschauerkapazität: 10.000
Ehemaliger Verein: Post-SG Danzig
Begebenheit: Trainerstation von Meisterspieler Kugler

Dortmund 020

Westfalenstadion

Kein Nürnberger Sehnsuchtsort

Das Westfalenstadion ist eines der größten Fußballstadien und die dortige Südtribüne mit Platz für 25.000 Zuschauer zudem Europas größte Stehplatztribüne. Aufgrund der vielerorts erfolgten „Versitzplatzung" gilt sie manchen als Sehnsuchtsort.

Doch der 1. FC Nürnberg hat weniger gute Erinnerungen an Dortmund. Los ging all das, bevor es überhaupt mit dem Westfalenstadion losgegangen war. Schließlich war es der BVB, der den Club 1969 im Kampf um den Klassenerhalt auf einen Abstiegsplatz drängte.

Ursachen dafür gab es einige. Beispielsweise die außerordentlich hohe Leistungsdichte in jener Spielzeit, als der abgestiegene FCN nur neun Punkte hinter dem Vizemeister lag. Aber auch der zu Saisonbeginn neu geholte Rynio wird immer wieder angeführt. Nandl Wenauer sagte einmal: „Bekannt ist, dass Borussia Dortmund unseren Torhüter Jürgen Rynio eingekauft hat, der im Schicksalsspiel, dem 2:2 gegen Dortmund, zumindest einen vermutlich haltbaren Treffer passieren ließ."

Rynio, nicht nur bei jenem 2:2 in Nürnberg kritisiert, wechselte daraufhin eben nach Dortmund, stieg später auch dort ab und zog weiter. Die Borussia wiederum zog in jenem Jahr vom alten Stadion Rote Erde ins neu erbaute Westfalenstadion.

Anfangs spielte sie dort in der 2. Bundesliga. Diese war dazumal noch in die Staffeln Nord und Süd geteilt. Im Jahr 1976 begab es sich dann, dass der BVB Vizemeister des Nordens wurde, und der FCN im Süden. So trafen beide in den Relegationsspielen um den Bundesligaaufstieg wieder aufeinander. Doch der Club verlor bereits das Hinspiel zuhause mit 0:1 und unterlag dann auch im Westfalenstadion mit 2:3.

Ebenfalls erfolglos gestaltete sich der Kampf um die Bundesliga 1994. Am letzten Spieltag hätte der FCN in Dortmund einen Punkt gebraucht, um den Abstieg zu vermeiden. Doch es gab eine deutliche 1:4-Niederlage. Noch deutlicher wurde es 2018/19, als der Club gar mit 0:7 im Westfalenstadion unterging – neben dem 0:7 beim VfB Stuttgart 1983/84 die höchste Nürnberger Bundesliga-Niederlage.

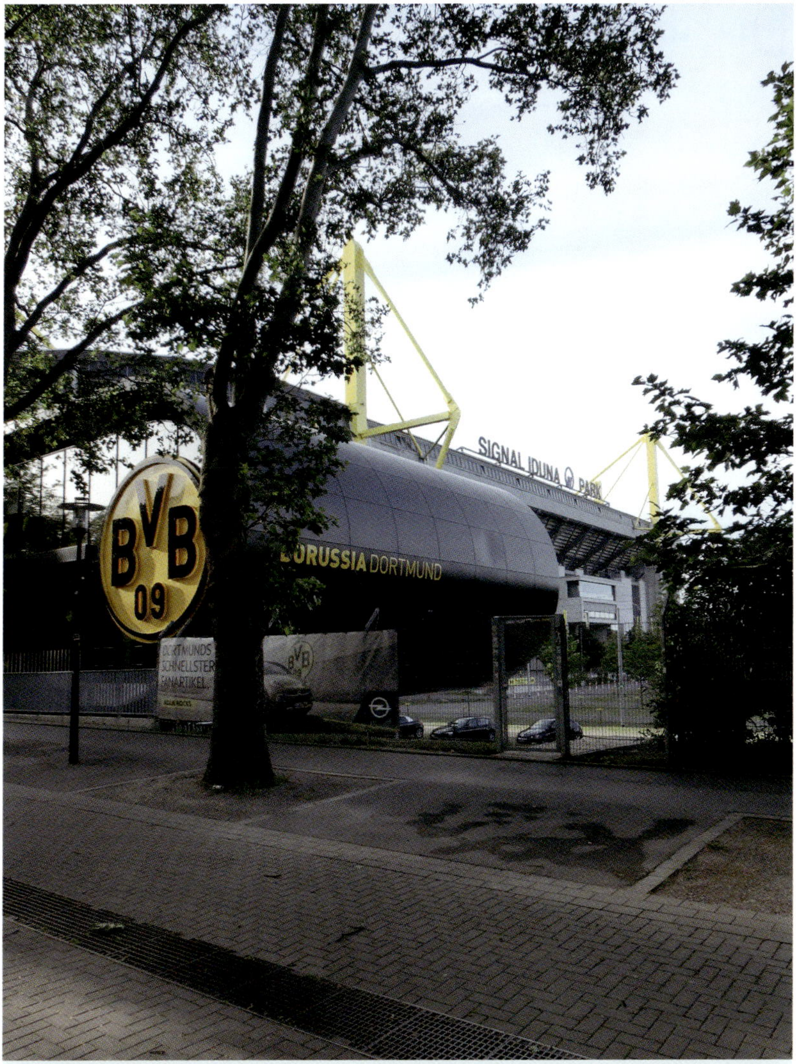

HARTE **5** FAKTEN

Adresse: Strobelallee 50, 44139 Dortmund
Erbaut: 1974
Zuschauerkapazität: 81.365
Verein: Borussia Dortmund
Begebenheit: Relegation 1976; Abstieg 1993/94; höchste Bundesliga-Niederlage (2018/19)

Dublin 021

Tolka Park

No Rocky Road to Dublin

Ein bis heute sehr populäres irisches Lied aus dem 19. Jahrhundert trägt den Titel „Rocky Road to Dublin". Es erzählt von Abenteuern und Schwierigkeiten auf einer Reise.

Eine solche trat der 1. FC Nürnberg 1961 auch an, hatte er sich doch als Meister erstmals in der damals noch sehr jungen Europacup-Historie für einen der Wettbewerbe qualifiziert: für den Europapokal der Landesmeister, heute besser bekannt als Champions League.

Erster Gegner war Drumcondra aus Dublin. Der Club begab sich also „on the Rocky Road to Dublin, one, two, three, four, five", wie es in dem Song heißt. Doch steinig gestaltete sich der Weg in die nächste Runde nicht. Dafür durften die Zuschauer beim Hinspiel im Städtischen Stadion in Nürnberg am 23. August 1961 bis fünf zählen. Denn zum Auftakt gab es einen 5:0-Kantersieg gegen den irischen Meister, wobei Heini Müller das erste Europapokaltor des FCN erzielte.

Zum Rückspiel am 13. September 1961 war der 1. FC Nürnberg dann in die irische Hauptstadt gereist, wo der auch Drums genannte Dubliner Vorortklub im Tolka Park spielte.

Auch dort räumte der Club etwaige Steine aus dem Weg und setzte sich klar mit 4:1 durch. Heinz Strehl schoss dabei alle vier Tore und sollte in jener Europapokalsaison 1961/62 sogar Torschützenkönig werden.

Drumcondra tauchte in der Folge noch ein paarmal im Europacup auf und wurde 1965 zum fünften Mal Meister in Irland. Doch Anfang der 1970er-Jahre erfolgte die Auflösung der 1924 gegründeten Drums, als der Klubbesitzer die Lizenz für die erste irische Liga verkaufte.

Der Tolka Park, das 1953 erbaute Heimstadion von Drumcondra, wurde später vom mehrfachen irischen Meister Shelbourne genutzt. Aber da das Stadiongelände inzwischen einem Immobilienentwickler gehört, bleibt womöglich, anders als bei „Rocky Road to Dublin", wo dem Reisenden letztlich Hilfe zu Teil wird, das Happy End aus. Wie schon der erste Europapokalgegner, wird vielleicht auch die Stätte des ersten FCN-Europacup-Auswärtsspiels von der Bildfläche verschwinden.

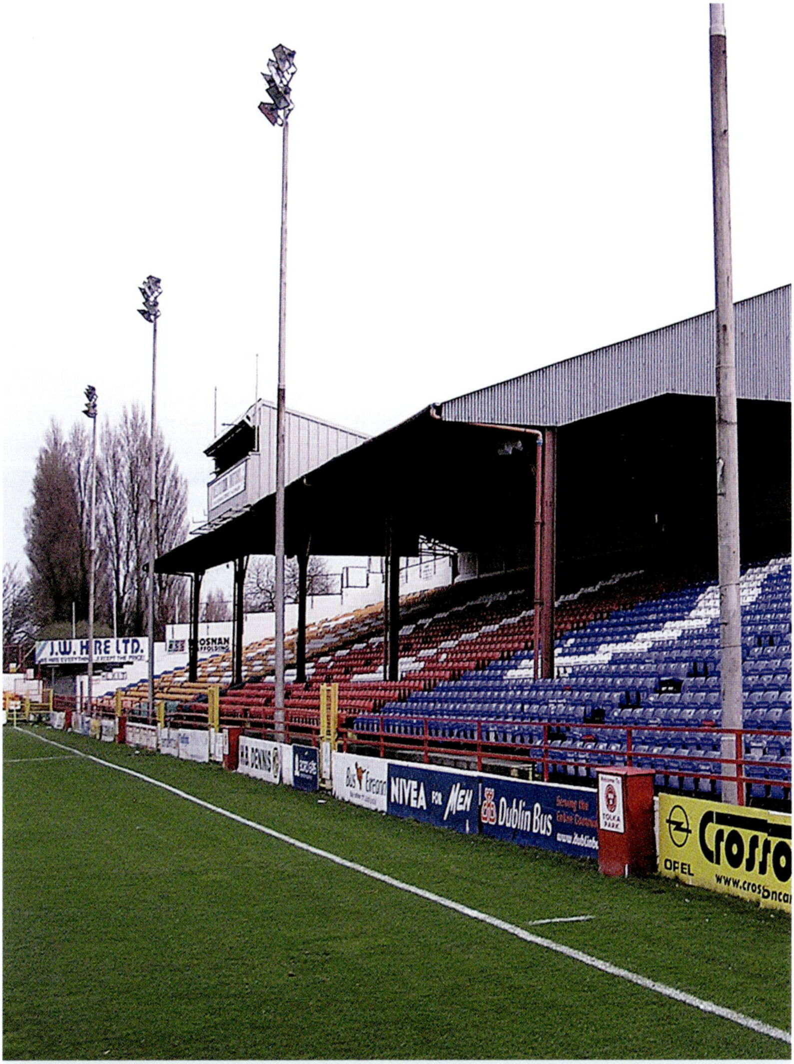

HARTE 5 FAKTEN

Adresse: Richmond Rd, Drumcondra, Dublin, D03 A6K6
Erbaut: 1953
Zuschauerkapazität: 9.681
Ehemaliger Verein: Drumcondra
Begebenheit: 1. Runde
Europapokal der Landesmeister 1961/62

Düsseldorf 022

DSC-Platz Windscheidstraße

Die erste Titelverteidigung überhaupt

Der Düsseldorfer FC von 1899, später umbenannt in Düsseldorfer SC, konnte 1907 seine Sportanlage an der Windscheidstraße im Stadtteil Düsseltal einweihen. Im selben Jahr wurden die Schwarz-Weißen auch Westdeutscher Meister und qualifizierten sich so für die Endrunde um die Deutsche Meisterschaft – der bis heute größte Erfolg des Vereins.

Und dennoch gab es an der Windscheidstraße auch später noch hochklassigen Sport zu sehen. So wurde dort 1924 ein Leichtathletikländerkampf gegen die Schweiz ausgetragen und drei Jahre davor das Endspiel um die Deutsche Meisterschaft 1921.

Dieses hatte sogar die beste Fußballmannschaft an den DSC-Platz gebracht, den 1. FC Nürnberg. Der Club, nebenbei auch Titelverteidiger, hatte das Finale 1921 souverän durch einen 5:1-Sieg beim Halleschen FC Wacker erreicht. Im Endspiel ging es gegen Vorwärts Berlin.

27.000 Menschen drängten daraufhin am 12. Juni 1921 an die Windscheidstraße. Darunter etliche französische Soldaten, denn die Alliierten hielten damals die Rhein-Ruhr-Region besetzt.

Und gerade die Franzosen waren begeistert von den Schussübungen und den technischen Kabinettstückchen, die die Clubspieler vor der Partie zeigten. Sie taten dies, um die Zeit zu überbrücken, bis Fahnen für die Linienrichter aufgetrieben werden konnten.

Als diese schließlich gefunden waren und das Endspiel angepfiffen werden konnte, stürmte der FCN los und führte bereits nach einer Viertelstunde mit 2:0. Gewohnt sicher zog der Club sein Spiel auf. Ungewohnt für fränkische Ohren war jedoch der Anfeuerungsruf „À Berlin, bavarières" der französischen Soldaten. Dennoch erhöhten die Franken, die seit Napoleon bayerisch zu sein hatten, noch vor der Halbzeit auf 3:0.

Letztlich gewann der FCN 5:0 gegen Vorwärts Berlin und schaffte damit triumphal die Titelverteidigung. Zweimal hatte Heiner Träg für die Cluberer getroffen, Luitpold Popp gar dreimal. Damit war der 1. FC Nürnberg der erste Fußballverein überhaupt, dem es gelang, seinen Deutschen Meistertitel zu verteidigen.

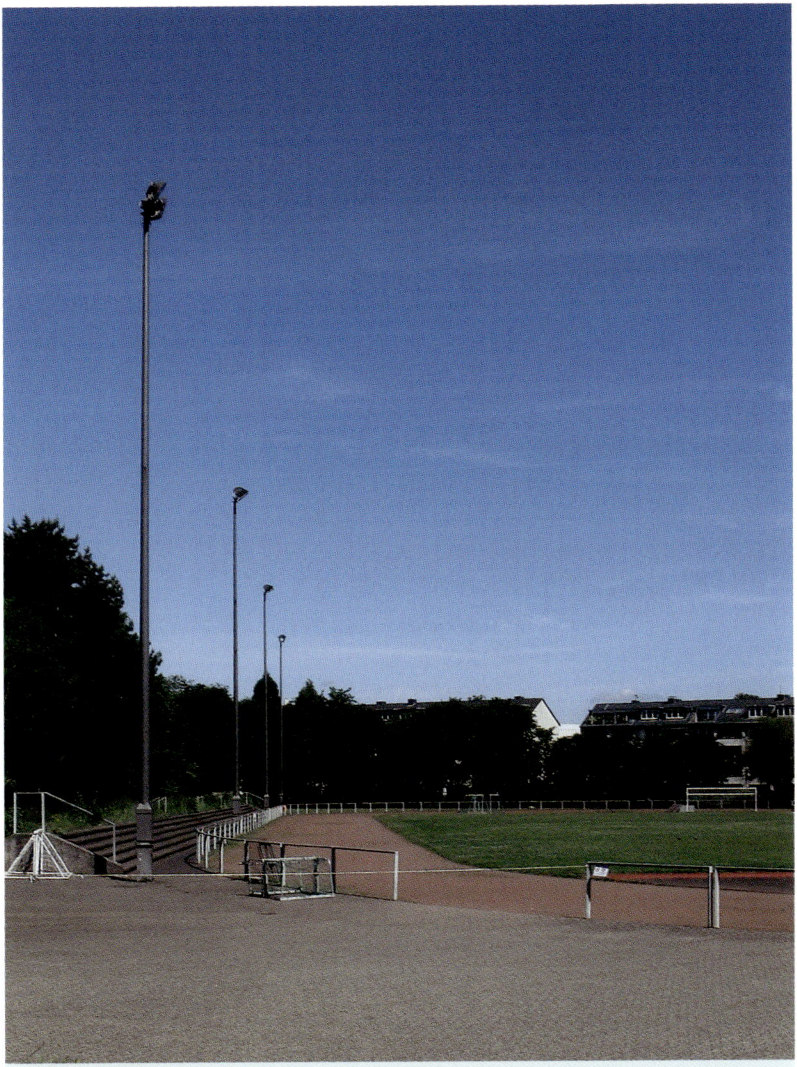

HARTE 5 FAKTEN

Adresse: Windscheidstraße 18, 40239 Düsseldorf
Erbaut: 1907
Zuschauerkapazität: 2.500
Verein: Düsseldorfer SC 99
Begebenheit: Meisterschaftsendspiel 1921

Düsseldorf 023

Rheinstadion

Das erste Mal

Das erste Mal, als in Deutschland der nationale Pokal ausgetragen wurde, hieß dieser noch „Vereinspokalmeisterschaft". Der zwischen Januar und Dezember 1935 ausgespielte Wettbewerb wurde auch „Tschammerpokal" genannt – nach Reichssportführer Hans von Tschammer und Osten – und eiferte dem englischen FA Cup nach.

Das erste Mal wurde damals ein Pokalendspielort gesucht und in Düsseldorf gefunden. Denn bis das Berliner Olympiastadion zum deutschen Wembley, sprich zur alljährlichen Austragungsstätte des Finales wurde, sollte es noch bis 1985 dauern. Bis dahin wurde das Endspiel in wechselnde Stadien vergeben.

Das erste Mal fand im Rheinstadion statt, das 1925 in Betrieb genommen wurde und von einem Ensemble anderer Sportanlagen umgeben war. Es fasste 42.500 Zuschauer, wobei das Pokalfinale am 8. Dezember 1935 trotz windigem Regen- und Schneewetter 60.000 Menschen anlockte.

Das erste Mal war nämlich fußballromantisch. Es kam zum Traumendspiel. Der Rekordmeister gegen den amtierenden Meister. Der 1. FC Nürnberg gegen den FC Schalke 04.

Zwar galten die Schalker als Favoriten, doch konnten sie ihr System des berühmten Kreisels nicht durchsetzen. Stattdessen bestimmte lange Zeit der Club das Spielgeschehen.

Das erste Mal, also das erste Tor bei einem Pokalfinale, gebührte dann Max Eiberger, der den FCN kurz nach der Halbzeit in Führung schoss. Aber auch S04 hatte seine Chancen. Oehm und Munkert mussten sogar auf der Linie für Torwart Köhl retten.

Auch agierte der Club aufgrund einer Verletzung von Kapitän Seppl Schmitt zuletzt praktisch nur noch mit neun Feldspielern. Und doch gelang Georg Friedel wenige Minuten vor Spielende das entscheidende 2:0 im ersten deutschen Pokalendspiel.

Das erste Mal sollte nicht das letzte Mal sein. Weder für den FCN noch für Schalke. Auch nicht für das Rheinstadion, wo beispielsweise das erste bundesdeutsche Pokalfinale 1953 ausgetragen wurde. Später für die WM 1974 umfassend renoviert, steht an gleicher Stelle seit 2004 eine moderne Arena.

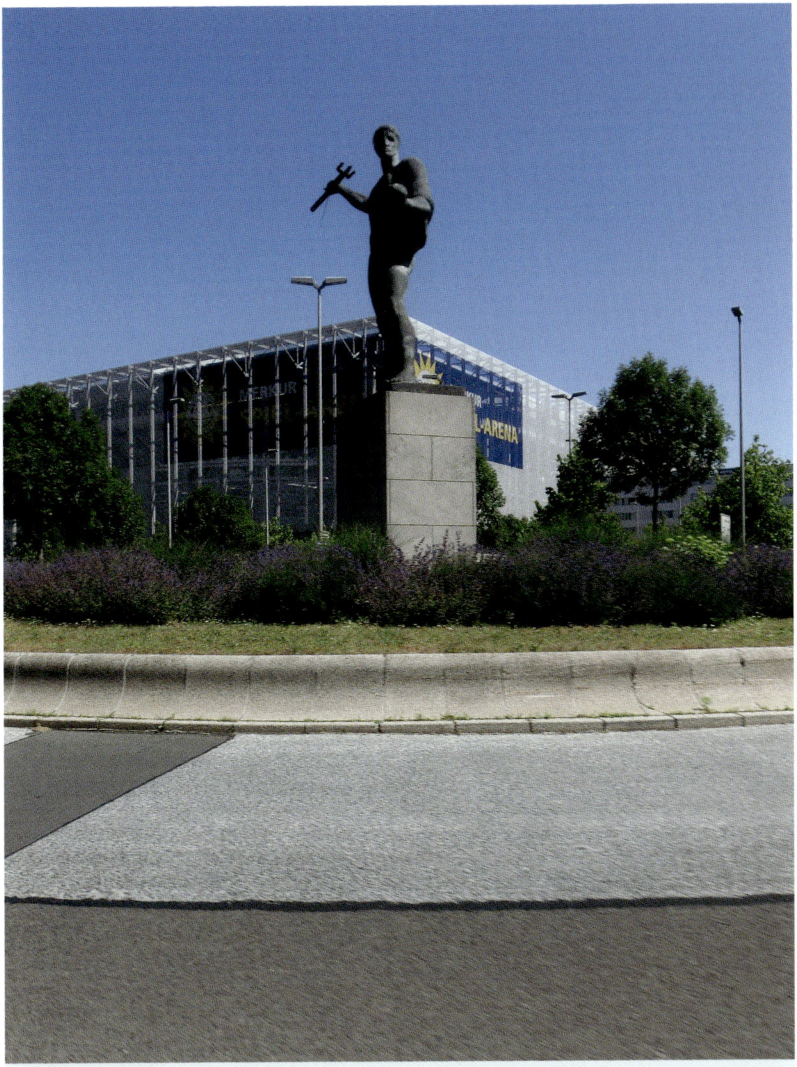

HARTE 5 FAKTEN

Adresse: Arena-Straße 1, 40474 Düsseldorf
Erbaut: 1925 / 1974 / 2004
Zuschauerkapazität: 56.600
Verein: Fortuna Düsseldorf
Begebenheit: Pokalfinale 1935

Essen 024

Georg-Melches-Stadion

Held von Essen

Was sich innerhalb von einer Dekade so alles tun kann: Im Sommer 1968 ist die gesamte Clubfamilie fröhlich und bejubelt die neunte Deutsche Meisterschaft. Zehn Jahre später, im Sommer 1978, ist man beim 1. FC Nürnberg heilfroh darüber, endlich den Wiederaufstieg in die 1. Bundesliga feiern zu können.

Dazwischen lagen der Abstieg als amtierender Meister 1969, neun Jahre der Zweitklassigkeit, samt Scheitern in den Aufstiegsrunden 1971 und 1974 sowie in den Relegationsspielen 1976. Und natürlich eine denkwürdige Relegation gegen Rot-Weiss Essen.

RWE war nämlich als Zweitplatzierter der 2. Bundesliga Nord 1978 Gegner des FCN, der diesen Rang in der Abschlusstabelle des Südens belegt hatte. Zwar galten die Essener als Favorit, jedoch konnte sich der Club im Hinspiel im Städtischen Stadion am 1. Juni 1978 knapp mit 1:0 durch ein Tor von Hans Walitza durchsetzen.

Am 9. Juni 1978 stieg dann das Rückspiel vor über 30.000 Zuschauern im Georg-Melches-Stadion von RWE. Und das hatte es in sich. Zweimal war der Club in Führung gegangen, durch Slobodan Petrovic und abermals Hans Walitza. Zweimal hatte Essen ausgleichen können.

Und als es nicht einmal zehn Minuten vor Schluss den zweiten Elfer für die Rot-Weissen gab, drohten die Aufstiegsbemühungen des FCN wieder einmal zu scheitern.

Horst Hrubesch lief zum Elfmeter an. In der 59. Minute hatte er bereits per Strafstoß zum 2:2 ausgleichen können. Doch diesmal hielt Clubtorwart Manfred Müller. Ausgerechnet, denn mit Müller wurde in jener 83. Spielminute ein gebürtiger Essener der Nürnberger „Held von Essen".

Die langersehnte Erstligarückkehr glückte also schließlich im traditionsreichen Stadion an der Hafenstraße – benannt nach dem Essener Helden Georg Melches, Gründervater, Spieler und Inhaber zahlreicher RWE-Ämter. Dieses durfte übrigens keinen Essener Erstligafußball mehr erleben, dafür in der Saison 2010/11 ein fünftklassiges Rot-Weiss, ehe es 2012 mit Fertigstellung des benachbarten Stadionneubaus abgerissen wurde.

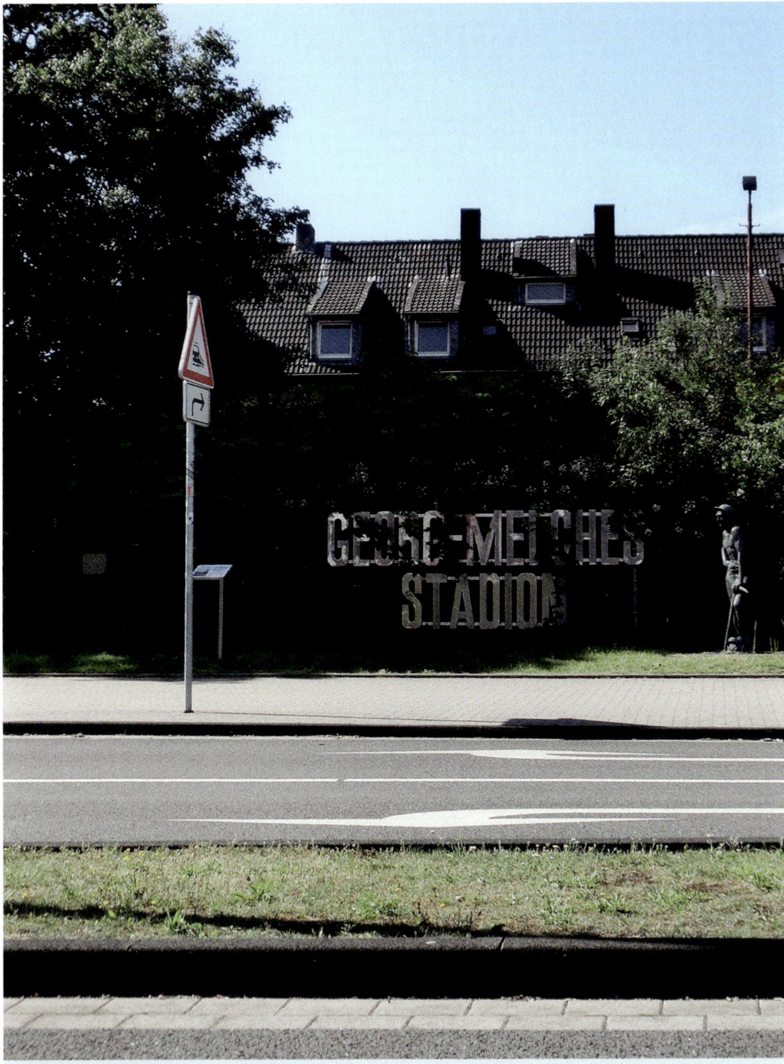

HARTE **5** FAKTEN

Adresse: Hafenstraße 97a, 45356 Essen
Erbaut: 1923
Zuschauerkapazität: 15.000
Abbruch: 2012
Begebenheit: Relegation 1978

Frankfurt/Main

025

Sandhöfer Wiesen

Nummer 1

In der Saison 1919/20 konnte der 1. FC Nürnberg zunächst einmal die Kreisliga Nordbayern gewinnen. Ohne Punktverlust setzte sich der Club klar als Nummer 1 vor der zweitplatzierten SpVgg Fürth durch und war für die Süddeutsche Meisterschaft qualifiziert. Auch dort siegte der FCN souverän und es ging weiter in die Endrunde um die Deutsche Meisterschaft.

Nach dem Ersten Weltkrieg war dies Endrunde Nummer 1 und teilnehmen durften die Meister der sieben Landesverbände, für den Süden der Club als dessen Nummer 1.

Außerdem die eigentlich bereits auf Kreisebene gescheiterten Fürther als Titelverteidiger. Als solcher galt die SpVgg, da sie die letzte Meisterschaft vor dem Krieg im Jahr 1914 gewonnen hatte.

Ein weiteres Derby war also möglich und sollte tatsächlich wahr werden. Denn beide Vereine gewannen ihre Viertel- und Halbfinals und standen sich schließlich im Endspiel erneut gegenüber. Finalort war dabei Frankfurt, genauer gesagt der dazumal von Germania Frankfurt genutzte Platz auf den Sandhöfer Wiesen.

Und da dieses fränkische Aufeinandertreffen schon damals die Massen mobilisierte, kam auch der Fußballsonderzug Nummer 1 zum Einsatz. Denn erstmals fuhr aufgrund eines Fußballspiels ein solcher, um die zahlreichen Anhänger nach Frankfurt zu bringen.

Dort fanden sich dann unglaubliche 35.000 Zuschauer ein. Dichtgedrängt standen sie, teilweise sogar auf den Dächern von kurzfristig herbeigeholten Bussen. Oder auf mitgebrachten Leitern, die besonders Geschäftige verpachteten – 25 Mark für die oberste Sprosse, jede weitere abwärts war jeweils fünf Mark günstiger. Für einen Sitzplatz wurden sogar für jene Zeit sagenhafte 200 Mark geboten.

Die Sandhöfer Wiesen platzen also als allen Nähten und die Stimmung war grandios an jenem 13. Juni 1920. Bereits nach zwölf Minuten traf Luitpold Popp für die Nummer 1 Frankens, Peter Szabo erhöhte in der 73. auf 2:0. Der Rest ist Geschichte. Der 1. FC Nürnberg entthronte die SpVgg Fürth und wurde infolge von Meistertitel Nummer 1 zur Legende.

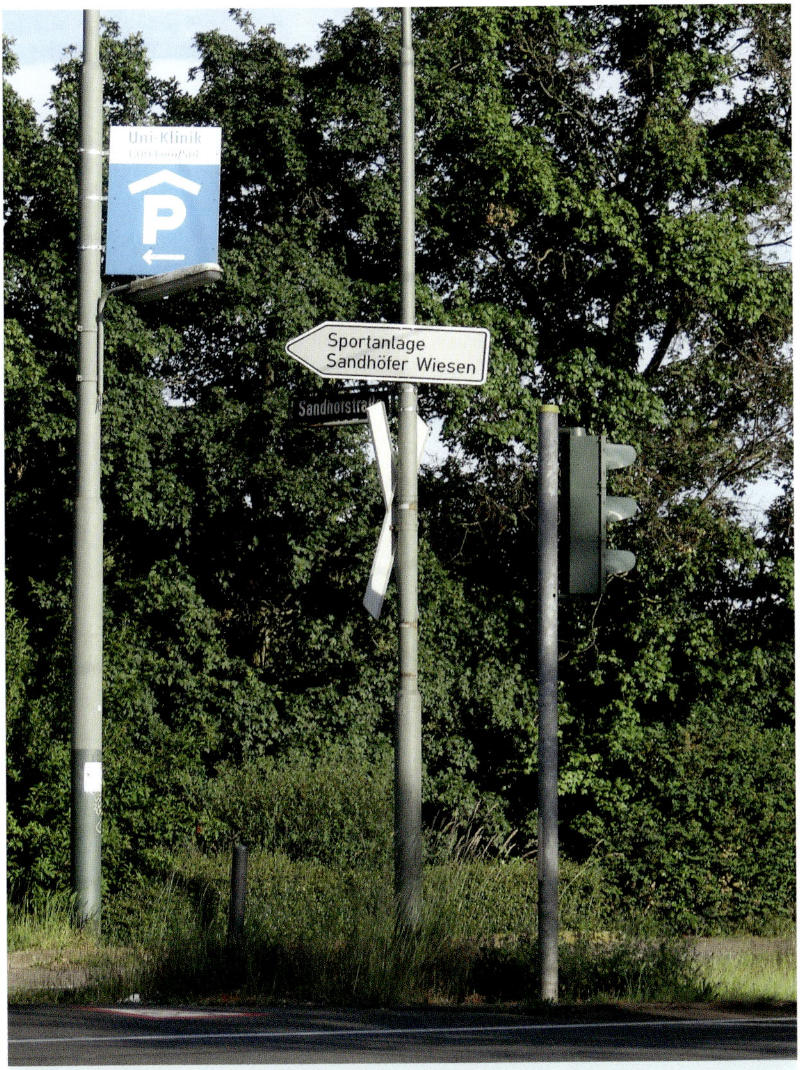

HARTE 5 FAKTEN

Adresse: Holzhecke 16, 60528 Frankfurt/Main
Erbaut: 1912
Zuschauerkapazität: 1.500
Verein: Frankfurter TV 1860/
ehemals auch Germania Frankfurt
Begebenheit: Meisterschaftsendspiel 1920

Frankfurt/Main

Waldstadion

Vier gewinnt – nicht immer

Angefangen hatte es für den 1. FC Nürnberg sehr gut im Waldstadion. Zu dessen Eröffnung gab es am 7. Juni 1925 das Endspiel um die Deutsche Meisterschaft. Und dabei konnte der Club seinen vierten Titel erringen, setzte sich gegen den FSV Frankfurt mit 1:0 nach Verlängerung durch. Schütze des goldenen Tores war Ludwig Wieder.

40.000 Zuschauer drängten 1925 zum Finale ins spätere Heimstadion von Eintracht Frankfurt, obwohl damals nur für 35.000 Besucher konzipiert. Nach der Sanierung 1955 und dem Umbau zur WM 1974 hatte es später ein Fassungsvermögen von 61.000. Und sämtliche Plätze waren auch belegt, als der FCN am 1. Mai 1982 erneut zu einem Endspiel im Waldstadion antrat.

Nach Siegen beim 1. FC Haßfurt, bei Arminia Bielefeld, gegen Fortuna Düsseldorf, Borussia Mönchengladbach und den Hamburger SV stand der Club erstmals nach zwanzig Jahren wieder im DFB-Pokalfinale. Wie Jahrzehnte zuvor der vierte Meistertitel sollte auch der vierte Pokalsieg im Waldstadion gefeiert werden.

Und das Endspiel gegen Bayern München war gleichsam legendär wie dramatisch. 1:0 durch Reinhold Hintermaier aus vierzig Metern, 2:0 Werner Dreßel, Halbzeit.

Nach einer zweiten Hälfte, mit einem unberechtigten und verwandelten Elfmeter für Bayern, einem nicht gegebenen für den FCN und dem vernichtenden 2:4 per Kopf in der 89. Minute durch den mit blutigem Kopfverband spielenden Dieter Hoeneß ging der unglückliche Club aber leer aus.

Für die WM 2006 wurde das Waldstadion dann neu gebaut und der FCN hatte dort 2016 wieder sein Endspiel, zumindest Teil 1 davon. Im Aufstiegsfinale beim Relegations-Hinspiel gegen Eintracht Frankfurt am 19. Mai 2016 erarbeitete sich der Club dabei ein 1:1 und so eine gute Ausgangsposition. Es wäre die vierte erfolgreiche Relegation in Folge gewesen, nach Essen 1978, Cottbus 2009 und Augsburg 2010. Doch ein zu mutloser Auftritt im Rückspiel in Nürnberg brachte ein 0:1 und damit nicht den ersehnten Aufstieg. Aber womöglich gibt es mal wieder ein Clubendspiel im Waldstadion, es wäre das vierte …

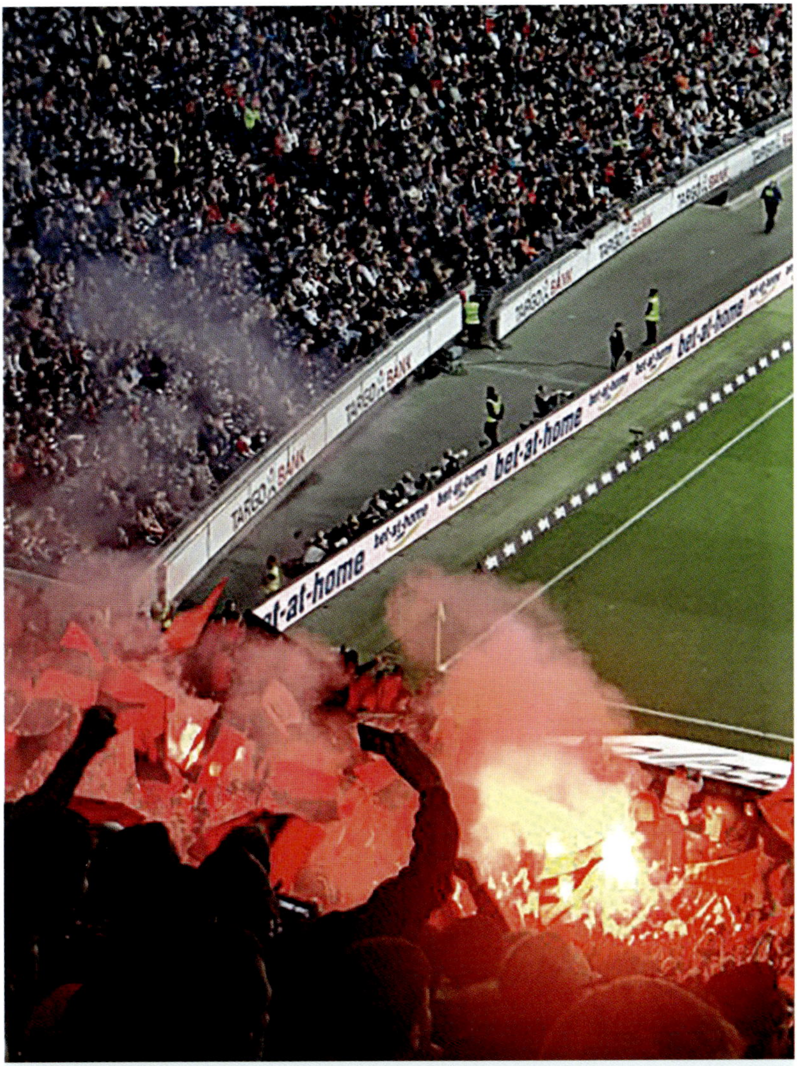

HARTE 5 FAKTEN

Adresse: Mörfelder Landstraße 362, 60528 Frankfurt/Main
Erbaut: 1925/1955/1974/2005
Zuschauerkapazität: 51.500
Verein: Eintracht Frankfurt
Begebenheit: Meisterschaftsendspiel 1925; Pokalfinale 1982; Relegation 2016

Freising-Weihenstephan 027

Hochschule

Bloß nicht nach München

Wer möchte schon gerne in ein leeres Kloster gehen? Im Falle von Weihenstephan, in Folge der Säkularisation frei geworden, war dies zunächst 1803 eine Forstschule.

Daraus entwickelte sich die Akademie für Landwirtschaft und Brauerei, später Hochschule, und daneben die Ingenieurschule für Gartenbau. Beide wurden 1971 zusammengeschlossen.

Auch Clubspieler Richard Oehm studierte in den 1930er-Jahren dort. Damit bewies er, dass Fußballer ihren Kopf nicht nur für das Kopfballspiel haben. Wobei letzteres laut Reichstrainer Otto Nerz das einzige war, das der Gartenbauarchitekt vielleicht noch hätte verbessern können. Der einzige Akademiker beim 1. FC Nürnberg war Oehm aber freilich nicht. Hatte der Club doch sogar an der ersten Deutschen Akademikermeisterschaft 1910/11 teilgenommen und war bis ins Halbfinale vorgestoßen. Dabei war der FCN keinesfalls ein Akademikerverein, sondern – eine besondere Stärke – seit jeher für alle Schichten offen.

Und noch etwas bewies Richard Oehm: Vereinstreue! Obwohl er für sein Studium in Weihenstephan bei München nach Oberbayern ziehen musste, lehnte er alle Anfragen von Münchner Vereinen ab. Wer möchte schon gerne an die Isar wechseln? Der Nürnberger jedenfalls nicht! Bloß nicht nach München, lieber für jedes Clubspiel die rund 150 Kilometer mit dem Zug in die Heimat fahren, hieß es für Tipfi.

Seinen Spitznamen hatte Oehm übrigens als Kind bekommen, weil er als Bub sehr klein war – klein wie ein i-Tüpfelchen. Als Erwachsener war er dann eine stattliche Erscheinung mit 1,88 Meter Körpergröße. Doch der Spitzname blieb, selbst als Tipfi Oehm Nationalspieler wurde und mit dem Pokalsieg 1935 sowie dem Gewinn der Deutschen Meisterschaft 1936 zu den Großen in der Clubhistorie aufstieg. Und was die Meisterehren anbetraf, war der elegante Techniker und spätere Spielerobmann des FCN auch in bester akademischer Gesellschaft. Denn Jean Steinlein, später Wirtschaftswissenschaftler, und Hans Kalb, später Zahnarzt, hatten ja auch schon mit dem Club den Titel geholt.

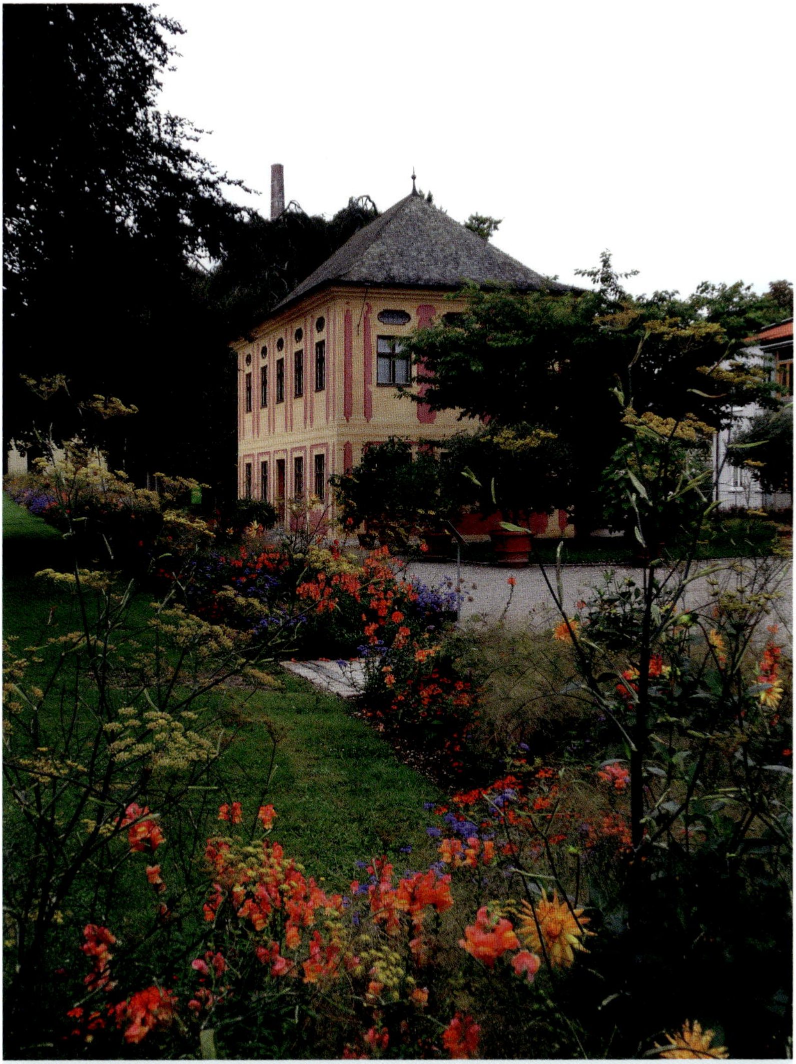

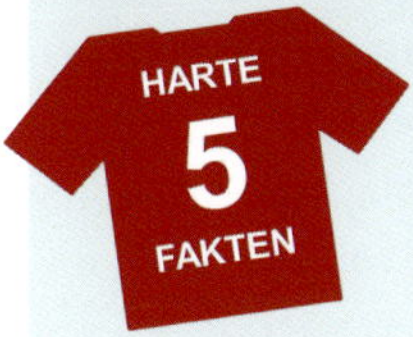

Adresse: Am Hofgarten 4, 85354 Freising-Weihenstephan
Entstehung Kloster: Um 830
Entstehung Hochschule: 1803 (als Forstschule)
Studierende gesamt: 6.095 (2021/22)
Begebenheit: Studienort von Meisterspieler Oehm

Fürth

Ronhof

Feuriges Derby

Die Stadtgrenze zwischen Nürnberg und Fürth ist eigentlich nur eine kommunale Grenze, wie so viele andere auch.

Eigentlich, denn im kulturellen und gesellschaftlichen Bewusstsein der Einwohner trennt sie Welten. Obwohl die Städte bereits seit 1899 direkt aneinander grenzen, sind sie sich beispielsweise in Sachen Fußball doch so unglaublich fern.

Denn die Rivalität zwischen dem Club und dem Kleeblatt ist seit jeher groß und das Nürnberg-Fürther Fußballderby mit über 260 Austragungen das traditionsreichste in Deutschland. Entsprechend herrscht auch im Ronhof bei Auftritten des 1. FC Nürnberg stets eine feurige Stimmung. Schon auf dem Weg in das 1910 als „Sportplatz am Ronhofer Weg gegenüber dem Zentral-Friedhof" errichtete Stadion geht es nicht selten hitzig zu.

So in den 1920er-Jahren, als die Nürnberger Anhänger noch zu Fuß zum Auswärtsspiel in das auch Westvorstadt genannte Fürth marschierten und es im Poppenreuther Wäldchen oftmals zu heftigen Auseinandersetzungen kam.

Dennoch, oder deswegen, waren die Clubfans immer zahlreich dabei und gemeinsam mit den Spielern gelang es oft genug, Heimspielatmosphäre in Fürth zu verbreiten. Doch dass ausgerechnet der Ronhof Heimspielstätte des 1. FC Nürnberg werden sollte, war eigentlich undenkbar.

Eigentlich, denn nach dem Zweiten Weltkrieg sollte genau das eintreten. Der Zabo war zerstört, das Städtische Stadion beschlagnahmt, und so musste der FCN tatsächlich seine Heimspiele zunächst für einige Zeit im Fürther Ronhof austragen.

Heimisch wurden die Cluberer dort freilich nicht. Denn richtig Feuer unterm Dach – mit Ausnahme der Haupttribüne in Fürth erst seit dem Umbau in den späten 1990er-Jahren auf den Rängen vorhanden – gab es aus Nürnberger Sicht im Ronhof eben nur beim Derby gegen die SpVgg. Richtig heiß sogar ging es dabei am 21. Januar 1973 zu, als Clubfans beim Stand von 2:4 durch das Abschießen von Feuerwerksraketen einen Spielabbruch provozierten. Es war der erste in der deutschen Profifußballgeschichte.

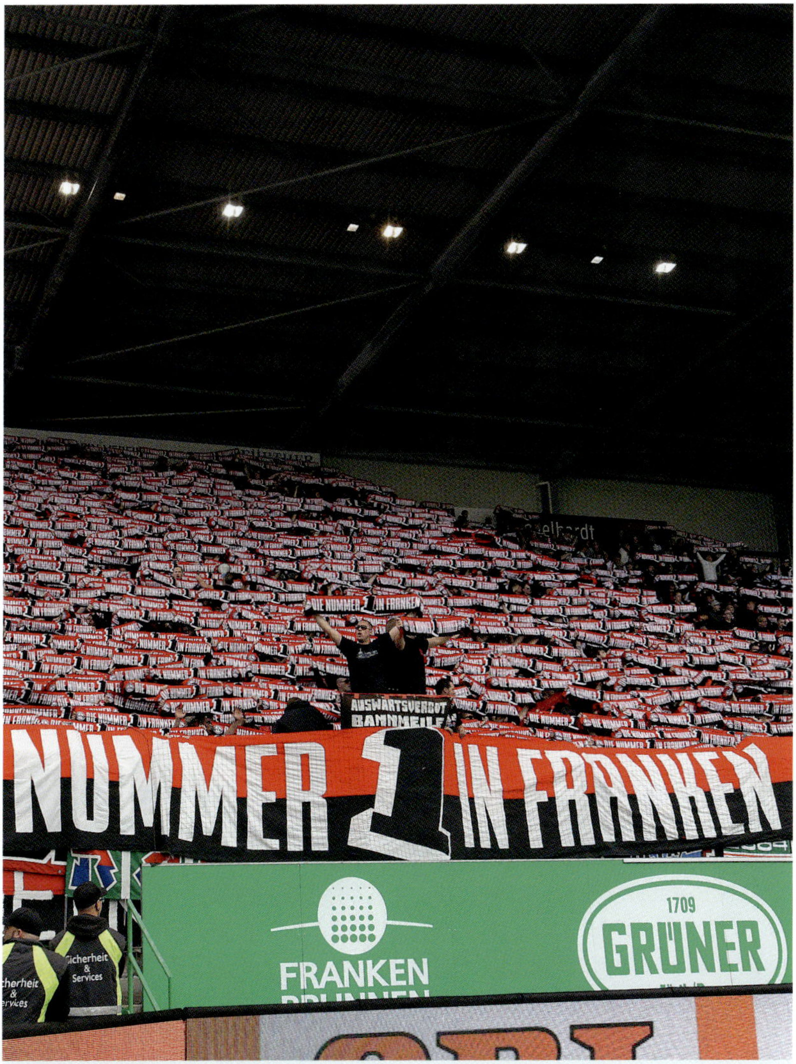

HARTE 5 FAKTEN

Adresse: Laubenweg 60, 90765 Fürth
Erbaut: 1910
Zuschauerkapazität: 16.626
Verein: SpVgg (Greuther) Fürth
Begebenheit: Derby- und zeitweise Heimspielstätte; Spielabbruch 1972/73

Garbsen-Havelse 029

Wilhelm-Langrehr-Stadion

Havelse, und nochmals Havelse

„Pokal ist nur einmal im Jahr", hört man Clubfans bisweilen unken. Schließlich müssen sie verhältnismäßig oft das Aus bereits beim jährlichen Pokalauftakt verkraften.

Zu allem Überfluss sorgt dabei auch noch ziemlich oft ein sogenannter Kleiner, also ein unterklassiger Verein, für den frühen Schlusspunkt.

„So etwas kann schon einmal passieren", würde man vielleicht andernorts beschwichtigen. Doch dem 1. FC Nürnberg kann so etwas sogar zweimal passieren. So geschehen in Havelse, einem Ortsteil der niedersächsischen Stadt Garbsen.

Am 17. August 1991 führte der Pokalweg erstmals ins Wilhelm-Langrehr-Stadion, das damals noch TSV-Kampfbahn hieß. 1:1 stand es dabei nach 120 Minuten. Und im anschließenden Elfmeterschießen kam es dann, wie es beim Club eben leider viel zu oft kommt: Der Provinzklub hatte die besseren Nerven. Mit 4:2 behielt der TSV Havelse aus der damals noch drittklassigen Oberliga Nord die Oberhand. Die einmalige Sensation vor 3.500 Zuschauer gegen die Bundesligaelf um Köpke, Brunner, Zietsch, Golke, Wagner und Eckstein war perfekt.

„Einmal ist keinmal", oder so ähnlich. Am 19. August 2012 musste der FCN jedenfalls erneut im Pokal nach Havelse, so wollte es abermals das Los. Für den fränkischen Bundesligisten standen mit Schäfer und Pinola sogar noch zwei Pokalhelden von 2007 in der Startelf. Quasi spielende Beweise dafür, dass der Club auch anders kann.

Doch es sollte sich nicht die Geschichte der Pokalsiegersaison wiederholen, sondern die von 1991. Zwar war der FCN dank Alexander Esswein früh mit 1:0 in Führung gegangen, doch in der zweiten Hälfte traf Havelse, und nochmals Havelse.

Der TSV aus der viertklassigen Regionalliga Nord hätte sogar schon in der regulären Spielzeit siegen können, aber Clubstürmer Robert Mak traf noch zum Ausgleich. Doch ein Elfmeterschießen benötigten die Amateure diesmal nicht. Sie machten die Sache bereits mit dem 3:2 in der Verlängerung klar. Die einmalige Sensation war wiederholt.

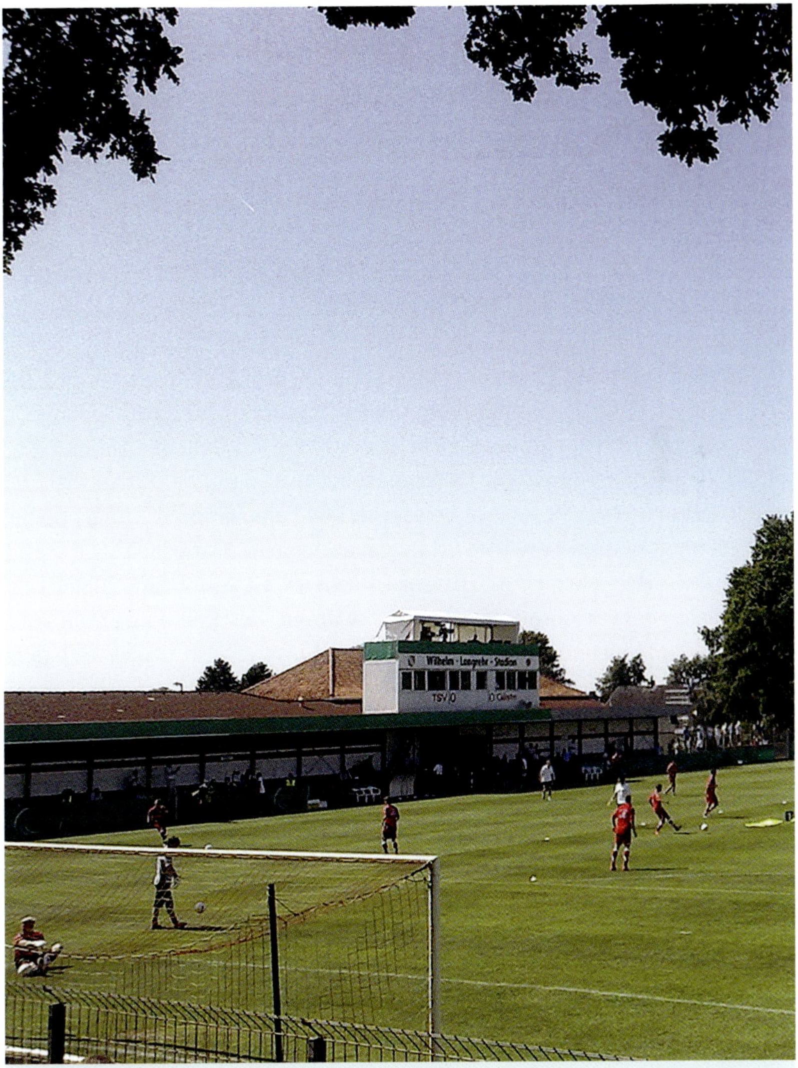

HARTE 5 FAKTEN

Adresse: Hannoversche Str. 90–92, 30823 Garbsen-Havelse
Erbaut: 1933
Zuschauerkapazität: 3.500
Verein: TSV Havelse
Begebenheit: Pokalaus gegen Amateurverein 1991/92, 2012/13

Gelsenkirchen 030

Arena Auf Schalke

Feuer der Freundschaft

Entwickelt hat sie sich ab 1980, doch wo und wie die legendäre Fanfreundschaft zwischen Cluberern und Schalkern entstand, darum ranken sich viele Mythen.

War es die vereinte Abneigung Bayern München gegenüber, deren Anhänger man einst durch den Bahnhof jagte? Oder eine Sammelaktion der Clubfans, als einigen Schalkern nach einem Spiel in Nürnberg das Geld für die Heimreise fehlte? Vielleicht zeichnete gar das Magazin „Stern" dafür verantwortlich, da es im Rahmen einer Reportage Fotos von S04-Fans in ihren Kutten zeigte, auf denen auch Abzeichen des FCN aufgenäht waren? War es wirklich dieser Artikel, der anschließend durch beide Fanszenen kreiste und die Freundschaft begründete? Oder doch die Begebenheit während der Heimfahrt vom Auswärtsspiel in Mönchengladbach, als sich eine Nürnbergerin und ein Schalker im Zug anfreundeten?

Wie dem auch sei, die Fanfreundschaft wurde rasch bekannt. Und sie bestand 1981 auch ihre erste Bewährungsprobe, als der FC Schalke 04 ausgerechnet nach einem 1:1 gegen den Club dem Abstieg entgegensah. Das war noch im Parkstadion, eine riesige Betonschüssel, die der S04 zwanzig Jahre später verlassen sollte, um in die unweit davon neugebaute Arena Auf Schalke zu ziehen.

Da die Freundschaft alle Höhen und Tiefen überlebte, war es 2001 anlässlich der Einweihung der neuen Arena mit verschließbarem Dach und herausfahrbarem Rasen auch selbstverständlich, dass der Club zum Eröffnungsturnier eingeladen wurde. Nicht nur da ertönte das allseits bekannte „Schalke und der FCN …".

2014, als der Club nach einem 1:4 auf Schalke abstieg, erklang in der ganzen Arena hingegen: „Der FCN steigt wieder auf …". Derart laut und ausdauernd, dass wieder einmal klar wurde, dass diese Fanfreundschaft – auch älteste Ehe der Fußballnation genannt – einmalig in ganz Europa ist. Das zeigte ebenso 2018 die erste wirkliche Ganzstadion-Choreografie eindrucksvoll. In blau-weiß und rot-schwarz sowie mit der Feststellung: „Tradition ist nicht Asche bewahren, sondern die Weitergabe des Feuers."

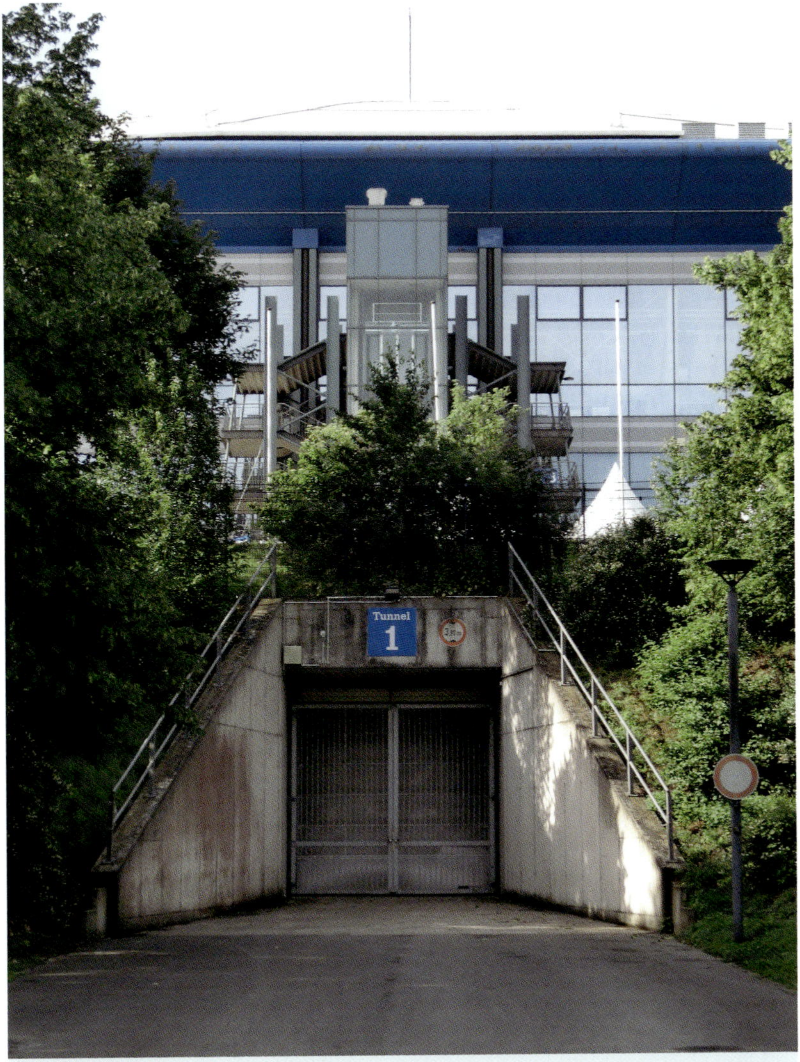

HARTE 5 FAKTEN

Adresse: Rudi-Assauer-Platz 1, 45891 Gelsenkirchen
Erbaut: 2001
Zuschauerkapazität: 62.271
Verein: FC Schalke 04
Begebenheit: Gelebte Fanfreundschaft

Gelsenkirchen

031

Glückauf-Kampfbahn

Altmeister

Über die Fanfreundschaft zwischen Cluberern und Schalkern wurde viel geschrieben. Völlig zurecht natürlich. Und doch existiert von alters her auch eine sportliche Rivalität zwischen den heute so betitelten Altmeistern.

Als sie noch junge Meister waren, prägten FCN und S04 Fußballdeutschland. Gerade in den 1930er-Jahren kam es zwischen den beiden zu etlichen Duellen auf allerhöchstem Niveau. Damals stets im Mittelpunkt: Georg Friedel. Der Clubstürmer schoss den FCN mit seinem 2:0 im Dezember 1935 zum Pokalsieg gegen den FC Schalke 04 und diesen auch rund ein halbes Jahr später mit zwei Toren im Halbfinale um die Deutsche Meisterschaft 1936 aus dem Wettbewerb.

In der Folge sicherte sich der Club zudem den Meistertitel und damit vermeintlich das erste Double. Vermeintlich, da der Pokalsieg offiziell zur Saison 1934/35 gezählt wird.

Das erste Double konnte sich dann 1937 Schalke sichern. Im Meisterschaftsendspiel hatte sich S04 dabei gegen den FCN mit 2:0 durchsetzen können. Ebenso hatten die Schalker ihren ersten Meistertitel 1934 gegen den Club errungen, durch ein 2:1. Nürnberger Torschütze damals: Georg Friedel.

Auch dank dieser Erfolge konnte Schalke die heimische Glückauf-Kampfbahn immer weiter ausbauen. Eigentlich nur für rund 35.000 Zuschauer ausgelegt, strömten teils bis zu 70.000 ins Stadion und sorgten für eine hitzige Atmosphäre. Und wie hitzig es bei diesem Altmeisterduell zugehen konnte, erfuhr 1947 auch Willi Billmann. Auf dem Platz hatte er einen Schalker Spieler heftig beiseite gerempelt, um Clubtorwart Georg Lindner zu schützen. Dieser war an TBC erkrankt und starb rund drei Wochen später. Nach dem Abpfiff flog dann ein Stein auf Billmann und verletzte diesen schwer am Kopf.

Doch nicht nur in der Glückauf-Kampfbahn, von der Schalke 1973 ins neuerrichtete Parkstadion weiterzog, ging es zwischen den Altmeistern hart zur Sache. So sehr sogar, dass sich beispielsweise in den 1960er-Jahren der Schalker Reinhard „Stan" Libuda vor den Duellen mit dem gnadenlosen und eben eisenharten Clubverteidiger Fritz „Eisenfuß" Popp stets übergeben musste, wie man sich erzählt.

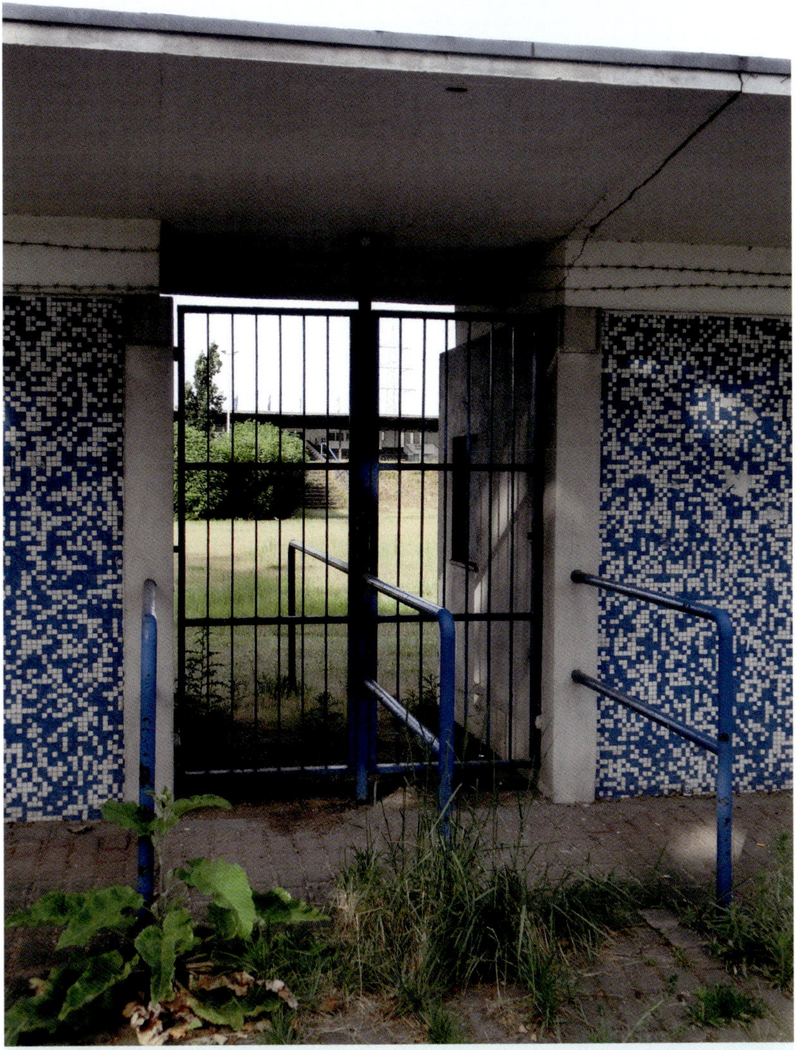

HARTE 5 FAKTEN

Adresse: Ernst-Kuzorra-Platz, 45881 Gelsenkirchen
Erbaut: 1928
Zuschauerkapazität: 11.000
Verein: FC Schalke 04
Begebenheit: Sportliche Rivalität der Altmeister

Griffen 032

Peter-Handke-Geburtshaus

Der Club: Ein Gedicht

Am 6. Dezember 1942 erblickte der berühmteste Sohn der Kärntner Marktgemeinde Griffen das Licht der Welt: Peter Handke. Im großväterlichen Haus im Ortsteil Altenmarkt geboren, gelang dem österreichischen Schriftsteller 1966 mit seinem Erstlingsroman „Die Hornissen" der Durchbruch. Angetan vom angehenden Deutschen Meister des Jahres 1968, entstand in der Folge auch ein bemerkenswertes Gedicht, das 1969 in „Die Innenwelt der Außenwelt der Innenwelt" veröffentlicht wurde:

Die Aufstellung des 1. FC Nürnberg vom 27.1.1968
Wabra
Leupold Popp
Ludwig Müller Wenauer Blankenburg
Starek Strehl Brungs Heinz Müller Volkert
Spielbeginn: 15 Uhr

Stilistisch bediente sich Handke dabei der Form der Ready-mades. Er nahm also am vorgefundenen Objekt kaum Bearbeitungen vor, präsentierte es lediglich und erklärte es für Kunst. Das Objekt, die Kunst, waren die Namen der Clubspieler, wie sie Zeitungen vor dem 2:0-Sieg bei Bayer Leverkusen abdruckten. Abweichend vom Gedicht spielte übrigens Hilpert für Leupold und das Pokalspiel begann bereits um 14 Uhr.

Wenig angetan war Peter Handke vom literarischen Schaffen der üblichen Verdächtigen, das für ihn „ebenso läppisch ist wie diese Literatur". Er selbst stellte sich später wegen seiner haarsträubenden Äußerungen zur Rolle Serbiens in den Jugoslawienkriegen gewaltig ins Abseits – und erhielt dennoch 2019 den Literaturnobelpreis.

Das Spiel des einst in die Weltliteratur eingegangenen FCN geriet in der Zwischenzeit auch manchmal läppisch und war eher selten noch ein Gedicht. Aber eine Pokalsiegermannschaft musste herhalten, um von einem literaturnobelpreisunverdächtigen Autor bemerkenswert läppisch bedichtet zu werden:

Die Aufstellung des 1. FC Nürnberg vom 26.5.2007
Kapitän Schäfer wieder für Klewer im Tor. / Reinhardt, Wolf, Nikl, Javier Pinola davor. / Kristiansen, Engelhardt, Mintal, Galasek macht / das Spiel. Ach ja, dessen Beginn: Abends um Acht. / In der Spitze: Saenko und Schroth als Sturmtank. / Polak, Spiranovic, Banovic auf der Bank.

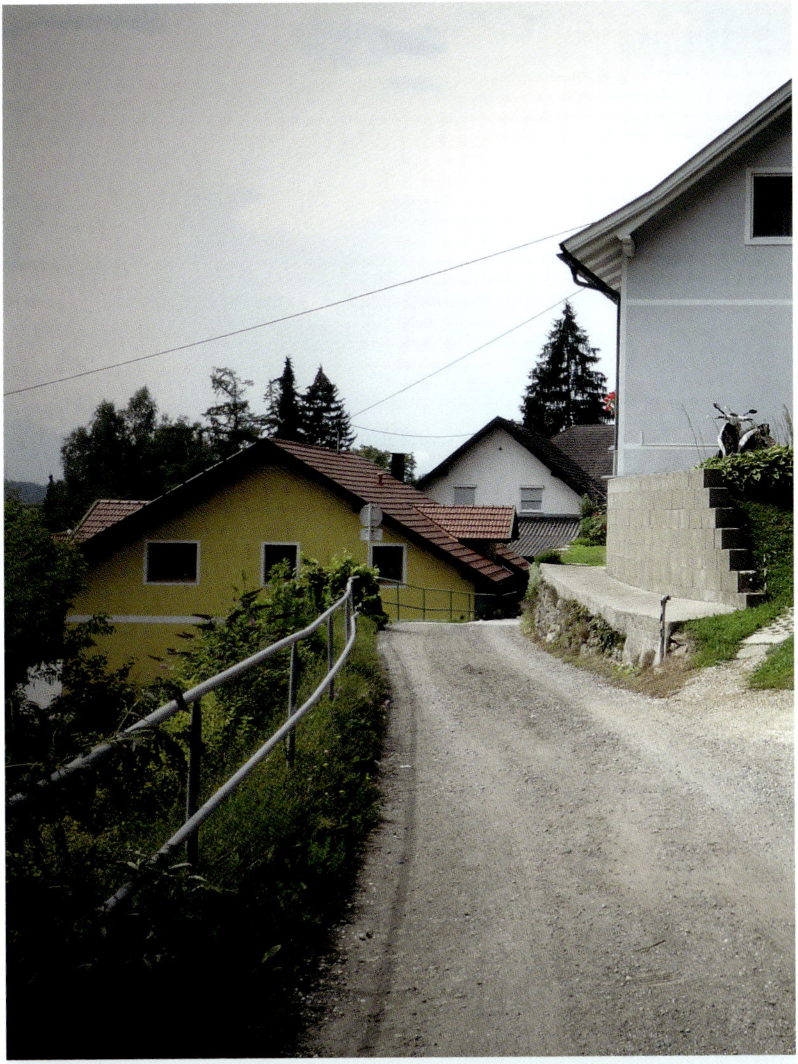

HARTE 5 FAKTEN

Adresse: Altenmarkt 25, 9112 Griffen (Kärnten)
Handkes Geburtstag: 6. 12. 1942
Elternhaus (ab 1957): Altenmarkt 6, 9112 Griffen (Kärnten)
Handkes Zeit in Griffen: 1942–1945, 1948–1954
Begebenheit: Verfasser des Club-Aufstellungs-Gedichts von 1968

Niedersachsenstadion

Reingehängt

Zwischen 1952 und 1954 entstand aus einem riesigen Wall mit Trümmerschutt des Zweiten Weltkriegs das Niedersachsenstadion. Reingehängt hatten sie sich in Hannover, um das zweitgrößte Stadion der Bundesrepublik zu schaffen – nach dem Berliner Olympiastadion. Und so fanden hier, weit vor dem Umbau im Jahr 2003 anlässlich der WM 2006, vier Endspiele um die Deutsche Meisterschaft und neun DFB-Pokalfinals statt. Ende und Anfang bildete dabei der Club.

Denn Sieger im letzten Meisterschaftsendspiel in Hannover am 24. Juni 1961 war der 1. FC Nürnberg. Überraschend deutlich sogar, mit 3:0 gegen Borussia Dortmund vor 82.000 Zuschauern. Die junge Clubelf, angeführt von Senior Max Morlock, ging früh durch Kurt Hasenender in Führung und legte dank Heini Müllers Treffer kurz vor der Pause nach. In Halbzeit zwei setzte dann Heinz Strehl den Schlusspunkt.

Vater des Erfolgs war Vaterfigur Morlock, der in jenem Jahr auch zu Deutschlands Fußballer des Jahres gewählt wurde. Spielentscheidend aber war das 2:0 durch Heini Müller, dem damals das beste Spiel seiner Karriere bescheinigt wurde.

Und das, obwohl er vorher nach eigener Aussage nur einen Wunsch hatte: Nicht der schlechteste auf dem Platz zu sein. Nach der gewonnenen Meisterschaft kommentierte Müller bescheiden: „Vielleicht die einzige ‚Deutsche', die du mitmachst, hab ich gedacht. Da hab ich mich halt reingehängt."

Reingehängt hat sich der Club auch rund ein Jahr später an gleicher Stelle, beim ersten DFB-Pokalfinale im Niedersachsenstadion. Heini Müller fehlte und Morlock hatte nach der Vizemeisterschaft ein paar Wochen zuvor gerade seinen erstmaligen Rücktritt erklärt. Dennoch konnte sich der 1. FC Nürnberg wieder in Hannover durchsetzen.

Gegner war Fortuna Düsseldorf – wie beim Meisterschaftsfinale 1936 in Berlin. Und wie einst wurde wieder ein 0:1-Rückstand ausgeglichen und wieder in der Verlängerung mit 2:1 gewonnen. Kurt Haseneder und Tasso Wild hießen die Torschützen im Pokalendspiel am 29. August 1962 in der niedersächsichen Landeshauptstadt.

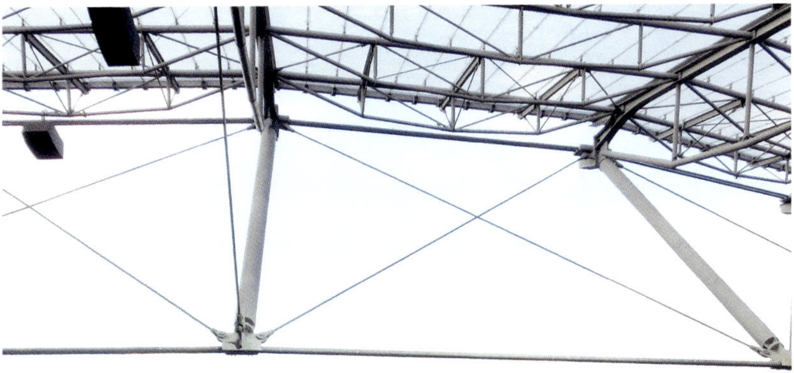

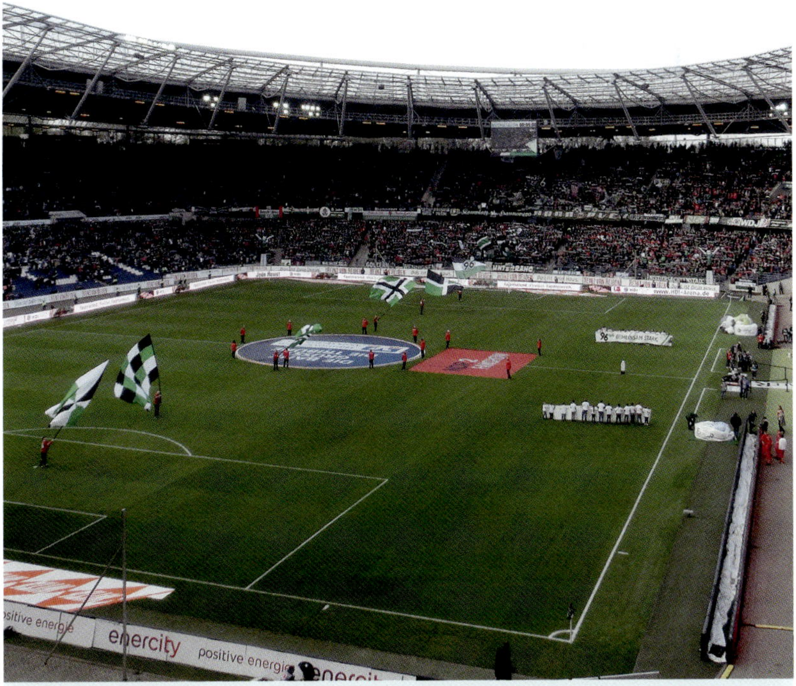

HARTE 5 FAKTEN

Adresse: Robert-Enke-Straße 3, 30169 Hannover
Erbaut: 1954
Zuschauerkapazität: 49.200
Verein: Hannover 96
Begebenheit: Meisterschaftsendspiel 1961; Pokalfinale 1962

Hersbruck 034

Sportanlage Happurger Straße

Von Meistern und Eseln

Gelegentlich reist der Club durch Franken zu kleineren Fußballplätzen. Dorthin, wo einst die großen Clubspieler kickten, als sie noch klein waren. Beispielsweise zum 1. FC Hersbruck, aus dessen Jugend unter anderem Helmut Hilpert stammte. Der wechselte 1952 zum Clubnachwuchs, spielte dann ab 1959 in der ersten Mannschaft und wurde 1961 erstmals Deutscher Meister.

Eben dieser, der amtierende Meister, lockte 1961 zur Einweihung der neuen Sportanlage des 1. FC Hersbruck über 5.000 Zuschauer an. Ähnliche Besuchermassen sind dort eigentlich nur anzutreffen, wenn wieder einmal Esel auf dem Platz sind.

Gut, nach Meinung manch kritischer Fans ist das beim Fußball nichts Seltenes. Und dem einen oder anderen Spieler sind wohl schon schlimmere Worte an den Kopf geworfen worden. Doch an der Happurger Straße rennen seit den 1980er-Jahren tatsächlich Esel die Seitenlinien entlang.

Einmal im Jahr findet dort nämlich das Hersbrucker Eselrennen statt. Dabei muss jedes Grautier so schnell wie möglich von den Eseltreibern viermal um den Fußballplatz bugsiert werden, was durch deren sprichwörtliche Sturheit oft erschwert wird.

Schwer hatten es 1961 auch die Spieler des FCH gehabt. Am Ende hieß es 13:1 für den FCN und die Hersbrucker waren von einer Sensation so weit entfernt wie störrische Esel von Gehorsamkeit.

Doch Sensationen gegen den Club wurden etwas später, nach der Meistersaison 1967/68, häufiger – übrigens Hilperts letzte Spielzeit beim FCN. Es folgten Jahre der Zweitklassigkeit und zahllose Blamagen gegen sogenannte „Kleine" in Liga-, Pokal- sowie Freundschaftsspielen. So besangen die legendären „Peterlesboum" ironisch den Samstagnachmittag, an dem der „Glubb" mal wieder bei einem Außenseiter verlor – „draußen in Schwand, des is a Schand".

Oder eben draußen beim 1. FC Hersbruck. Denn auch der düpierte den FCN, als dieser 1985 erneut zu Gast war. Ob die Nürnberger Profis nach der 0:1-Niederlage von ihren Fans als „Esel" beschimpft wurden, ist allerdings nicht überliefert.

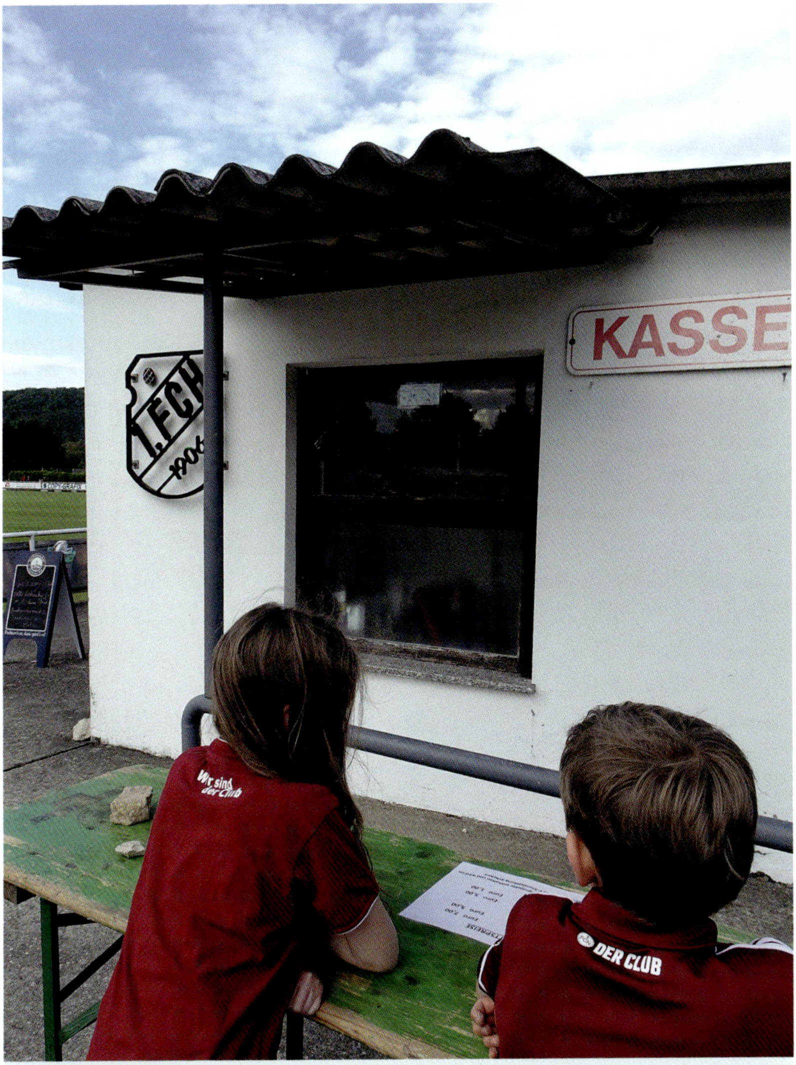

HARTE 5 FAKTEN

Adresse: Happurger Straße 27, 91217 Hersbruck
Erbaut: 1961
Zuschauerkapazität: 3.000
Verein: 1. FC Hersbruck
Begebenheit: 0:1 gegen Hilperts Jugendverein im Jahr 1985

Homburg/Saar 035

Waldstadion

Standhaft

„Man muss schon ein wenig zurückblättern, um in den Geschichtsbüchern der großen Fußballwelt auf den FC Homburg zu stoßen. Fast 30 Jahre ist es mittlerweile her, dass der 1908 gegründete Klub unter Präsident Manfred Ommer für bundesweite Schlagzeilen sorgte. Stein des Anstoßes war der Trikotsponsor der Saison 1987/88. Für damals stattliche 200.000 DM sollte auf den Homburger Leibchen für Kondome der Marke ‚London' geworben werden. Auf Geheiß von Gerhard Meyer-Vorfelder – damals Vorsitzender des DFB-Ligaausschusses – musste das anrüchige Logo jedoch überklebt werden. Selbst vor dem Hintergrund der aufkommenden AIDS-Diskussion wollte man beim DFB mit ‚Safer Sex' nichts zu tun haben. Erst nach einem Urteil des Frankfurter Landgerichts durften die Saarländer mit der Gummi-Bewerbung auflaufen", so war 2017 im Magazin „Zeitspiel" über die Posse um das Homburger Trikot zu lesen.

Der kleine FCH hatte die prüden alten Herren im großen, behüteten DFB niedergerungen, war trotz angedrohtem Punktabzug standhaft geblieben.

Der Schriftzug wurde zwischenzeitlich mit einem auffälligen schwarzen Balken abgedeckt. Erst nach Aufhebung des umstrittenen Verbots streiften die Spieler des FC Homburg sich wieder die unzensierten Leibchen über.

Die Story der aufmüpfigen Saarländer begeisterte, der Skandal wurde in den Medien ausführlich thematisiert und dem Verein aus der damals kleinsten Bundesligastadt eine Aufmerksamkeit zuteil, die sportlich nicht zu erreichen war. Anders dazumal der 1. FC Nürnberg, der auf dem Rasen von sich reden machte und mit seinen jungen Wilden begeisterte.

Die Spielzeit 1987/88 schloss der Club auf Platz 5 ab und zog in den UEFA-Pokal ein. Der Weg dorthin führte auch über Homburg. Und Köpke, Grahammer, Reuter, Eckstein und Co. standen im 1937 eröffneten Waldstadion ihren Mann.

Der Kondomwerbevertrag konnte das 4:0 des FCN am 5. September 1987 nicht verhüten. Dieses steht noch heute als höchster Auswärtssieg in der Nürnberger Bundesligahistorie – gemeinsam mit einem 4:0 bei Werder Bremen aus der Meistersaison 1967/68.

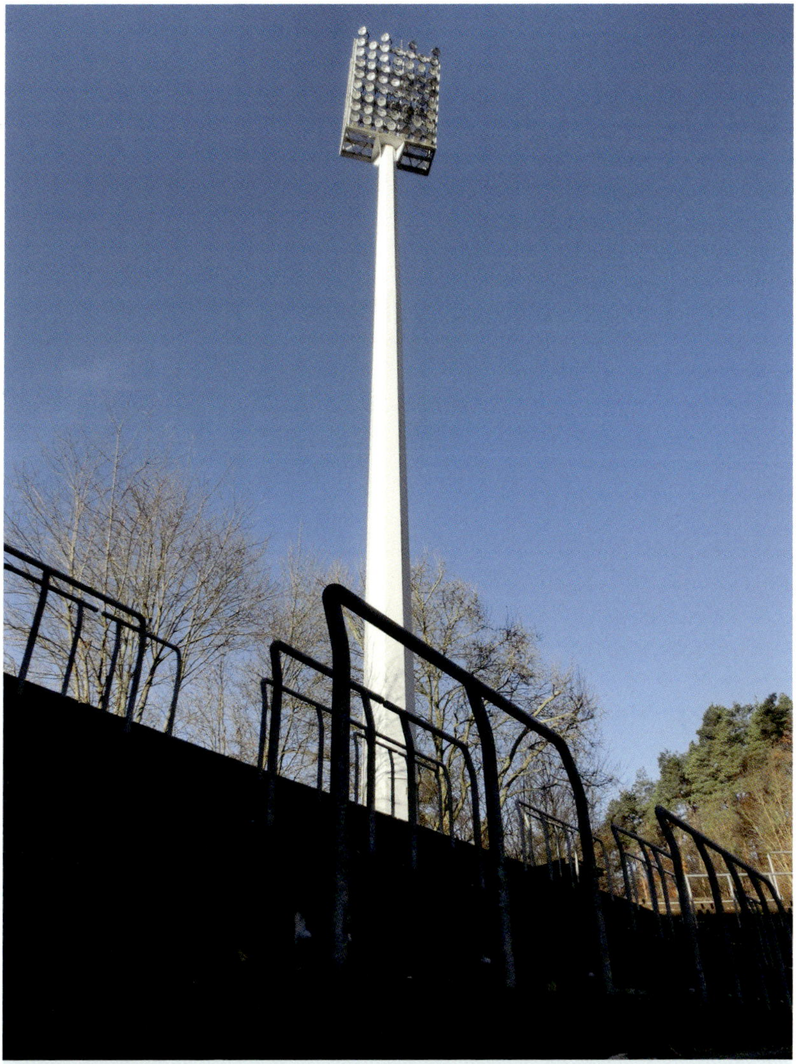

HARTE 5 FAKTEN

Adresse: Kurt-Conrad-Str. 8, 66424 Homburg/Saar
Erbaut: 1937
Zuschauerkapazität: 16.448
Verein: FC Homburg
Begebenheit: Höchster Bundesliga-Auswärtssieg (1987/88)

Ingolstadt 036

MTV-Stadion

Liga-Aufzug

Sage und schreibe 41 Zweitligisten gab es in der Saison 1979/80. 20 in der 2. Bundesliga Nord, sogar 21 im Süden. Auch der 1. FC Nürnberg war nach dem Abstieg 1979 dabei und spielte in der Südgruppe um den direkten Wiederaufstieg in die 1. Bundesliga.

Dank der „harten Welle“ von Clublegende und -trainer Robert, genannt Zapf, Gebhardt sollte es auch wieder nach oben gehen. Drei Spieltage vor Schluss hatte der 1. FC Nürnberg drei Punkte Vorsprung auf seinen Verfolger aus Karlsruhe. Bei der damaligen Zwei-Punkte-Regel hätte dann auch ein Heimsieg just gegen den Karlsruher SC am 40. Spieltag alles klar gemacht, doch gab es vor 50.000 Fans nur ein 1:1.

Eine Woche später war es aber soweit. Ein 1:0-Sieg beim MTV Ingolstadt durch ein Tor von Bertram Beierlorzer bescherte dem Club vor 10.000 Zuschauern im MTV-Stadion den erhofften Wiederaufstieg. Entsprechend intensiv waren die Feierlichkeiten auf dem Heimweg, obwohl dieser ja nicht sonderlich weit war – letzteres kannte der FCN aus jener Saison. Denn neben dem MTV spielten damals auch die SpVgg Fürth, die SpVgg Bayreuth und der FV 04 Würzburg in der 2. Bundesliga Süd. Außerdem noch der Lokalrivale des MTV, der ESV Ingolstadt.

Beide fusionierten 2004 zum FC Ingolstadt, an dem die „Audi Sport GmbH“ mit knapp 20 Prozent beteiligt ist. Und für das einsetzende Ingolstädter Fußballhoch gab es 2010 mit dem „Audi“-Sportpark der „Audi Immobilien Verwaltung GmbH“ auch ein neues Stadion.

Während das alte MTV-Stadion als Bezirkssportanlage Mitte inzwischen ein tristes Dasein fristet, präsentierten die Clubfans 2015 beim Gastspiel im Sportpark eine ultrabeeindruckende Choreographie zum 115. Geburtstag des FCN. „You're my wonderwall“ hieß es bei dieser zauberhaften Liebeserklärung an den Club, wobei mit größtem Aufwand einige bewegte Elemente gezeigt wurden.

Auch ein Liga-Aufzug und ein Trainer-Karussell waren dabei. Diese hatten sich ja auch 1980 bewegt: Der FCN hoch in Liga 1 und Aufstiegstrainer Gebhardt trat zurück.

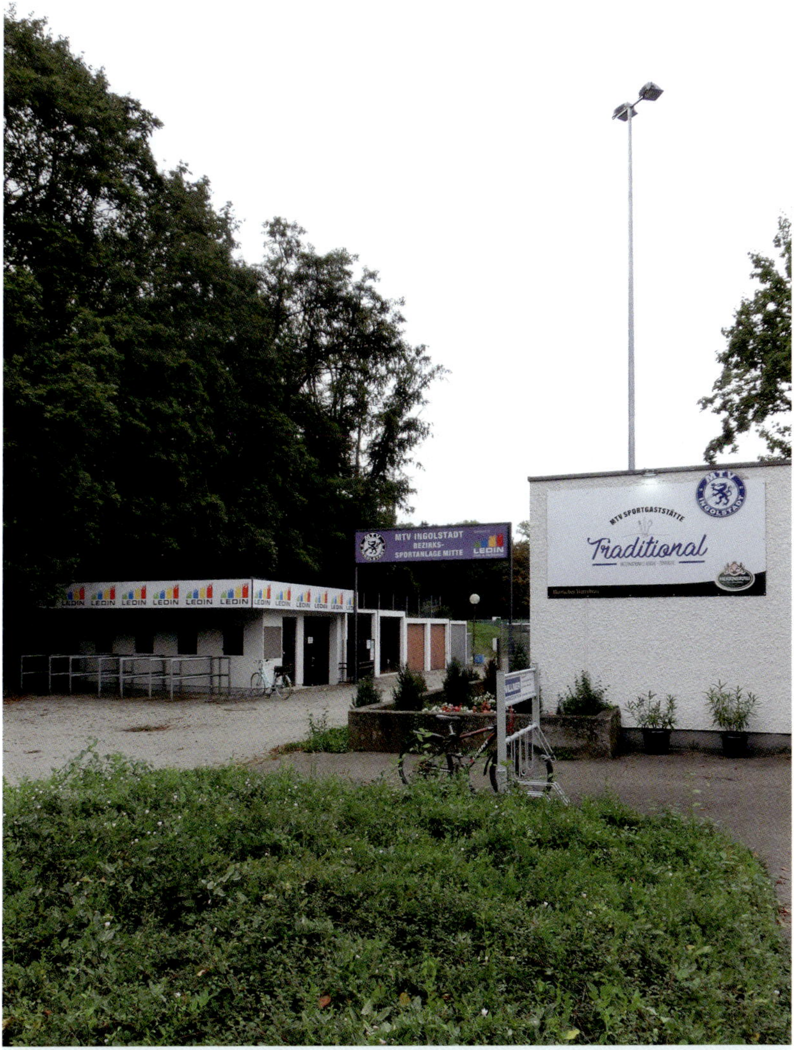

HARTE 5 FAKTEN

Adresse: Friedhofstraße 10, 85049 Ingolstadt
Erbaut: 1971
Zuschauerkapazität: 8.000
Verein: MTV Ingolstadt
Begebenheit: Aufstieg in die 1. Bundesliga 1979/80

Ingolstadt

Sportpark

Das dramatischste Spiel aller Zeiten

Begleitet von Abstiegsangst und Corona-Pandemie, sowie ob letzterer auch noch vor leeren Rängen, schleppte sich der FCN 2020 in den Sommer. Am 34. Spieltag belegte der Club schließlich Platz 16 in der 2. Bundesliga und musste somit gegen den Drittligisten FC Ingolstadt in die Relegation.

In dieser gab es im Max-Morlock-Stadion zunächst ein überraschend souveränes 2:0 durch die beiden Treffer von Fabian Nürnberger. Doch diesen Vorsprung verspielte der FCN in der zweiten Halbzeit des Rückspiels im 2010 eröffneten Sportpark des FCI. Nach 66 Minuten stand es 0:3, der Club war damit abgestiegen.

Eine geschlagene halbe Stunde kreisten die Gedanken um das Horrorszenario 3. Liga. Vielleicht nie zuvor in der Geschichte des FCN stand derart viel auf dem Spiel wie an jenem 11. Juli 2020. Der Abstieg war gleichbedeutend mit dem Ende, zumindest dem Ende der Mannschaft, größerer Erlöse und der Aussicht auf eine bessere Zukunft. Der finanzielle Kollaps stand bevor.

Zudem drohte unzähligen Mitarbeitern in Geschäftsstelle und NLZ die Kündigung. Nicht nur aufgrund dieser menschlichen Schicksale war Finanzvorstand Niels Rossow „getrieben von der Hoffnung“ und zwang sich wie viele ein Wunder herbeizusehnen, „aber man hat den Glauben an das Gute schon fast verloren.“

Doch das Gute, also der Club, im Normalfall vom „Fußballgott“ unbeachtet, bekam in der Nachspielzeit von diesem laut Interimstrainer Michael Wiesinger „nochmal die Hand gereicht“. Denn Fabian Schleusener bugsierte kurz vorm sprichwörtlichen Ende den Ball gerade noch so ins Ingolstädter Tor.

Ein aufgrund der angewandten Auswärtstorregel lebender FCN und kollektiver Freudentaumel waren die Folge. Vom Rasen im Sportpark bis zum letzten zugeschalteten Fernseher im Fußballkosmos 1. FC Nürnberg brandet – trotz corona-bedingter Trennung – der vielleicht ekstatischste Jubel der Clubhistorie auf.

Schließlich gelang es, dank diesem 1:3 „in der 96. Minute den Sarg noch mal zu öffnen, herauszusteigen und die zweite Liga zu sichern“, wie Wiesinger nach dem dramatischsten Spiel aller Zeiten schluchzte.

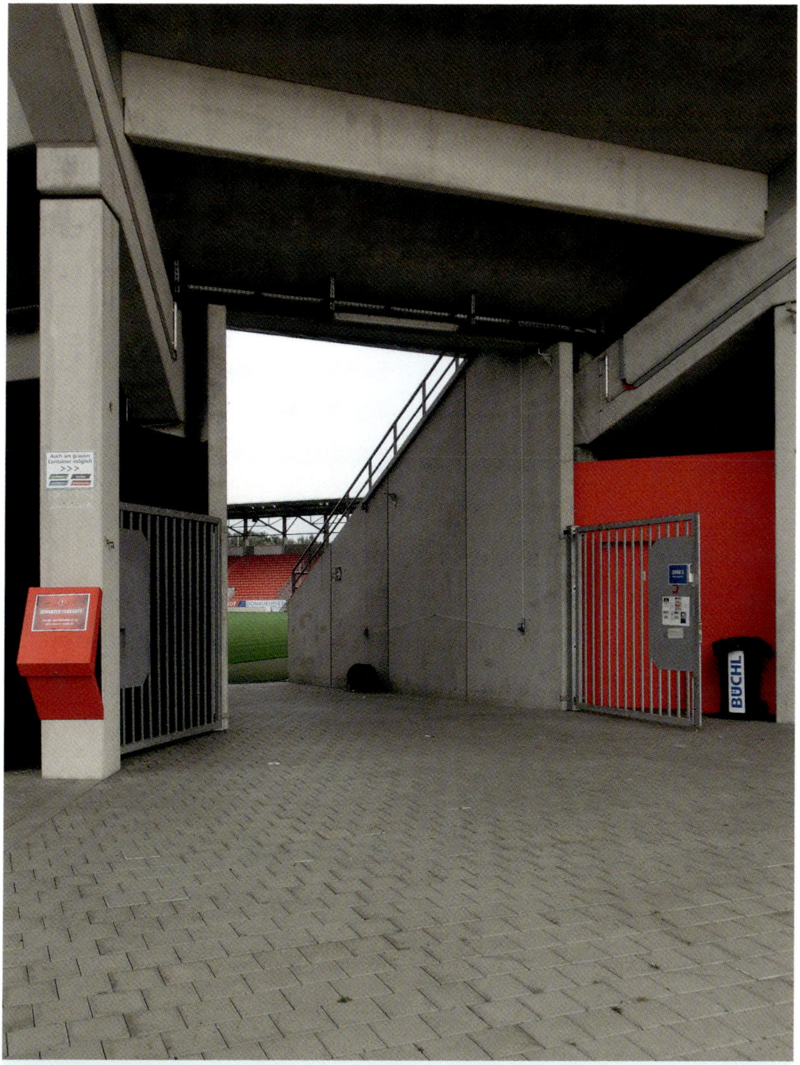

HARTE 5 FAKTEN

Adresse: Am Sportpark 1, 85053 Ingolstadt
Erbaut: 2010
Zuschauerkapazität: 15.200
Verein: FC Ingolstadt
Begebenheit: Relegation 2020

Istanbul 038

İnönü Stadı

Am Bosporus

Fenerbahce zählt zu den drei großen Fußballvereinen in Istanbul. Als einziger hiervon ist Fener im asiatischen Teil der Stadt beheimatet und pflegt zu den beiden Kontrahenten auf der anderen Seite des Bosporus eine intensive Rivalität. Insbesondere zu Galatasaray, aber auch zu Besiktas.

Dennoch wich Fenerbahce im Achtelfinale des Europapokals der Landesmeister 1961/62 vom heimischen Şükrü Saracoğlu Stadı ins modernere İnönü Stadı aus, also just in die Heimspielstätte von Besiktas im europäischen Teil Istanbuls. Das 1947 eröffnete Stadion trug damals den Namen Mithatpaşa Stadı.

Als es 2013 einem Neubau weichen musste und Besiktas Istanbul bis zu dessen Fertigstellung 2016 in das Stadion von Kasimpasa, einem eher kleineren Rivalen, umziehen sollte, protestierten die Fans von Besiktas übrigens vehement und erreichten einen Umzug ins „neutrale" Atatürk Olimpiyat Stadı.

Fener hingegen trat am 18. Oktober 1961 im İnönü Stadı vor 20.000 Besuchern gegen den 1. FC Nürnberg an. Doch wirklich glücklich wurde der türkische Meister von 1961 im Stadion von Besiktas damals nicht.

Denn die Clubmannschaft von Meistertrainer Herbert Widmeyer konnte sich im Europapokal-Hinspiel mit einem 2:1-Auswärtssieg eine gute Ausgangsposition für das Weiterkommen auf internationalem Parkett schaffen. Nach einer torlosen ersten Hälfte brachten Gustl Flachenecker und Heinz Strehl den FCN am Bosporus in Front.

Das Rückspiel zwischen dem Club und Fenerbahce Istanbul fand dann erst am 3. Dezember 1961 im Städtischen Stadion, dem heutigen Max-Morlock-Stadion, in Nürnberg statt.

Über 40.000 Zuschauer waren dabei, als FCN-Torwart Roland Wabra seinen Kasten sauber hielt und der 1. FC Nürnberg um Max Morlock dank des 1:0-Siegtreffers von Tasso Wild das Viertelfinale erreichte.

Gleich bei seiner ersten Teilnahme an den dazumal noch recht jungen europäischen Vereinspokalwettbewerben gelang es dem Club damit, im Europacup zu überwintern. Und in der nächsten Runde sollte dann mit Benfica Lissabon sogar der Titelverteidiger im Europapokal der Landesmeister warten.

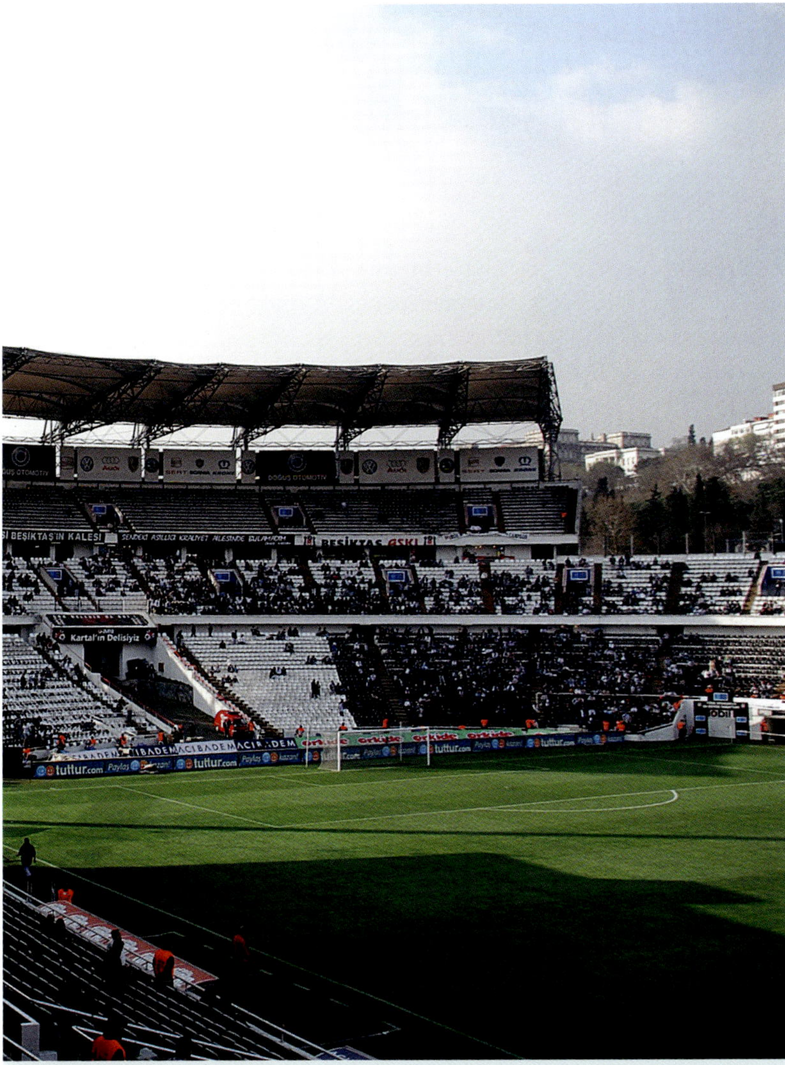

HARTE 5 FAKTEN

Adresse: Dolombahce Caddesi, Besiktas, 34357 Istanbul

Erbaut: 1947 / 2016

Zuschauerkapazität: 42.590

Verein: Besiktas Istanbul
(Europapokal 1961 / 62: Fenerbahce Istanbul)

Begebenheit: Achtelfinale
Europapokal der Landesmeister 1961 / 62

Kassel

039

Auestadion

Auftakt

Hessen Kassel, das ist aus Clubsicht zum einen der famose Schlussakkord einer Aufstiegs-Aufholjagd, zum anderen der Auftakt in die erste und einzige drittklassige Spielzeit des FCN.

Davor und danach stand die 2. Bundesliga, und in jener traf der 1. FC Nürnberg zum Saisonfinale 1984/85 auf Kassel als Tabellenführer. Es war die Spielzeit der berüchtigten Oktoberrevolution beim Club, als nach einer Spielerrevolte nicht Trainer Heinz Höher entlassen wurde, sondern sechs Nürnberger Spieler.

Ohne die vermeintlichen Rädelsführer, dafür mit Talenten aus der Region, startete der FCN durch. Ganz unten, auf dem letzten Platz, hatte der Club schon gestanden, doch der Sprung nach ganz oben, auf Rang 1, wollte einfach nicht gelingen.

Bis, ja bis zum letzten Spieltag, als es zum „Aufstiegsendspiel" gegen Hessen Kassel kam. Vor über 56.000 Zuschauern im Städtischen Stadion zu Nürnberg hatte Dieter Eckstein den FCN in Führung gebracht. Doch erst in Minute 90 machte schließlich Thomas Brunner mit dem 2:0 alles klar. Der Club kehrte zurück in Liga 1, während die Hessen noch auf Rang 4 abstürzten und aus den Aufstiegsplätzen fielen.

Auf eine Revanche gegen den 1. FC Nürnberg musste Kassel dann bis zum 3. August 1996 warten. Die Vorzeichen hatten sich allerdings geändert. Der Club war gerade erstmals in seiner Historie in die drittklassige Regionalliga Süd gestürzt. Vielleicht um dies etwas erträglicher zu gestalten, durfte der FCN dieses Stück der Vereinsgeschichte bei einem alten Bekannten beginnen. Denn der Auftaktgegner hieß Hessen Kassel. Es ging also ins Auestadion und nicht gleich nach Neukirchen, Egelsbach oder Ditzingen.

Und der Auftakt glückte. Hatte der Club in der Saison 1984/85 noch mit 0:4 das Nachsehen im Auestadion gehabt, behielt er diesmal die Oberhand in der 1953 errichteten Kasseler Spielstätte mit Leichtathletikanlage. Dabei gelang Michael Wiesinger beim 2:0-Auswärterfolg das erste Tor der Nürnberger Drittligageschichte, die nach jener Saison 1996/97 mit dem Aufstieg in Liga 2 endete.

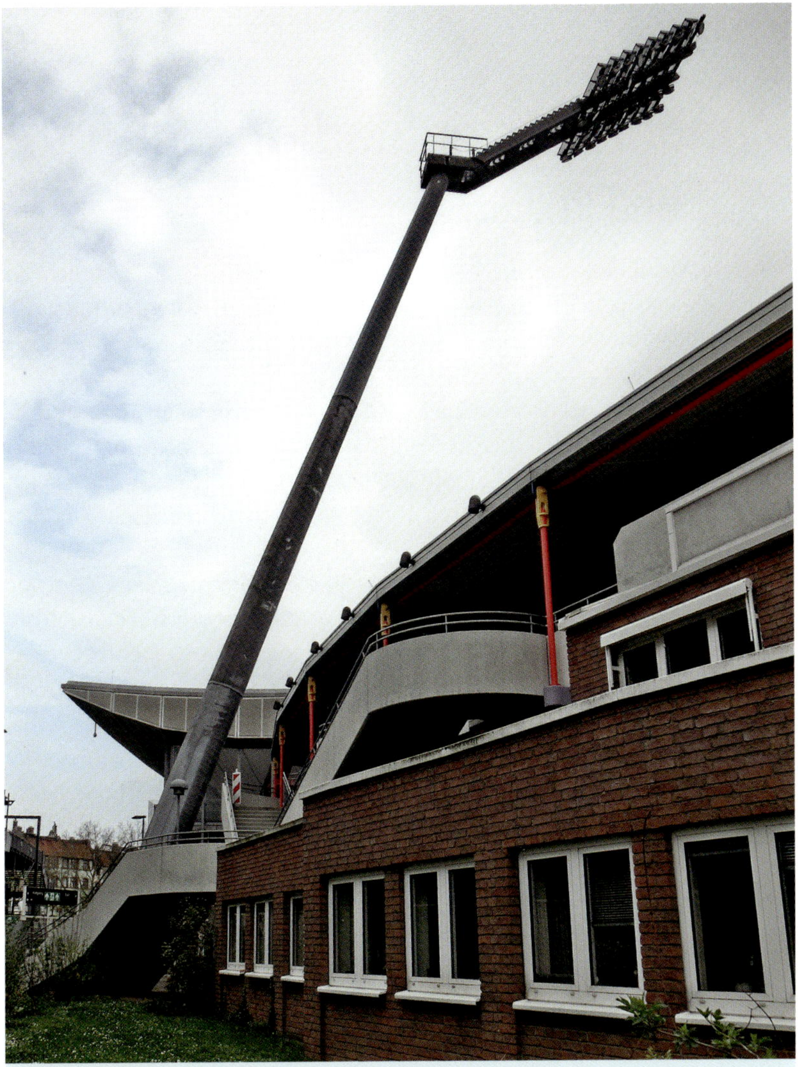

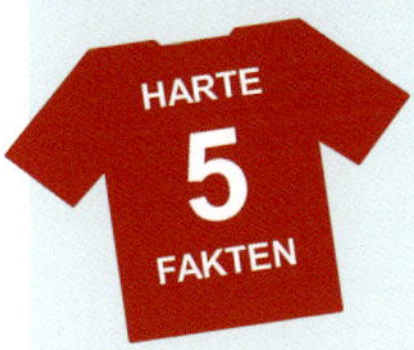

Adresse: Damaschkestraße 1, 34121 Kassel
Erbaut: 1953
Zuschauerkapazität: 18.737
Verein: Hessen Kassel
Begebenheit: Regionalliga-Auftakt 1996/97

Müngersdorfer Stadion

Sport und Politik

Die erste Nachkriegsmeisterschaft in der Saison 1947/48 war eigentlich für „Gesamtdeutschland" konzipiert. Teilnahmeberechtigt waren die Meister, teilweise auch die Vizemeister, der vier Besatzungszonen sowie der Berliner Stadtmeister.

Die politischen Ereignisse holten jedoch den Wettbewerb ein. Kurz vor Endrundenstart wurde in den drei Westzonen die Währungsreform durchgeführt und damit ein entscheidender Schritt zur deutschen Teilung vollzogen. Es kam zu erheblichen Spannungen zwischen den Westalliierten einerseits und der Sowjetunion andererseits.

So kam dem 1. FC Nürnberg auch sein Viertelfinalgegner abhanden. Als Meister der amerikanischen Zone hätte der Club dort eigentlich gegen den der sowjetischen antreten sollen. Doch die Sowjets zogen die SG Planitz zurück, wodurch der vorerst letzte gesamtdeutsche zum ersten westdeutschen Titelkampf wurde.

Der 1. FC Nürnberg entschied diesen letztlich für sich, setzte sich im Endspiel vor 75.000 Zuschauern gegen den 1. FC Kaiserslautern mit 2:1 durch. Die Finaltorschützen für den Club um Max Morlock hießen Konrad Winterstein und Hans Pöschl. Austragungsort am 8. August 1948 war dabei die Heimat des in jenem Jahr gegründeten 1. FC Köln. Also das Müngersdorfer Stadion zu Köln, das 1923 errichtet wurde und 1975 sowie 2004 neu entstand.

An die alte Spielstätte hatte speziell Morlock lebhafte Erinnerungen. So sorgte er in der Gruppenphase der Endrunde 1961 fast für ein Politikum, als er vor dem Spiel gegen den FC dessen Maskottchen, Geißbock Hennes, einen Klaps geben wollte. Ein übereifriger Platzordner versuchte dies ebenso erfolglos zu verhindern, wie die Kölner den 2:1-Sieg des späteren Deutschen Meisters von 1961.

Auch mit der Nationalelf spielte Morlock im Müngersdorfer Stadion und wurde 1953 vor einem Spiel gegen Österreich von Bundespräsident Theodor Heuss gefragt: „Und Sie sind sicher der Torwart?" Stürmer Max Morlock, der eine peinliche Situation vermeiden wollte, bejahte dies kurzerhand. Schließlich gab es schon genug Konflikte zwischen Sport und Politik.

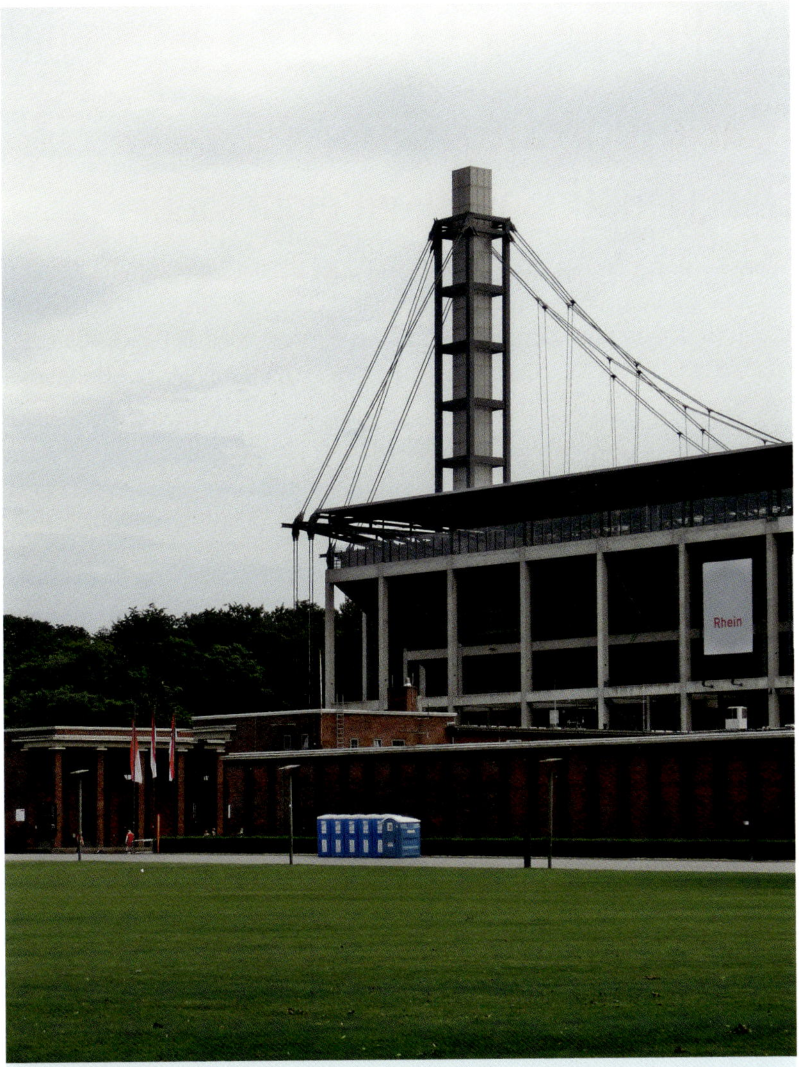

HARTE 5 FAKTEN

Adresse: Aachener Straße 999, 50933 Köln
Erbaut: 1923 / 1975 / 2004
Zuschauerkapazität: 50.000
Verein: 1. FC Köln
Begebenheit: Meisterschaftsendspiel 1948

Krakau 041

Marienkirche

Der „Hauptmann" fliegt nicht mehr

Georg Köhl war der Nachfolger des legendären Heiner Stuhlfauth im Clubtor. Ein schwere Bürde, noch dazu, weil er im unmittelbaren Gegensatz zu diesem stand. Lautete Stuhlfauths Motto „Ein guter Torwart wirft sich nicht!", tat der relativ kleine Köhl genau dies: Er fing nämlich die Bälle mit teils spektakulären Flügen.

Ein guter, ja sogar ein sehr guter Torwart wurde Georg Köhl dennoch. Er debütierte im Oktober 1929 in der ersten Mannschaft des FCN, war der sichere Rückhalt der Meisterelf von 1936 sowie der Pokalsiegermannschaften von 1935 und 1939. Beliebt bei der Damenwelt aufgrund seines Aussehens und modischen Kleidungsstils, berühmt in der Fußballwelt für seine große Fangsicherheit und seine erfolgreichen Flugeinlagen. Diese brachten ihm auch seinen Spitznamen „Hauptmann" ein, nach dem Dienstgrad des damals sehr bekannten Transatlantikfliegers Hermann Köhl.

Als einfacher Soldat wurde „Hauptmann" Köhl im Herbst 1939 zum Kriegsdienst eingezogen und 1941 an die Ostfront versetzt. Am 26. September 1943 stand Georg Köhl dann zum letzten Mal im Clubtor. Denn als er nach Ende eines kurzen Fronturlaubs wieder in den Krieg musste, erlitt er einen Armdurchschuss.

Georg Köhl wurde in ein Lazarett nach Krakau gebracht. In die Stadt, in der einst ein anderer berühmter Nürnberger wirkte: Veit Stoß. Der Bildhauer schuf zwischen 1477 und 1489 den weltbekannten gotischen Hochaltar in der Marienkirche, der im Hauptschrein den Tod Mariens inmitten der zwölf Apostel darstellt.

Das Werk in der Basilika mit den zwei unterschiedlich hohen Türmen brachte Stoß Ruhm und Wohlstand. Georg Köhl hingegen widerfuhr in Krakau ein ganz anderes Schicksal.

Eine schwere Infektion als Folge der Schussverletzung machte eine Armamputation unumgänglich. Doch der „Hauptmann" wollte weiter für seinen FCN durch den Strafraum fliegend die Bälle halten und verweigerte die lebensrettende Maßnahme. Er verstarb am 15. Januar 1944 im Alter von nur 33 Jahren im fernen Krakau, doch wird stets inmitten der Clubfamilie bleiben.

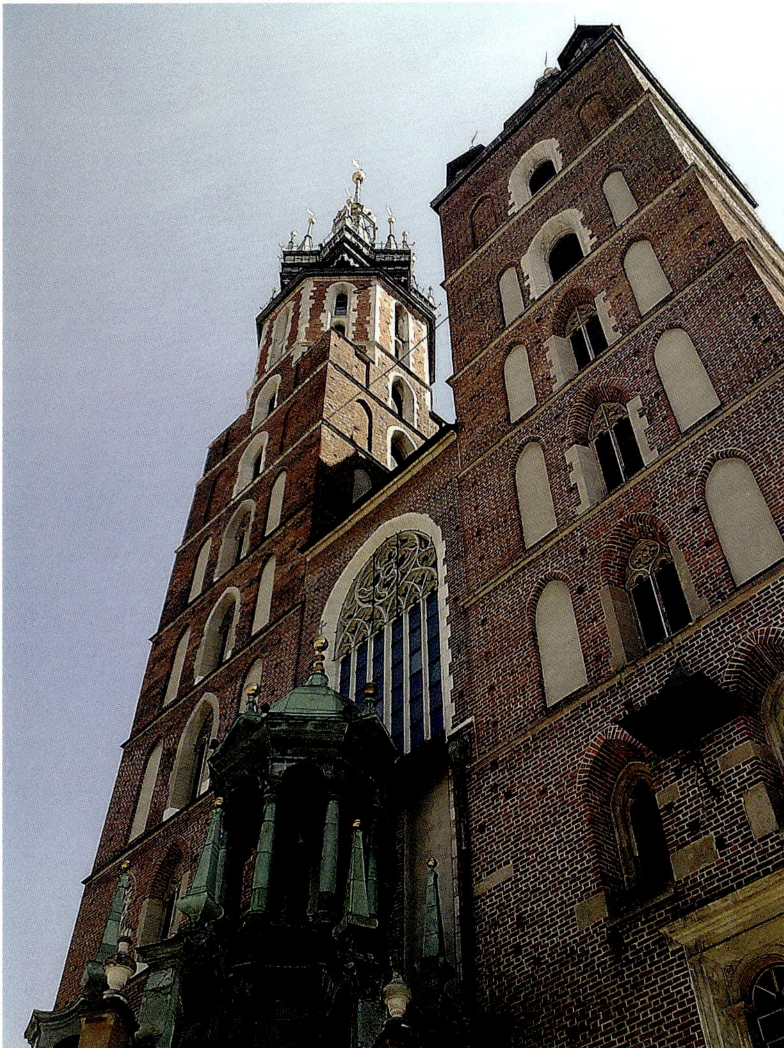

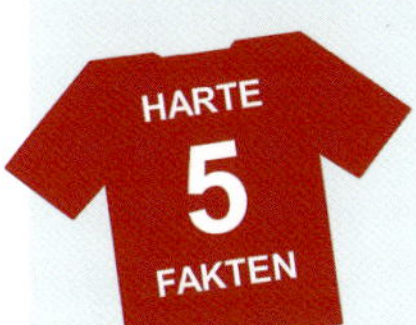

Adresse: Plac Mariacki 5, 31-042 Krakau
Einweihung: 1222
Hochaltar von Veit Stoß: 1477 bis 1489
Köhls Lebensdaten: 19. 11. 1910 – 14. 1. 1944
Begebenheit: Krakau als Sterbeort von Meisterspieler Köhl

Tabakstube Stenzel

Cluberer hinter der Ladentheke

Rudi Stenzel, dribbelstarker Stürmer der SpVgg Landshut, wurde in der Bayernligasaison 1983/84 Torschützenkönig und hatte daraufhin ein Angebot vom Club. Die Entscheidung, nach Nürnberg zu gehen und Profi zu werden, fiel dem bodenständigen Niederbayern allerdings nicht leicht. Schließlich musste er dafür seinen guten Job als Flugzeugmechaniker aufgeben. Letztlich war die Verlockung aber doch zu groß.

Kaum im Profilager angekommen, erlebte Stenzel dann gleich die sogenannte Oktoberrevolution. Denn nach einem äußerst schlechten Start in die Zweitligasaison 1984/85 setzte Clubtrainer Heinz Höher am 27. Oktober 1984 für den nächsten Morgen um 6 Uhr ein Straftraining an. Danach kam es zu einem Boykottaufruf durch einige Spieler samt öffentlicher Erklärung mit Trainerkritik – und in der Folge zur fristlosen Kündigung der Rädelsführer durch das Präsidium.

Höher blieb, Stenzel auch. Schließlich war er neben Dieter Eckstein, Reiner Geyer, Fred Klaus und Frank Nitsche einer von nur fünf Spielern, die zum offiziellen Training während des Boykotts erschienen waren. Und mit insgesamt 26 Zweitligaeinsätzen hatte Rudi Stenzel dann auch seinen Anteil am sensationellen Aufstieg in die 1. Bundesliga 1985. Dort stürmte er anschließend noch bis Ende 1988 für den FCN.

Mit dem Club gelang Stenzel 1988 auch die Qualifikation für den UEFA-Pokal. Dennoch blieb er stets auf dem Boden. Dafür steht auch der Tabak- und Zeitschriftenladen, den er sich nach seiner Fußballerkarriere aufbaute: Für einen geerdeten Cluberer und für eine Zeit, in der Spitzenfußballer noch nicht automatisch Millionäre wurden.

Wie etliche Spieler des FCN vor ihm baute sich Rudi Stenzel also ein Geschäft auf und stellte sich selbst hinter die Theke. In Nürnberg waren es über Jahrzehnte Lotto-Toto-Läden. Und wer nun – nachdem Rudi Sturz seine Annahmestelle in der Karstadt-Passage aufgab und die St.-Leonharder-Institution Gustl Flachenecker verstorben ist – Sehnsucht hat, mal wieder über die Ladentheke hinweg mit einem Ex-Spieler zu fachsimpeln, dem sei die Tabakstube Stenzel in Landshut empfohlen.

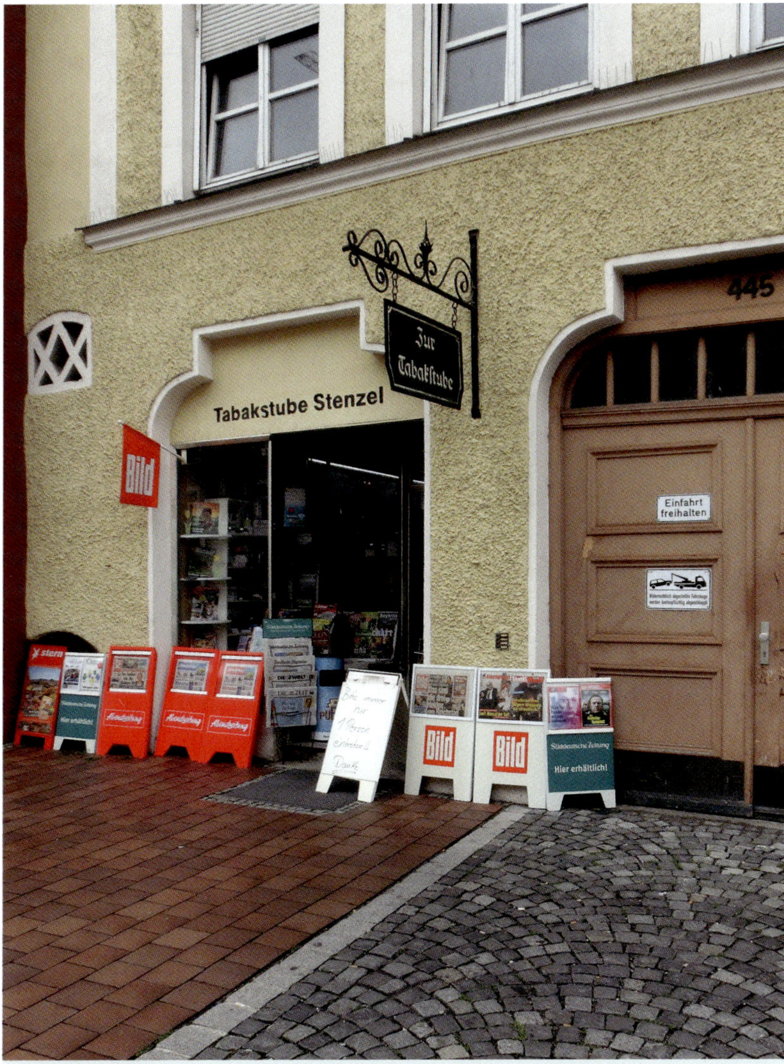

HARTE 5 FAKTEN

Adresse: Neustadt 445, 84028 Landshut
Stenzels Geburtstag: 21. 6. 1960
Stenzels Jugendverein: Rapid Vilsheim
Stenzels Zeit als Spieler beim Club: 1984–1988
Begebenheit: Laden von Clubspieler Stenzel

Leipzig

Bruno-Plache-Stadion

Teil 2 des Endlosendspiels

Das Stadion im Stadtteil Probstheida wurde 1922 eröffnet und erlebte, noch gar nicht richtig fertiggestellt, das denkwürdigste Finale um die Deutsche Meisterschaft. Zumindest dessen zweiten Teil, zu dem 60.000 Fußballbegeisterte ins damals so benannte VfB-Stadion pilgerten.

Nach einem 2:2 in Berlin sieben Wochen zuvor, stand nämlich das mit Spannung erwartete Wiederholungsspiel zwischen dem 1. FC Nürnberg und dem Hamburger SV an.

Eigentlich nur für 40.000 Zuschauer ausgelegt, drängten die Menschen dabei bis dicht an das Spielfeld, kletterten auf Leitern oder noch vorhandene Baugerüste. Und da die Behelfstribünen gefährlich ins Wanken gerieten, arbeiteten bei vollem Spiel- und Zuschauerbetrieb fleißige Helfer daran, die Tribünen mit Balken abzustützen.

Es waren bei dieser Hitzeschlacht am 6. August 1922 derartige Menschenmassen zugegen, dass diese es den Spielern sogar unmöglich machten, die Kabinen in der Halbzeitpause zu erreichen. Nach dieser erzielte dann Heiner Träg für den in Unterzahl spielenden Club das 1:0, das der HSV jedoch etwas später ausglich.

Wieder ging es in die Verlängerung, in der der Schiedsrichter das Spiel beim Stand von 1:1 schließlich abbrach, da dem FCN nach zwei Platzverweisen und aufgrund von zwei verletzungsbedingten Ausfällen nur noch sieben, statt der vorgeschriebenen acht, Spieler zur Verfügung standen – Auswechslungen gab es damals noch nicht.

Zunächst wollte der DFB den Hamburger SV zum Sieger erklären, wogegen der 1. FC Nürnberg, als selbst in Unterzahl unbesiegter Titelverteidiger, natürlich protestierte. Es dauerte schließlich noch über ein Vierteljahr, bis auf der DFB-Jahrestagung am 18. November 1922 in Jena den Vereinen letztlich nahegelegt wurde, auf den Titel zu verzichten.

Auch Teil 2 des unendlichen Endspiels blieb also somit unvollendet. Dessen Austragungsort, das VfB-Stadion, wurde übrigens nach dem Zweiten Weltkrieg zunächst Probstheidaer Stadion genannt, ehe es 1949 den Namen Bruno-Plache-Stadion erhielt, nach dem Leipziger Arbeitersportfunktionär.

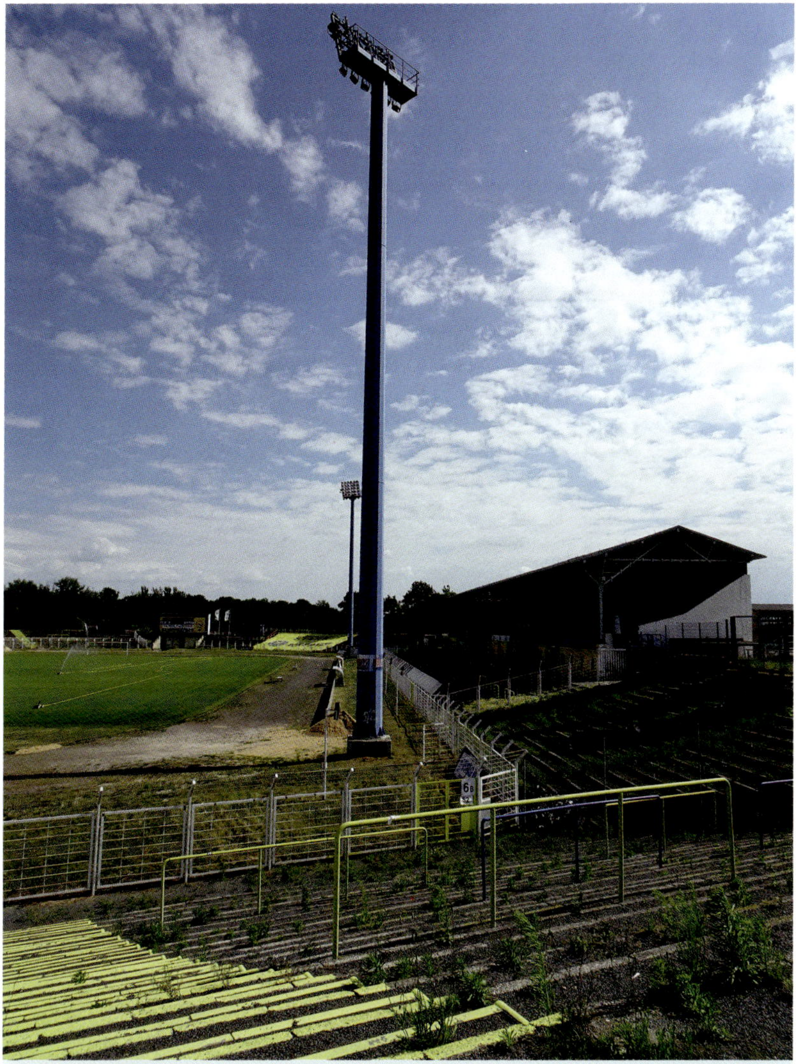

HARTE 5 FAKTEN

Adresse: Connewitzer Straße 21, 04289 Leipzig
Erbaut: 1922
Zuschauerkapazität: 12.321
Verein: 1. FC Lokomotive Leipzig (vormals: VfB Leipzig)
Begebenheit: Meisterschaftsendspiel 1922, Teil 2

Lissabon 044

Estádio da Luz

Das Licht geht aus, wir gehn nach Haus

Eine Siegprämie von 50 Mark hatte es für die Clubspieler nach dem 3:1-Hinspielsieg gegen Benfica Lissabon im Viertelfinale des Europapokals der Landesmeister gegeben. Heinz Strehl und zweimal Gustl Flachenecker hießen die Torschützen für den Deutschen Meister 1. FC Nürnberg am 1. Februar 1962 im Städtischen Stadion.

Benfica war Titelverteidiger des heute als Champions League bekannten Wettbewerbs und hatte mit Eusébio einen der besten Fußballer aller Zeiten in seinen Reihen. Dieser war es dann auch, der dem FCN im Rückspiel am 22. Februar 1962 in Lissabon allerhand Probleme bereitete.

Zweimal traf Weltstar Eusébio selbst, als für den Club im 1954 erbauten Estádio da Luz vor 72.000 Zuschauern die Lichter ausgingen. Die Portugiesen egalisierten das 3:1 aus dem Hinspiel und schickten den FCN mit einem satten 0:6 nach Hause.

Für den 1. FC Nürnberg stellte dies die erste und gleichzeitig auch die höchste Europapokalniederlage dar. Ob es nun allein an Eusébio lag, der damals alles überstrahlte und über den Strehl hinterher meinte: „Er spazierte durch unsere Reihen, als ob wir Luft für ihn seien." Oder am verletzungsbedingten Fehlen von Meistertorwart Roland Wabra? Oder doch am für die Cluberer dazumal sehr ungewohnten Flutlicht und den irritierenden Schatten der Gegenspieler? Vielleicht hatte der 1. FC Nürnberg auch einfach nur einen rabenschwarzen Tag im „Stadion des Lichts" erwischt.

Ein schwacher Trost dürfte jedenfalls gewesen sein, dass Benfica Lissabon ein paar Monate später im Finale des Europapokals mit 5:3 gegen Real Madrid gewann und den Titel erneut ins Estádio da Luz holte. Dieses wurde übrigens 2003 anlässlich der EM 2004 durch ein neues Stadion selben Namens in gleicher Lage ersetzt.

Und auch in das neuerbaute Estádio da Luz führte den Club eine Europapokalreise. Eine, bei der er hätte glänzen können. Ein wahrhaft grober Torwartpatzer sollte dies jedoch zunichtemachen. Aber das ist eine andere Geschichte, in deren Vorfeld die Clubfans auf dem berühmten Rossio von Lissabon noch über beide Ohren strahlten.

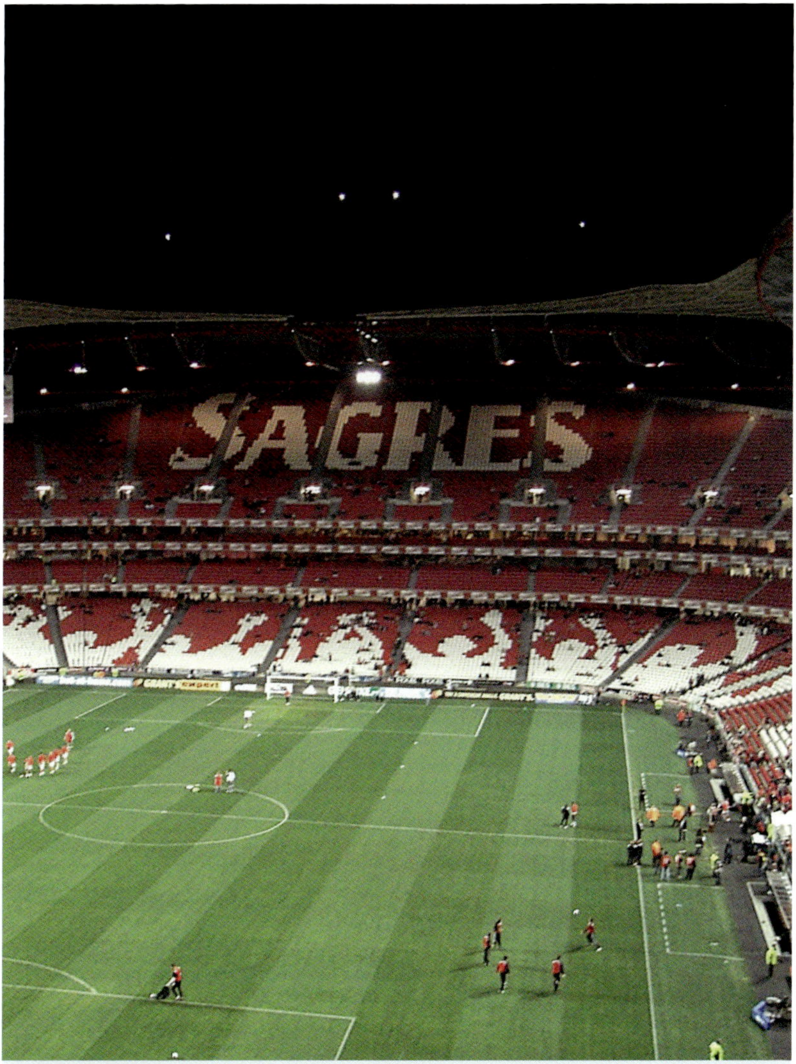

HARTE 5 FAKTEN

Adresse: Avenida Eusébio da Silva Ferreira, 1500-313 Lissabon

Erbaut: 1954 / 2003

Zuschauerkapazität: 65.647

Verein: Benfica Lissabon

Begebenheit: Viertelfinale Europapokal der Landesmeister 1961 / 62

Lissabon 045

Rossio

Rot-schwarze Fankurve

UEFA-Pokal 2007/08, der 1. FC Nürnberg begleitet von 6.000 Clubfans in Lissabon. „‚Eurobaboggal' als Gassenhauer am Rossio" lautete damals die Überschrift eines Artikels in der „Nürnberger Zeitung", der folgende Begebenheit beschrieb:

„Die folkloristische Indio-Kapelle am Rossio hat längst aufgegeben und ihre Flöten und Gitarren entnervt in die Ecke gestellt. Gegen die Stimmgewalt der vielen Hundert Club-Anhänger, die im Café gleich nebenan sitzen, haben die fünf Straßenmusiker trotz Verstärkeranlage einfach keine Chance. Dennoch erhalten sie an diesem Tag den wohl größten Applaus ihrer Karriere, als sie eine ihnen soeben zugesteckte CD einlegen. Sekunden später dröhnt die pathetische Stadionhymne ‚Die Legende lebt!' aus den Boxen – und der berühmte Platz im Herzen Lissabons verwandelt sich urplötzlich in eine rot-schwarze Fankurve."

Auch im Estadio da Luz, wo am Abend des 14. Februars 2008 der FCN bei Benfica im Sechzehntelfinale des Eurobaboggals, also des Europapokals, antrat, gab es eine stimmgewaltige Gästefankurve. Wobei sich die Stimmung nach einer Kontroverse mit Ordnern und dem Einmarschieren und Losschlagen von behelmten Polizisten zeitweilig verschlechterte.

Es flogen Schlagstöcke und herausgerissene Sitzschalen, bis irgendwann die Polizisten wieder verschwunden waren – genau wie ein paar Sitzschalen. Indes spielte der Club gut und kam zu einigen Chancen. Benfica hingegen hatte die erste Torgelegenheit, wenn man sie überhaupt so nennen kann, erst kurz vor der Halbzeit. Ein nicht sonderlich scharfer Schuss steuerte strikt auf FCN-Torwart Jaromir Blazek zu. Doch, so schrieb der „Kicker", „der Tscheche ließ den Ball mit einem einfältigen Spreizschritt unter sich hindurch ins Netz gleiten".

Infolge dessen verlor der Club mit 0:1 und stand durch das 2:0 im Rückspiel am 21. Februar 2008 dennoch im Achtelfinale. Wenn, ja wenn da nicht diese 88. Minute gewesen wäre. Dieser abgefälschte Zufallstreffer zum 2:1, der das Aus bedeutete. Am Ende kassierte der FCN dort gar noch das 2:2 und flog maximal unglücklich aus dem UEFA-Pokalwettbewerb.

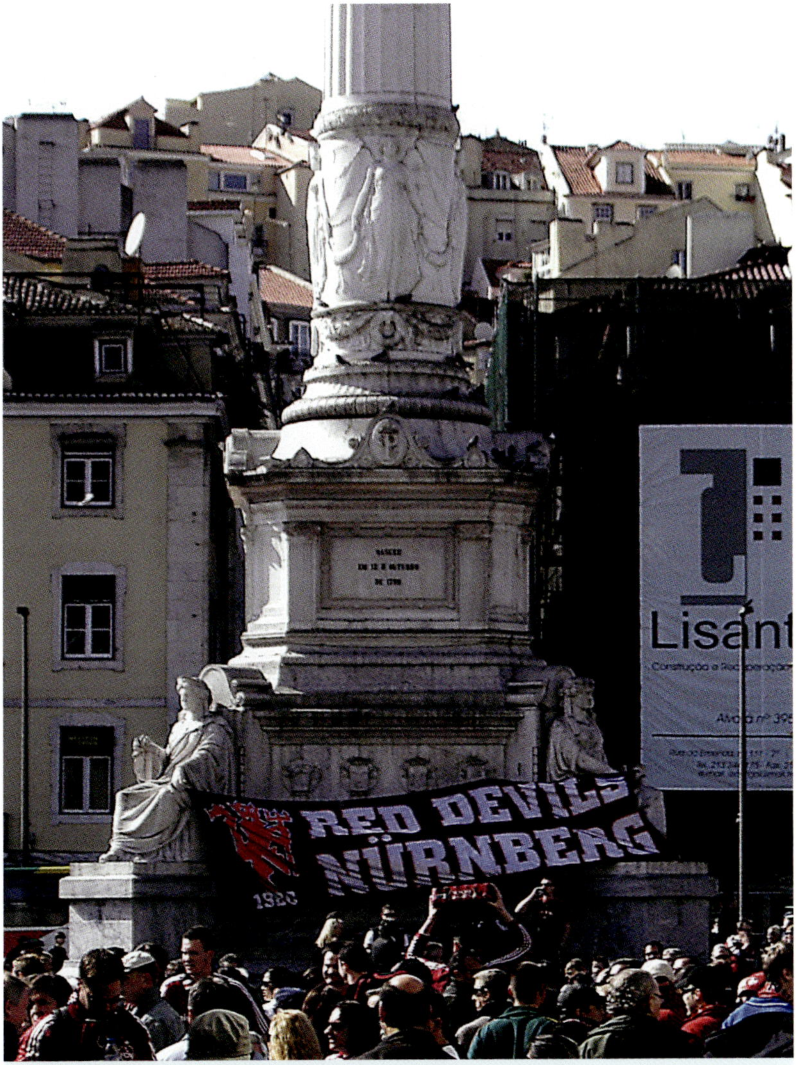

HARTE 5 FAKTEN

Adresse: Praça Dom Pedro IV, 1100-193 Lissabon
Statue: König Pedro IV
Pflasterung mit Wellenmuster: Seit 1849
Platz komplett in rot und schwarz: 14. 2. 2008
Begebenheit: Sechzehntelfinale UEFA-Pokal 2007/08

Liverpool 046

Goodison Park

Grand Old Club besucht Grand Old Lady

Messestädte-Pokal, oder eben kurz Messepokal, hieß der Vorläufer des UEFA-Pokals beziehungsweise der Europa League.

Von 1955 bis 1971 ausgetragen zwischen Teams aus europäischen Messestädten, übernahm anschließend die UEFA den Wettbewerb. Diese öffnete ihn 1971/72 für weitere Teilnehmer und nannte ihn zunächst UEFA-Pokal, ab 2009/10 dann Europa League.

Der erste Auftritt des 1. FC Nürnberg im Messepokal datiert aus der Saison 1965/66. Doch schon der Start wollte nicht so recht gelingen, als es im Hinspiel der 1. Runde am 28. September 1965 nur ein 1:1 in Nürnberg gegen den auch als Toffees bekannten FC Everton aus England gab. Das Tor für den Club hatte dabei Manfred Greif erzielt.

Zum Rückspiel ging es dann nach Liverpool, wo der Goodison Park des FC Everton steht. Das 1892 eröffnete Stadion, auch Grand Old Lady genannt, ist nicht nur eines der ältesten der Welt, es war zudem in vielerlei Hinsicht Vorreiter: Erstes großes Fußballstadion Englands, erstes mit Rasenheizung und erste britische Spielstätte mit sogenannten Doppeldecker-Tribünen auf allen vier Seiten beispielsweise.

Weiterhin 1913 erstes Fußballstadion, das mit König Georg V. Besuch von einem herrschenden Monarchen bekam. Und natürlich auch Austragungsort des ersten Messepokal-Auswärtsspiels des 1. FC Nürnberg, als am 12. Oktober 1965 die Grand Old Lady vom Grand Old Club aus Good Old Germany besucht wurde.

Doch dieses Stelldichein gestaltete sich aus Sicht des FCN wenig erfreulich. Nach einem 0:1 folgte das Aus. Über 39.000 Zuschauer wollten damals dabei sein und strömten durch das dichtbebaute Wohngebiet in die Spielstätte der Toffees, die an einer Ecke sogar an eine Kirche grenzt.

Nicht mit dem Goodison Park, aber mit dem FC Everton gab es übrigens in der Saison 2007/08 ein Wiedersehen, als der neunmalige Englische Meister in der Gruppenphase des UEFA-Pokals mit 2:0 in Nürnberg gewann. Der damalige Modus mit nur je einem Spiel zwischen den Gruppenteilnehmern ließ ein „Rückspiel" in Liverpool leider nicht zu.

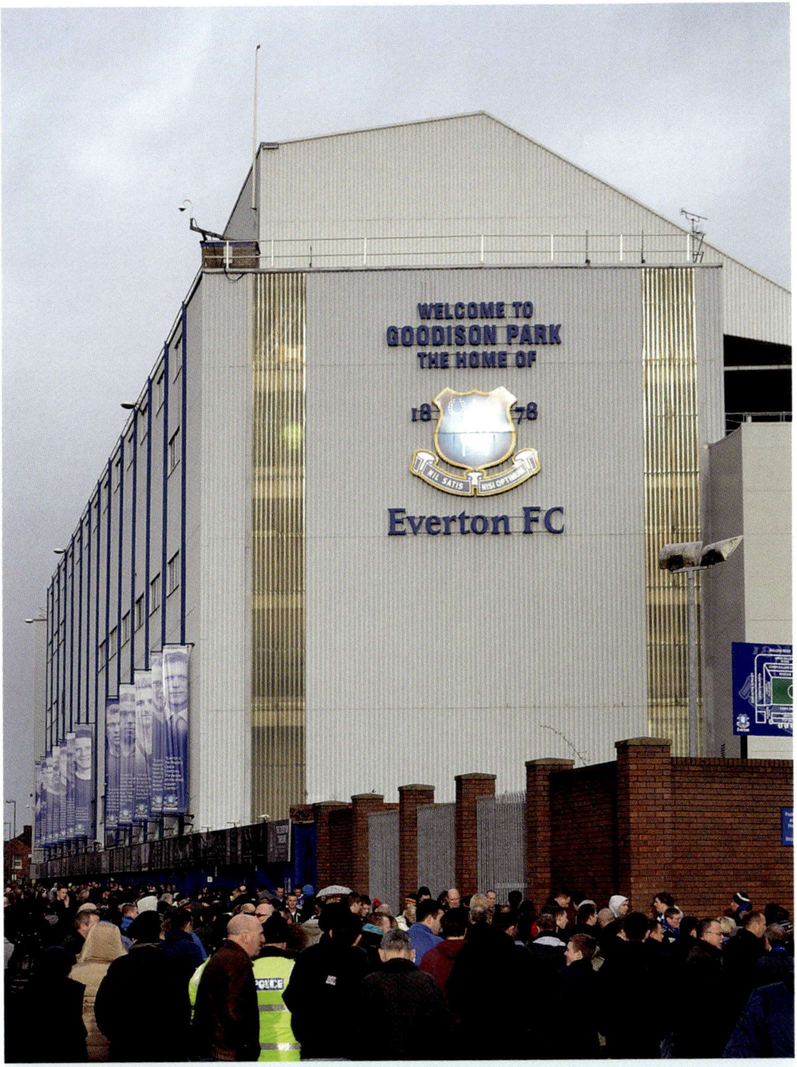

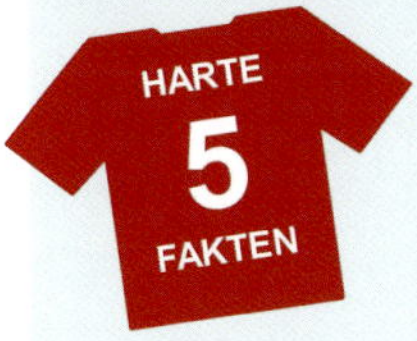

Adresse: Goodison Road, Liverpool L4 4EL
Erbaut: 1892
Zuschauerkapazität: 39.414
Verein: FC Everton
Begebenheit: 1. Runde Messepokal 1965/66

Estadio Santiago Bernabéu

Dem Europapokalfinale so nah

24. April 1963, der 1. FC Nürnberg spielt im Bernabéu. Allerdings nicht gegen Real Madrid, das man beispielsweise 1934 auf einer Spanientour vernichtend mit 5:1 geschlagen hatte, sondern gegen Atletico.

Die Rojiblancos, dazumal eigentlich im Estadio del Metropolitano beheimatet, waren nämlich aufgrund des immensen Zuschauerinteresses im Halbfinale des Europapokals der Pokalsieger in die Heimstätte des Erzrivalen ausgewichen.

Zwar hatte der Club in jener Europacupsaison immerhin schon den französischen Pokalsieger AS Saint-Étienne ausgeschaltet und auch das Halbfinal-Hinspiel gewonnen, dennoch galt Atletico Madrid vor 115.000 Fußballbegeisterten im Rückspiel als Favorit.

Zuvor war in Nürnberg am 10. April 1963 der Zuschauerandrang gegen den Europapokal-Titelverteidiger aus der spanischen Hauptstadt ebenfalls riesig gewesen. „Das Stadion war schon vier Wochen vorher ausverkauft, zusätzliche Tribünen wurden aufgebaut, sogar Bierbänke neben dem Spielfeld aufgestellt", beschrieb Jahrzehnte später Clubspieler Tasso Wild die Verhältnisse.

Wild selbst hatte damals höchstpersönlich mit seinen beiden Treffern für den 2:1-Sieg gesorgt – nach 0:1-Rückstand. Der FCN war gar dem dritten Tor nahe. Atletico wusste sich nur mehr mit unsportlichen Mitteln zu helfen. Und da der Schiedsrichter unverständlicherweise nicht eingriff, wollten dies schließlich die Clubfans tun. Ein Platzsturm war die Folge. Ein Spielabbruch konnte gerade noch so verhindert werden.

Klar, dass beim Rückspiel in Madrid wieder eine ungemein aufgeheizte Atmosphäre herrschte. Sowohl auf den Rängen des 1947 erbauten Estadio Santiago Bernabéu, als auch auf dem Platz. Dort ist es bekanntlich wichtig und dort führte Atletico mit 2:0.

Ein energischer Sturmlauf des 1. FC Nürnberg in der letzten halben Stunde des Spiels blieb dann unglücklicherweise unbelohnt. Wehmütig stellte FCN-Trainer Herbert Widmayer danach fest: „Der Club war einem Europacup-Endspiel nie zuvor so nahe." Und sollte ihm bisher auch leider niemals näher kommen.

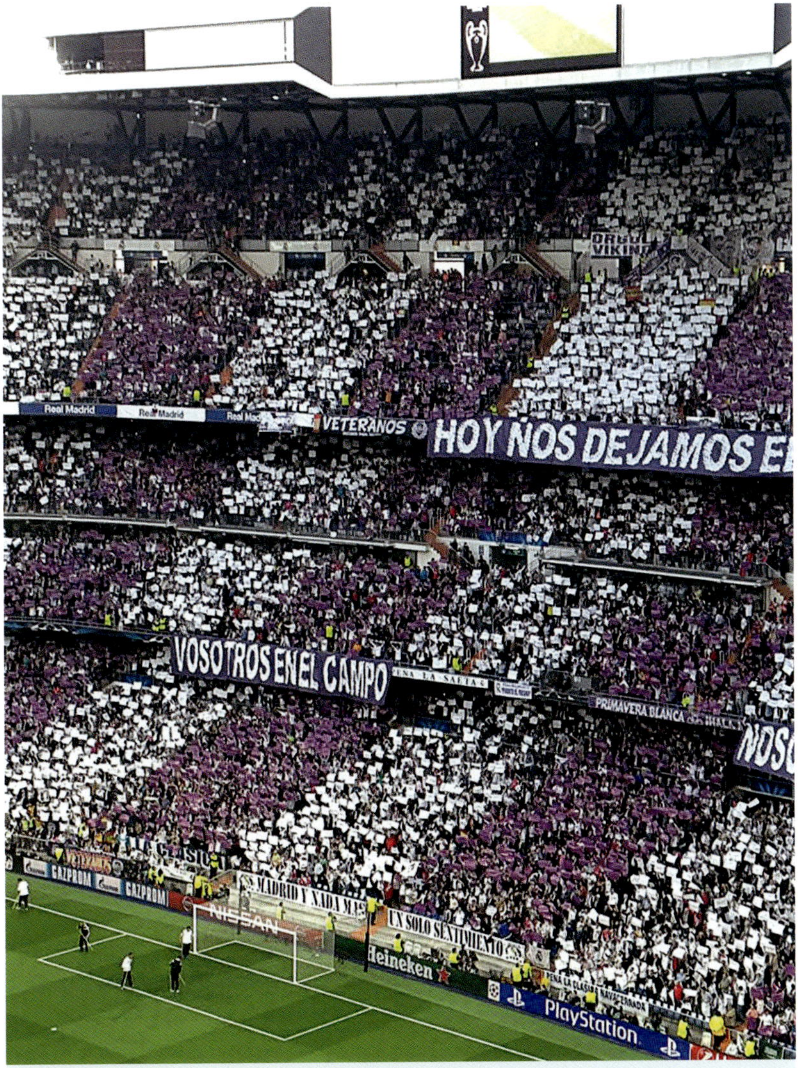

HARTE 5 FAKTEN

Adresse: Avenida de Concha Espina 1, 28036 Madrid
Erbaut: 1947
Zuschauerkapazität: 81.044
Verein: Real Madrid (Europapokal 1962/63: Atletico Madrid)
Begebenheit: Halbfinale
Europapokal der Pokalsieger 1962/63

Magdalensberg 048

Schloss Ottmanach

Von der Bühne auf die Clubbank

Unweit von Klagenfurt, in der Gemeinde Magdalensberg, liegt Schloss Ottmanach. 1587 erstmals urkundlich erwähnt, war es ab 1930 zeitweise im Besitz der Bockelmanns. Ein Spross dieser Familie war Jürgen Udo Bockelmann.

Später bekannt unter seinem Künstlernamen Udo Jürgens, feierte er 1966 mit dem Song „Merci, Chérie" den Gewinn des Grand Prix Eurovision und 1968 mit dem Club den Gewinn der Deutschen Meisterschaft. Nun war der 1. FC Nürnberg zu jener Zeit ohnehin en vogue und zog Prominenz an. Im Fall von Udo Jürgens kam aber noch dessen Freundschaft mit Abendzeitung-Sportreporter Wolfgang „Johnny" Hahl hinzu.

Und wie seit jeher, kannte man sich auch damals sehr gut rund um den Club, wo es Liebe garantiert nicht ohne Leiden gibt, aber immer wieder die Sonne aufgeht.

So stemmte der österreichische Musiker nicht nur bei der Feier auf dem Hauptmarkt die Meisterschale in den Nürnberger Himmel der Glückseligkeit, sondern durfte beim letzten Saisonspiel gegen Borussia Dortmund neben seinem Landsmann Max Merkel auf der Trainerbank sitzen. Der Club gewann mit 2:1 und als Udo Jürgens später noch ein Konzert in Nürnberg gab, wurde er sogar FCN-Ehrenmitglied.

Lange blieb er das allerdings nicht. Denn als Hans Ehrt 1971 Präsident beim klammen Club wurde, räumte dieser mit Mitgliederkarteileichen auf, insbesondere mit jenen, die keinen Beitrag entrichteten. Dem fiel auch ein gewisser Herr Bockelmann zum Opfer.

Ehrt soll es später doch leidgetan haben. Zumindest der Fußballbegeisterung des auf Schloss Ottmanach aufgewachsenen Entertainers hat dieser Rauswurf aber keinen Abbruch getan. Schrieb er doch für die DFB-Elf einige WM-Songs, wie 1978 „Buenos dias, Argentina".

Und sein Hit „Ich war noch niemals in New York" schaffte es überarbeitet sogar in die FCN-Fankurve: „Wir war'n noch niemals in Paris, wir war'n noch niemals in Turin, noch nie in Barcelona, Manchester und Wien. Wir war'n noch niemals in Athen und dabei wär' es doch so schön, den Club noch einmal in Europa spiel'n zu sehn."

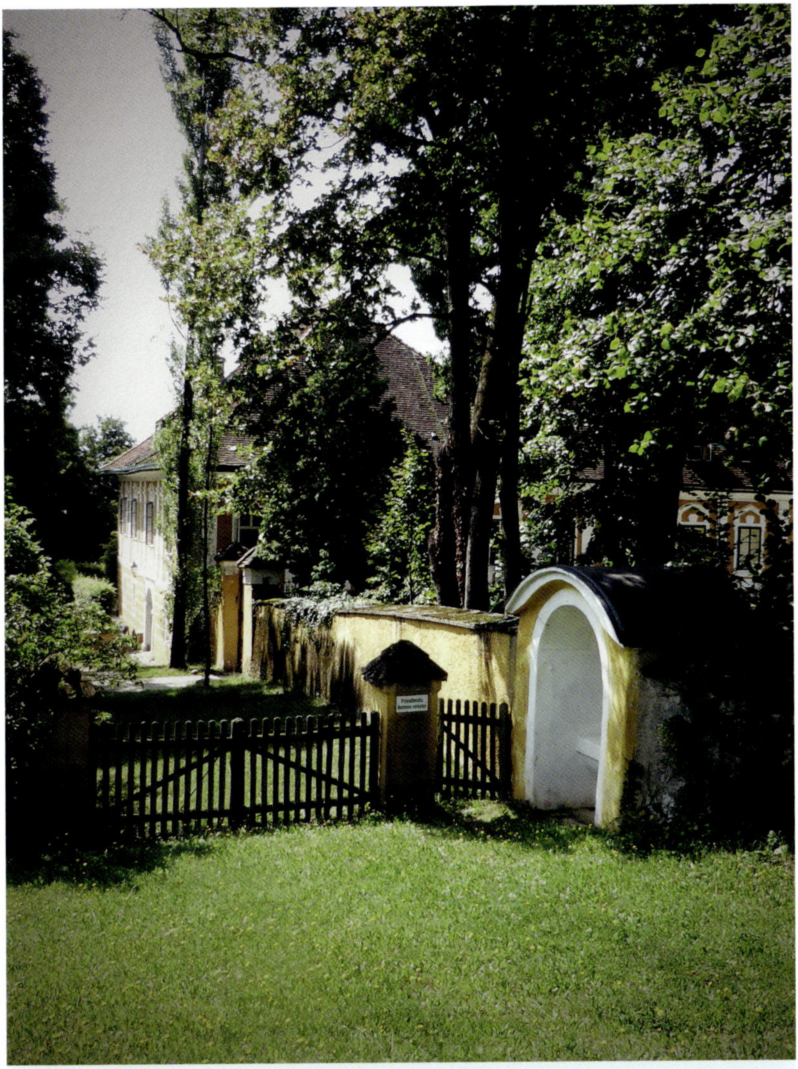

HARTE 5 FAKTEN

Adresse: Ottmanach 1, 9064 Magdalensberg (Kärnten)
Erstmals erwähnt: 1587
Ehemalige Eigentümer: Bankiersfamilie Bockelmann
Zeitraum: 1930–1957
Begebenheit: Ehemaliger Wohnort von Ex-Ehrenmitglied Udo Jürgens

Mannheim

049

Carl-Benz-Stadion

Linke Läufer

Stadion Mannheim lautete einst der schlichte Name der Spielstätte in der Mannheimer Oststadt. 1927 eröffnet, bot es Platz für 35.000 Besucher. Und der war auch nötig, um 1932 beim Halbfinale um die Deutsche Meisterschaft dem Zuschaueransturm gerecht zu werden.

Es trat nämlich der Rekordmeister aus Nürnberg an, der seine seit 1927 andauernde Durststrecke beenden und wieder ins Finale einziehen wollte. Gegner am 29. Mai 1932 war ein gewisser FC Bayern München, der 1924 aus der Fußballabteilung des TSV Jahn entstanden war.

Um wieder die ganz großen Erfolge feiern zu können, hatte der FCN 1930 den renommierten Trainer Jenö Konrad verpflichtet. Der formte eine neue Mannschaft und schaffte mit dieser 1932 den Halbfinaleinzug. Allerdings setzten sich in Mannheim die Bayern mit 2:0 durch und erreichten zum ersten und einzigen Mal das Meisterschaftsendspiel. Nach dem Aus hetzte das nationalsozialistische Blatt „Der Stürmer" gegen den jüdischen Clubtrainer: „Klub! Besinn Dich und wache auf. Gib Deinem Trainer eine Fahrkarte nach Jerusalem!" Tatsächlich versuchten sie beim FCN aber, Konrad zum Bleiben zu bewegen.

Dessen Schicksal wurde 2016 sogar Gegenstand eines Theaterstücks. „Linke Läufer (Erster sein)" lautet der Titel. Darin hält Jenö Konrad eine ergreifende Abschiedsrede in der Club-Mannschaftskabine, ein großer, pathetischer Monolog in Halbzeitlänge. Die zweite Hälfte ist ein grandioser Redezweikampf mit einem SA-Mann namens Stürmer.

Als „Der Stürmer" schrieb, „Jud Konrad ist abgedampft", hatte für die Familie Konrad nach der Flucht aus Nürnberg eine gefahrvolle Reise, zunächst durch Europa, bis nach New York begonnen. Dort wandte sich Konrad dann nicht mehr dem Fußball zu.

Der FCN hingegen baute auf seine Arbeit auf und kam zu weiteren großen Erfolgen. Auch nach Mannheim – Anfang vom traurigen Ende der hoffnungsvollen Ära Jenö Konrad beim Club – kam der 1. FC Nürnberg hin und wieder, wo das Stadion Mannheim, später Rhein-Neckar-Stadion, 1994 als Carl-Benz-Stadion neu entstand.

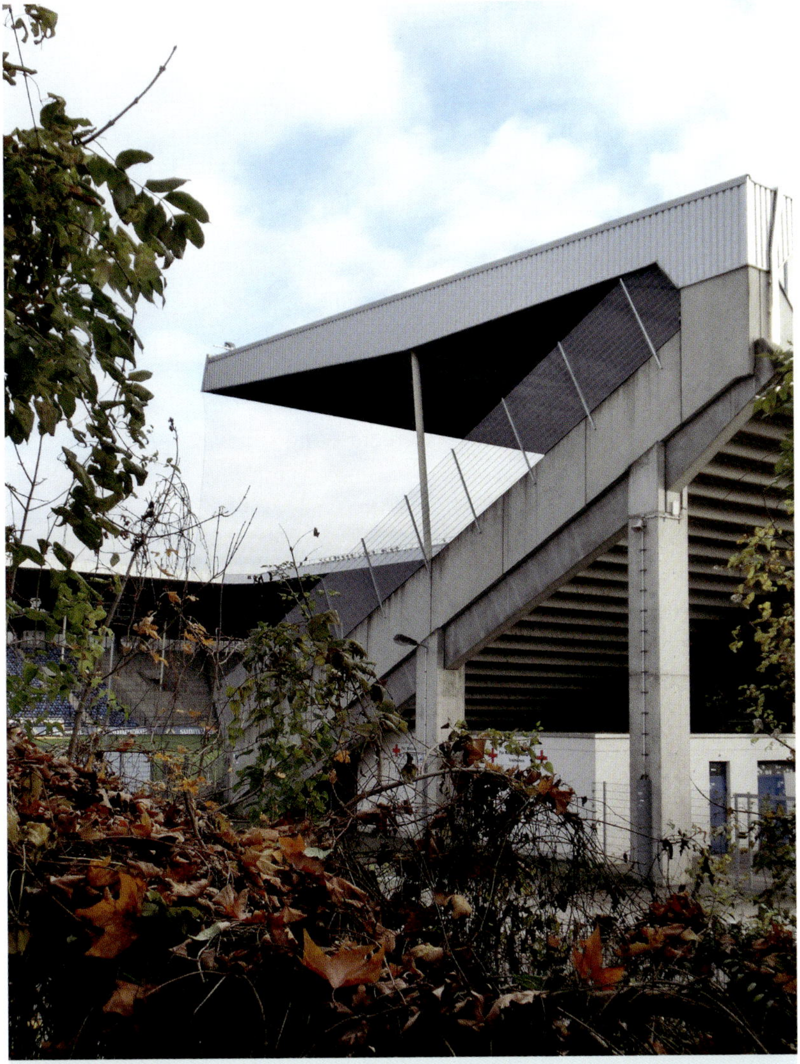

HARTE 5 FAKTEN

Adresse: Theodor-Heuss-Anlage, 68165 Mannheim
Erbaut: 1927 / 1994
Zuschauerkapazität: 24.302
Verein: SV Waldhof Mannheim
Begebenheit: Halbfinale Deutsche Meisterschaft 1932

Marktredwitz 050

Bahnhof

Weg zum Endlosendspiel

„Club ohne Kalb – halb", ein nach dem Beinbruch des alles überragenden Mittelläufers kurz vor dem Meisterschaftsendspiel 1922 viel zitierter Spruch. Doch auch ein „halber" FCN konnte in Berlin nicht vom Hamburger SV niedergerungen werden.

Es stand ein 2:2 nach Verlängerung durch Clubtore von Träg und Popp, wobei ein dritter Treffer des FCN aberkannt und ein Handspiel des HSV im Strafraum übersehen worden war.

So kam es zum Wiederholungsspiel am 6. August 1922 in Leipzig, zu dem der Club mit der Bahn anreiste. Als der Zug nun im 1878 eröffneten Bahnhof Marktredwitz einen Aufenthalt hatte, wollte FCN-Spieler Michael Grünerwald schnell noch Würstchen und Bier kaufen. Da blieb er beim Aussteigen am Trittbrett hängen und verletzte sich am Fuß. Ohne Ersatzspieler reisend, musste daraufhin kurzerhand telegraphisch der Nachwuchsspieler Reitzenstein nachbeordert werden.

Nach Hans Kalb fehlte dem Club nun bereits eine zweite Stammkraft. Doch damit nicht genug. Im Verlauf des Leipziger Finales sollten nämlich mit Kugler und Popp verletzungsbedingt, sowie mit Böß und Träg aufgrund von Platzverweisen, gleich vier Spieler abhandenkommen und der FCN mit nurmehr sieben Mann auf dem Feld stehen.

All dies würde schließlich dazu führen, dass die Deutsche Meisterschaft 1922 als das „endlose Endspiel" in die Geschichte eingeht. Ob sich irgendjemand während der Anreise nach Leipzig womöglich mal die damalige DFB-Regel 5 durchlas?

Wohl eher nicht, war doch im Finale selbst der Schiedsrichter bei der Anwendung nicht sattelfest: Zwar musste ein Spielabbruch erfolgen, wenn eine Mannschaft weniger als acht Spieler aufbot, doch durfte dieser, wie im Leipziger VfB-Stadion Probstheida geschehen, nicht in der Pause vollzogen werden, da diese nicht zum Spiel gehörte. Das war ein Stolperstein bei der Vergabe des Meistertitels 1922, die letztlich nicht erfolgte. Vielleicht auch wäre es aber ohne Grünerwalds Stolperer in Marktredwitz gar nicht zu diesem Nachspiel gekommen.

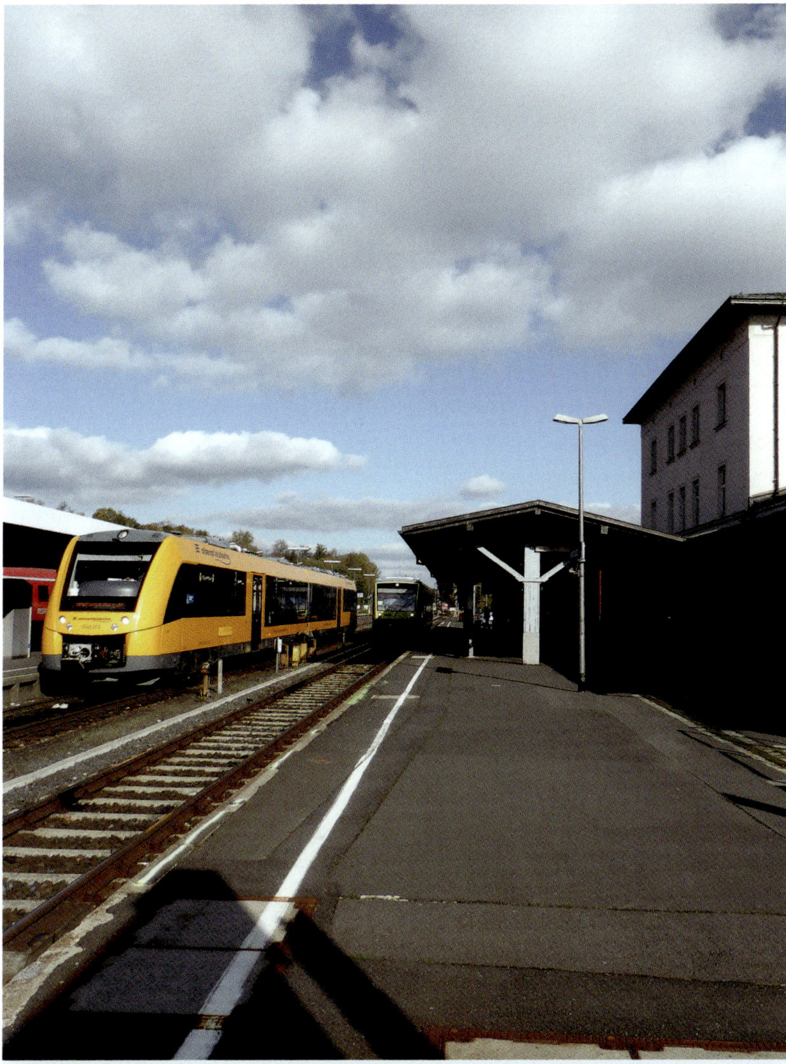

HARTE 5 FAKTEN

Adresse: Bahnhofsplatz 7, 95615 Marktredwitz
Erbaut: 1878
Lage im Netz: Kreuzungsbahnhof
Bahnstrecken: Nürnberg – Eger (Cheb) / Weiden – Oberkotzau
Begebenheit: Anreise zum Meisterschaftsendspiel 1922

München 051

Grünwalder Stadion

Meisterstück

Das Grünwalder Stadion, Herzensheimat des TSV 1860 München und von diesem 1911 als „Sechzger-Platz“ errichtet, wurde in den 1920er-Jahren als Stadion ausgebaut und 1937 an die Stadt München verkauft. Es war aber auch viele Jahre Spielstätte des FC Bayern München.

Hier gab es etliche Derbys zwischen 1860 und den Bayern, aber natürlich auch von beiden Duelle gegen den 1. FC Nürnberg. Zumindest dann, wenn es gelang, mit dem Club in einer Liga zu spielen.

Der TSV 1860 München verbrachte beispielsweise in den 1950er-Jahren einige Spielzeiten nur in der II. Division Süd, und eben dort hin, also in die zweite Liga, schoss der FCN 1954/55 auch den FC Bayern München. Bereits in der Hinrunde hatte der Club im Grünwalder Stadion mit 2:0 gesiegt. In Nürnberg gab es dann in der Rückrunde gar ein 6:1, welches den Abstieg des FC Bayern München besiegelte.

Auf Seiten des FCN bedauerte man aufrichtig, die Bayern nun ein Jahr nicht mehr zu sehen, und wünschte den sofortigen Wiederaufstieg. Der Nürnberger Vereinschronist schrieb: „Vielleicht dauert es noch länger, vielleicht sehen wir uns wieder im Fußballorkus, wir wollen's nicht hoffen.“

Man sah sich wieder. In der erstklassigen Oberliga Süd, und – nachdem der FC Bayern den Aufstieg aus der Regionalliga geschafft hatte – auch später in der Bundesliga.

Dort gab es einen weiteren Kantersieg des FCN: Jenes legendäre 7:3 aus der Meistersaison 1967/68, als der Club seinen Verfolger aus München vor 65.000 Zuschauern im Städtischen Stadion in Nürnberg zerlegte.

Und auch im Grünwalder Stadion war der FCN im Meisterjahr erfolgreich. So gab es einen 2:1-Sieg gegen 1860 vor 37.000 Zuschauern und am 18. Mai 1968 das Meisterstück, als mit einem 2:0 beim FC Bayern München die Schale geholt wurde.

27.000 Zuschauer waren zum Bayernspiel gekommen, davon 12.000 Clubfans. Die tanzten nach dem Schlusspfiff vor Freude über den Titelgewinn auf dem Rasen des Grünwalder Stadions, während FCN-Trainer Max Merkel sprach: „Es ist der schönste Tag in meinem Leben.“

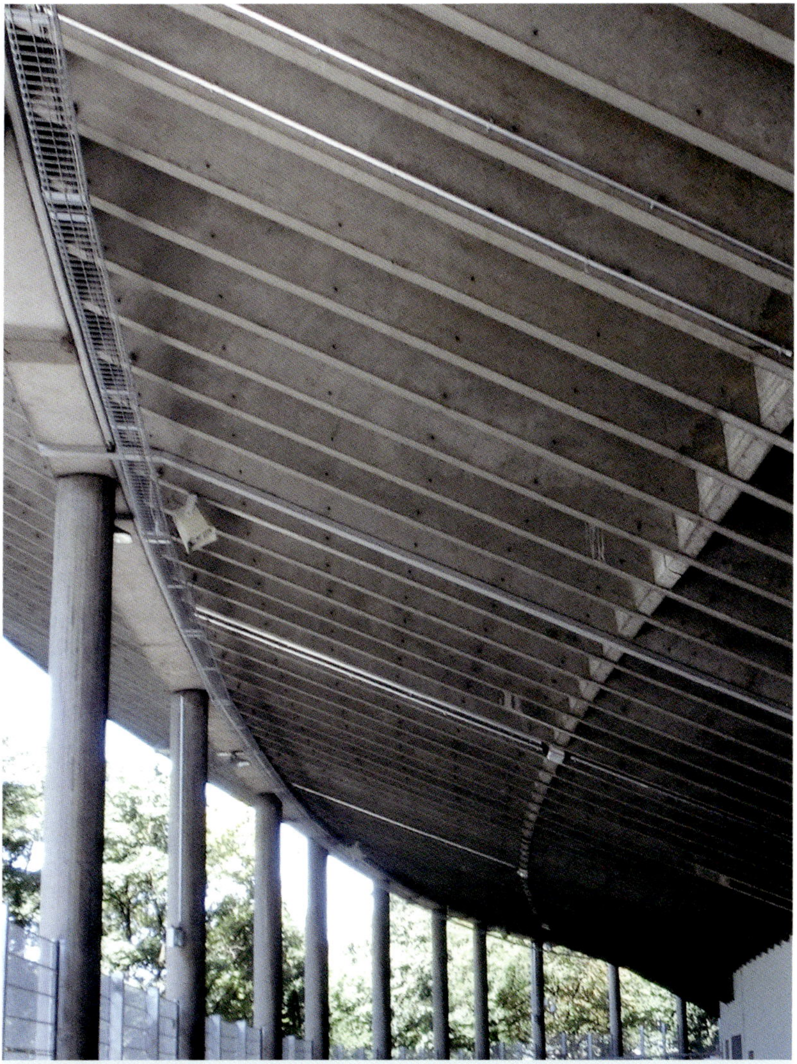

HARTE 5 FAKTEN

Adresse: Grünwalder Straße 2–4, 81547 München
Erbaut: 1911
Zuschauerkapazität: 15.000
Vereine: TSV 1860 München, FC Bayern München
Begebenheit: Meisterstück 1968 gegen Bayern München

Olympiastadion

Schwarzer Fleck, Rekord, Phantomtor

1972 für die Olympischen Spiele errichtet, löste das Olympiastadion das Grünwalder Stadion als Spielstätte des FC Bayern München ab. In dem weiten Rund mit seinem charakteristischen Zeltdach hatten die Bayern dann ihre erfolgreichste Zeit.

Das dabei dennoch eine „Stimmung wie auf dem Zentralfriedhof von Chicago" herrschte, ist eine Aussage von Uli Hoeneß. Da der langjährige Manager und Präsident der Bayern allerdings einst für den neunfachen Meister aus Nürnberg spielen durfte und somit bestmöglichen Support erlebte, sollte man in diesem Fall auf sein Urteil vertrauen.

Hoeneß lenkte die Geschicke der Bayern von 1979 bis zu seiner Verurteilung wegen Steuerhinterziehung 2014 sowie nach seiner Haftentlassung nochmals zwischen 2016 und 2019. Als „schwarzen Fleck" in seiner Karriere bezeichnete er in seiner Abschiedsrede 2019 übrigens seine Zeit beim Club.

Der war 62 Jahre, 11 Monate und 28 Tage Rekordmeister, bevor er von Hoeneß' FC Bayern am 6. Juni 1987 als solcher abgelöst wurde. Ein 2:2 gegen Uerdingen vor 22.000 Zuschauern im Olympiastadion hatte die Bayern zum zehnten Mal zum Meister gemacht.

Immerhin, Rekordrekordmeister ist der FCN noch, denn keiner hatte diesen Ehrentitel länger inne. 2050 wird das aber Geschichte sein, außer der Fußballgott oder sonst irgendeine Macht meint es nochmal richtig gut mit dem Club.

Doch gerade im Olympiastadion hat sich ja gezeigt, dass es eben eher andersherum ist. So wie am drittletzten Spieltag der Saison 1993/94, als Bayerns Thomas Helmer den Ball am FCN-Torgehäuse vorbeistolperte und der Schiedsrichter zur Verwunderung aller dennoch einen Treffer für Bayern gab – das wohl bekannteste Phantomtor.

Die Münchner gewannen die Partie dadurch mit 2:1. Zwar erwirkte der Club über einen Protest ein Wiederholungsspiel, doch das ging deutlich verloren. Besonders tragisch bei diesem Phantomtorvorfall war, dass der FCN bei einem Bayern-Tor weniger, also bei einem Unentschieden, letztlich nicht abgestiegen und München nicht abermals Meister geworden wäre.

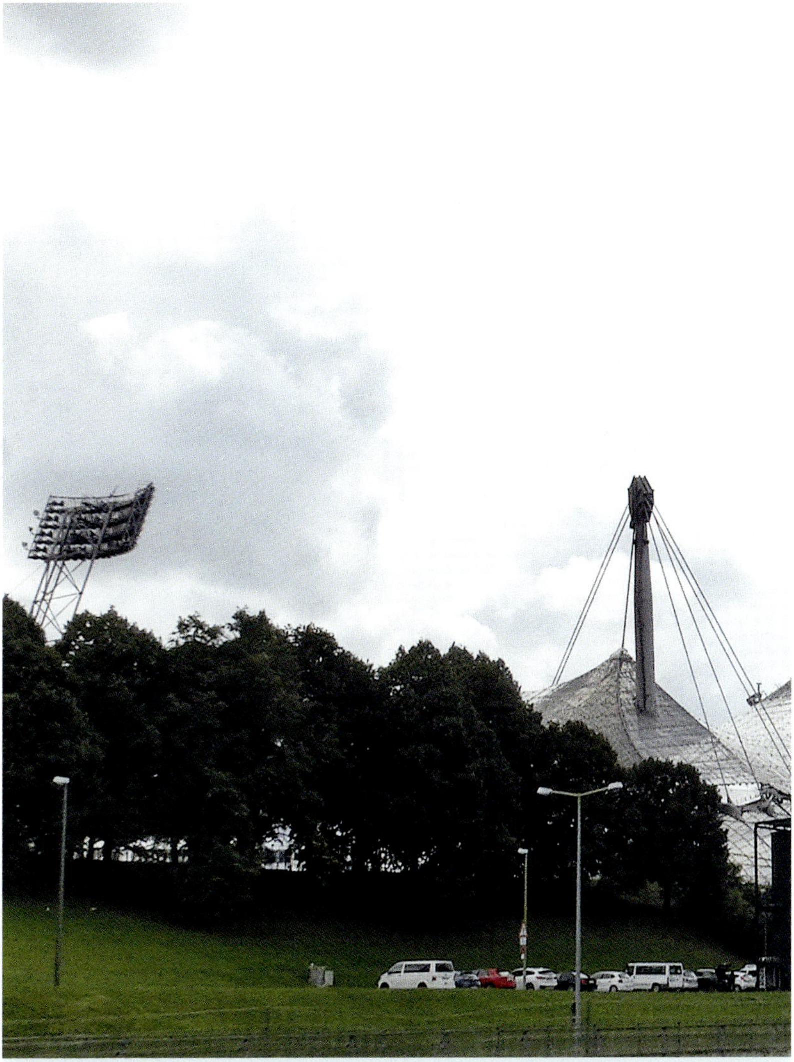

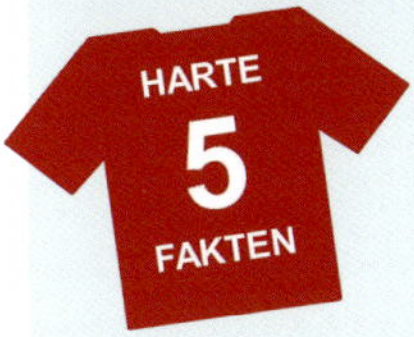

Adresse: Spiridon-Louis-Ring 27, 80809 München
Erbaut: 1972
Zuschauerkapazität: 69.250
Verein: FC Bayern München
Begebenheit: Phantomtor 1993/94

Freiheitsstatue

Botschafter

Die Freiheitsstatue auf Liberty Island im New Yorker Hafen steht nach Ansicht vieler Menschen für Frieden und eben Freiheit. Für Millionen Einwanderer symbolisiert „Lady Liberty“ auch den Neubeginn und die Hoffnung auf ein besseres Leben.

Für manche fand unter den Augen der Freiheitsstatue sogar die Flucht vor Verfolgung ihr glückliches Ende. So für Jenö Konrad, Clubtrainer jüdischen Glaubens, der 1932 vor den Nationalsozialisten aus Deutschland flüchtete und schließlich 1940 in New York ankam.

Entsprechend blickte 1953 auch eine Delegation des FCN zu diesem 1886 eingeweihten Geschenk des französischen Volkes an die USA auf. Doch eine Bootstour vor New York war nicht das Einzige, was der Club damals nach Beendigung der Oberligasaison unternahm. Schließlich war der FCN als Botschafter der Völkerverständigung in den USA unterwegs.

Im Mai 1953 tourte der Club mit Spielern, Funktionären und Torwartlegende Heiner Stuhlfauth drei Wochen durch das Land. Am Vorabend des 9:1-Auftaktsieges gegen eine Auswahl des Deutsch-Amerikanischen Fußballbundes besuchte dann Jenö Konrad die FCN-Delegation im vornehmen Croydon Hotel. Später schrieb er an das DFB-Präsidium, dass das Clubspiel „mehr gute Propaganda gemacht“ habe, als es die „diplomatische Vertretung tut“.

Bei der USA-Reise des FCN zwei Jahre später schaute Konrad abermals bei seinem Club vorbei. Und zwar im Ebbets Field in Brooklyn, wo der FCN 1955 beim 1:1 gegen den FC Sunderland aus England das laut Max Morlock „beste Spiel überhaupt“ zeigte.

Jenö Konrad meinte danach „stolz“, dass die „ganz ausgezeichnete Fußballmannschaft“ des 1. FC Nürnberg „in jeder Beziehung dem Sport Deutschlands Ehre bringt“.

Als deutscher Botschafter von Frieden und Freiheit war der Club aber auch vorher und nachher aktiv. So 1951, als während einer Spanienreise mit 2:0 beim FC Barcelona gewonnen wurde und die spanische Presse den FCN lobpreiste. Oder 1965, als der Club bei seiner Ostasienreise unter anderem gegen die Nationalmannschaft von Burma antrat.

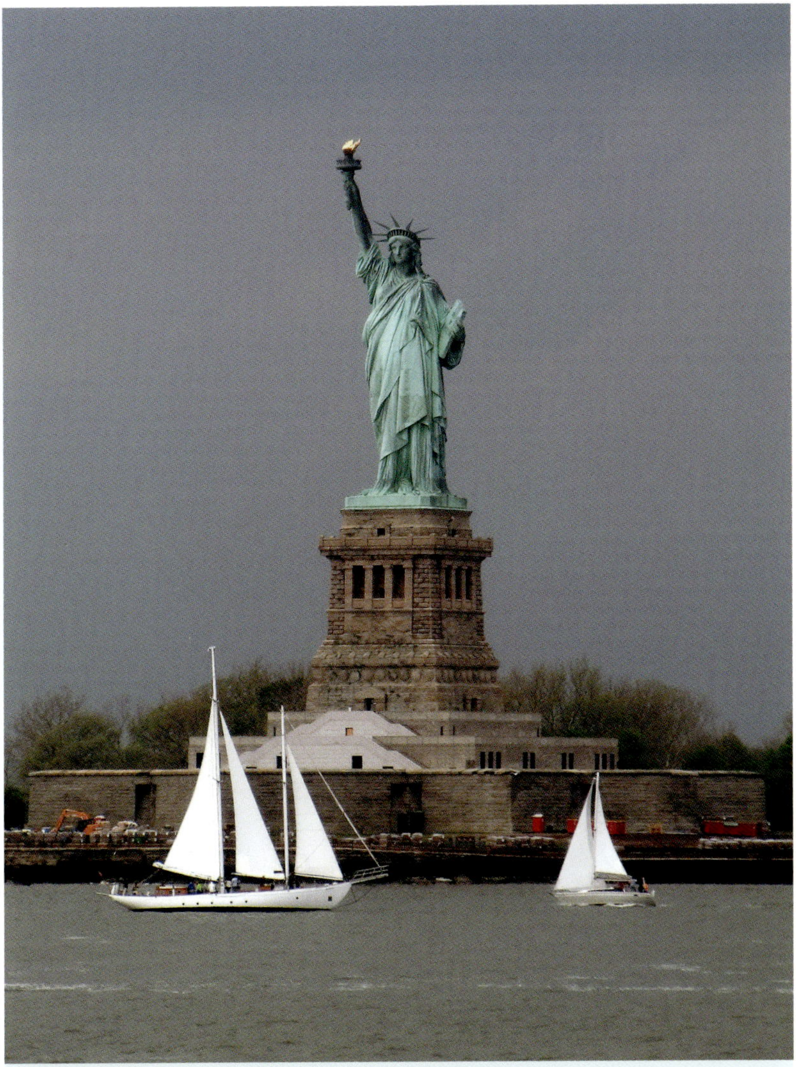

HARTE 5 FAKTEN

Adresse: Liberty Island, 10004 New York
Einweihung: 28. 10. 1886
Höhe: Gesamt 92,99 Meter, Figur 46,05 Meter
Schöpfer: Auguste Bartholdi
Begebenheit: USA-Reisen des 1. FC Nürnberg 1953 und 1955

Nördlingen 054

Gerd-Müller-Wohnhaus

Cluberer: Ein Leben im Konjunktiv

Was wäre gewesen, wenn der FCN 1969 nicht abgestiegen wäre? Oder 2008? Welcher Clubfan kennt das nicht? Wäre, hätte, wenn. Egal ob mit Blick auf die Vereinshistorie, oder direkt nach Spielen: Hätten wir das Tor geschossen, dann …

Als Cluberer lebt man erschreckend oft im Konjunktiv. Auch in Sachen Transfers. Denn man stelle sich mal vor, der FCN hätte all jene Spieler, die er nie hätte abgeben dürfen, behalten. Und von all jenen die Finger gelassen, die er nie hätte verpflichten sollen. Wo stünde der Club, wenn noch dazu diejenigen geholt worden wären, die man hätte holen können?

Gerd Müller zum Beispiel. Aufgewachsen in der Bergerstraße 4 in Nördlingen, stach er bereits in der Jugend des örtlichen TSV heraus. Und da Müllers Heimat traditionell Einzugsgebiet des FCN ist, lag ein Wechsel zum Club sehr nahe.

Doch, wie das Nachrichtenmagazin „Der Spiegel" einst berichtete: „Der deutsche Rekord-Meister 1. FC Nürnberg (neun Titel) wies den Anwärter aus dem schwäbischen Nördlingen wegen seines Namens ab: ‚Wir haben schon zwei Müller in der Mannschaft, ein dritter hätt´ uns gerade noch gefehlt.'" Statt des legendären Clubtrikots bekam Gerd Müller dann Besuch im elterlichen Haus. Der Regionalligist Bayern München wurde vorstellig und verpflichtete den Stürmer im Sommer 1964.

Nun könnte man sich schon fragen, ob Welt- und Europameister Müller auch mit dem Club unzählige Torrekorde aufgestellt und vier Europapokale gewonnen hätte? Und da ist ja auch noch Franz Beckenbauers Aussage zu einem müllerlosen FC Bayern: „Ohne Gerd Müller wären sie heute noch in dieser Holzhütte. Ohne die Tore von Gerd Müller wäre der FC Bayern München nicht das, was er heute ist."

Ob der 1. FC Nürnberg mit Müller heute noch das wäre, was er früher war? Jedenfalls trug der „Bomber der Nation" schließlich doch noch das Clubtrikot. In einem Freundschaftsspiel 1973, als eine kombinierte Mannschaft aus Spielern von FCN und Bayern München gegen Benfica Lissabon in Nürnberg antrat. Tatsächlich mit dem Clubwappen auf der Brust!

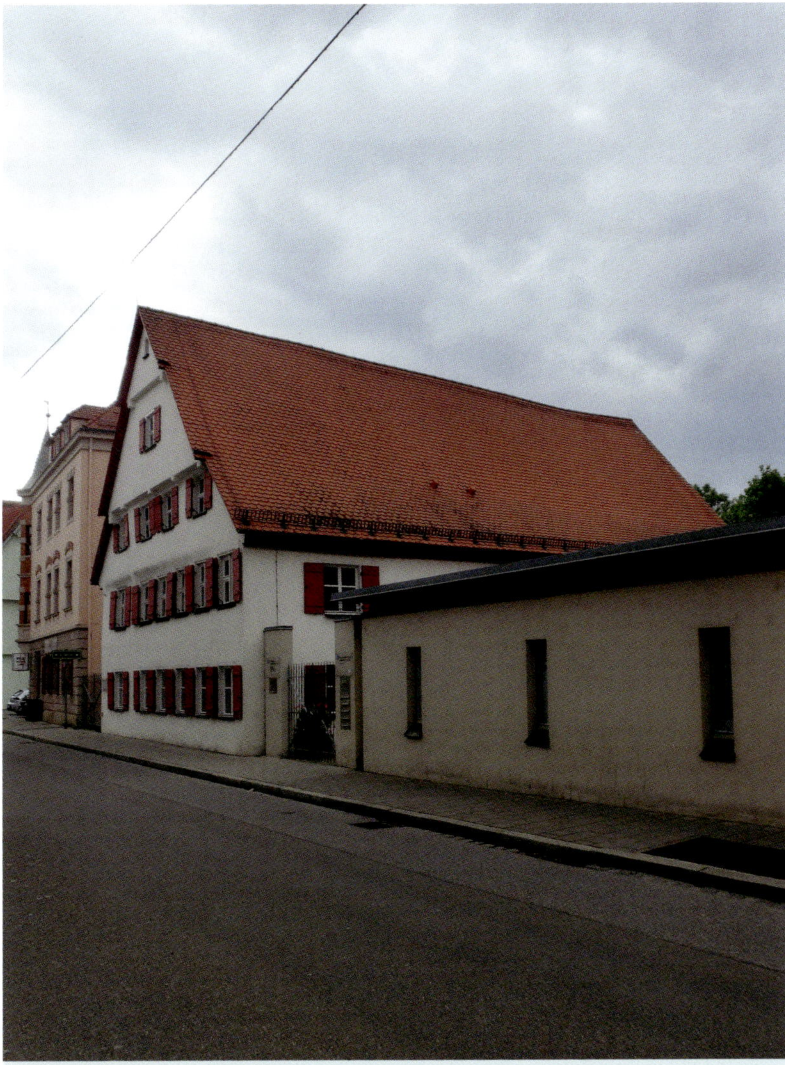

HARTE 5 FAKTEN

Adresse: Bergerstraße 4, 86720 Nördlingen
Erbaut: Um 1339
Müllers Geburtshaus: Am Stänglesbrunnen 6, 86720 Nördlingen
Müllers Lebensdaten: 3.11.1945 – 15.8.2021
Begebenheit: Der verhinderte „dritte Müller" beim Club

Nürnberg 055

ARO-Zentrale

Der letzte Patriarch der Bundesliga

Als Michael A. Roth 2009 als Präsident des 1. FC Nürnberg zurücktrat, urteilte die „Bild": „Mit Roth verliert der deutsche Fußball eine seiner schillerndsten Persönlichkeiten."

Und natürlich zitierte das Blatt dabei nochmals seinen skandalträchtigsten Spruch, 2003 abgefeuert nach einer Zweitligapleite gegen den VfB Lübeck: „Nach dieser Vorstellung muss ich sagen, ich habe eine Pistole samt Waffenschein und würde einigen am liebsten das Hirn durchpusten."

Der ob seiner Körpergröße von lediglich 1,63 Meter manchmal „Napoleon" betitelte „Teppich-Händler", auch diese Berufsbezeichnung darf in keinem Bericht über den Selfmade-Millionär fehlen, erklärte später das „Pistolen-Zitat". Wirklich entschuldigt hat er sich nicht: „Das sind doch Lappalien, wir Franken sind eben etwas derb."

Zu Waffengewalt griff Roth freilich nie. Seinen Ruf als Trainer-Killer verdiente er sich jedoch früh:

„So wie an jenem Abend des 18. August 1979. Keine Stunde ist es her, dass der Tabellen-19. der Zweiten Liga gegen das Schlusslicht VfR Bürstadt trotz 2:0-Führung noch den Ausgleich hinnehmen musste. Michael Adolf Roth weist die Stadion-Kassierer an, den gesamten Erlös aus dem Ticketverkauf in einen Pappkarton zu packen. Den stellt er Cheftrainer Jeff Vliers vor die Nase. Nach einem kurzen Gespräch nimmt der belgische Ex-Nationale das Geld und verschwindet für immer aus dem Frankenland." Noch 2004 schaffte es diese Anekdote in die „Welt am Sonntag".

Insgesamt rund 19 Jahre war der in Kitzingen geborene Roth Sponsor, Bürge, Kreditgeber und ehrenamtlicher Präsident in Personalunion. „Der letzte Patriarch der Bundesliga", so hieß es in etlichen Zeitungen nach seinem Rücktritt 2009, sei er gewesen.

Fränkisch-bodenständig, mal zornig, mal freudestrahlend, führte er den Club und sein 1956 gegründetes Unternehmen „ARO". Beide zeitweise vom Nürnberger Schleifweg aus. Denn nach der Beinahe-Pleite und dem Absturz in die Regionalliga 1996 war im Grunde die Vereinsverwaltung vorübergehend in die ARO-Zentrale ausgelagert.

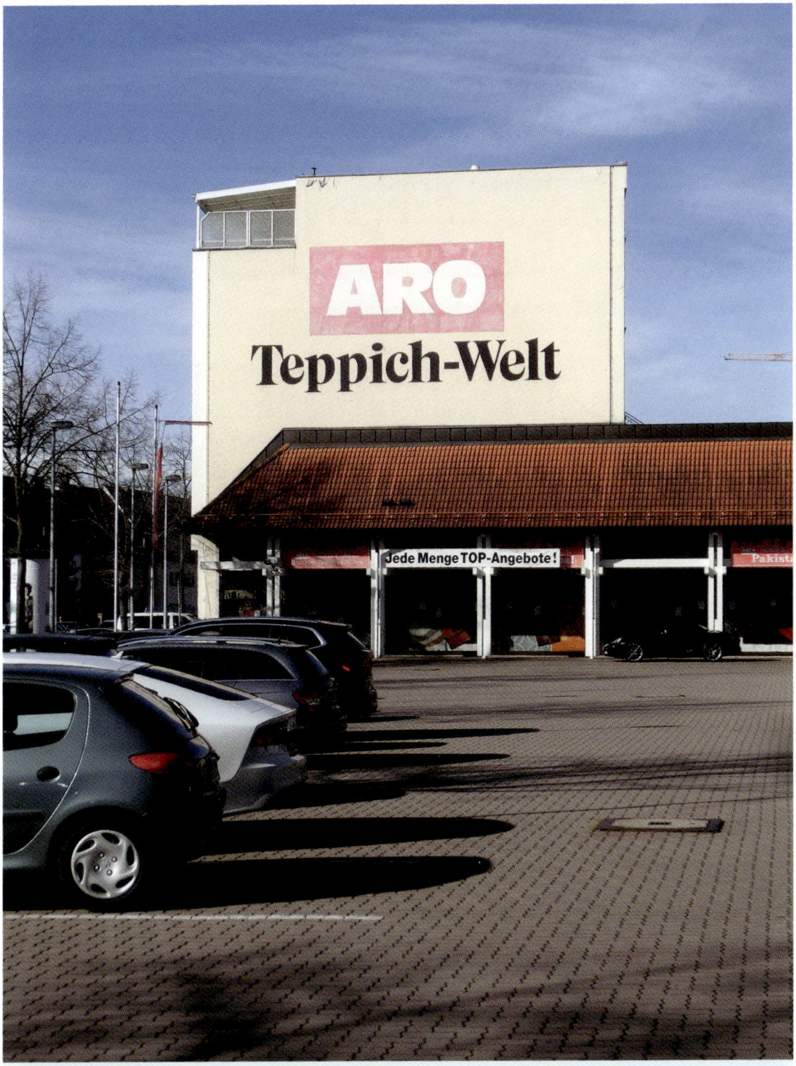

HARTE 5 FAKTEN

Adresse: Schleifweg 45–53, 90409 Nürnberg

Bestehen der Firma „ARO": 1956–2016

Roths Amtszeiten als Clubpräsident: 1979–1983 und 1994–2009

Roths Geburtstag: 13.08.1935

Begebenheit: Firmenzentrale des langjährigen Clubsponsors „ARO"

Nürnberg 056

Burenhütte

Die Geburt der Legende

Dort, wo sich später das Gewerbeanwesen mit Verwaltungs- und Produktionsflächen des Pharmaunternehmens „Sandoz" ausdehnte, ereignete sich am 4. Mai 1900 Großes.

Heute mit dem 2019 neuerrichteten Parkhaus an der Deutschherrnstraße als Businesspark „Deutschherrnkarree" genutzt, stand damals an jener Stelle eine Wirtschaft namens Burenhütte. Buren, also afrikaans sprechende europäischstämmige Einwohner Südafrikas, waren allerdings nicht zugegen, als Christoph Heinz die von ihm einberufene Versammlung „zwecks Wiederaufnahme des Fußballspiels" eröffnete. Im Frühjahr 1900 hatte er seinen ehemaligen Mitspielern aus Schulzeiten diesen Aufruf geschickt. Etliche waren der Einladung begeistert gefolgt, sodass am Ende der Veranstaltung der 1. FC Nürnberg gegründet war. So wurde er an jenem 4. Mai 1900 getauft, und so heißt er noch immer.

Diese Konstanz ist nicht nur bemerkenswert, sondern im heutigen Profifußball Deutschlands auch einmalig. Dort, wo etliche Vereine oder Fußballunternehmen unfassbar niedrige Zahlen als Gründungsjahr angeben, die oft nur auf irgendwelche Vorgängerorganisationen hinweisen, um so größere Historie zu suggerieren, trägt keiner seinen Namen so beständig und so lange wie der ruhmreiche FCN!

Doch welch ein Legende sie aus der Taufe hoben, erahnten die 18 jungen Gründungsmitglieder wohl nicht einmal. Allein, dass sie es taten, ist aller Ehren und größten Dank wert. Denn ohne Paul Bachofer, Martin Backof, Emil Dürbeck, Gustav Eckardt, Christoph Heinz, Wilhelm Heinz, Friedrich Hößlinger, Hans Hofmann, Eduard Kartini, Georg Krause, August Lenz, Hermann Neundorf, Wilhelm Neundorf, Karl Ofenhitzer, Gottfried Präg, Gustav Rövenstrunck, Adolf Schmidt und Georg Schmitt wäre die Geschichte des Fußballs um zahllose Kapitel ärmer.

Eines davon wurde in der Burenhütte geschrieben. Und diesen Gründungsort wählte Christoph Heinz, auch erster Vereinsvorsitzender, nicht ohne Grund. Schließlich hatte der neue Verein die Nutzung der nahegelegenen Deutschherrnwiese in Aussicht gestellt bekommen.

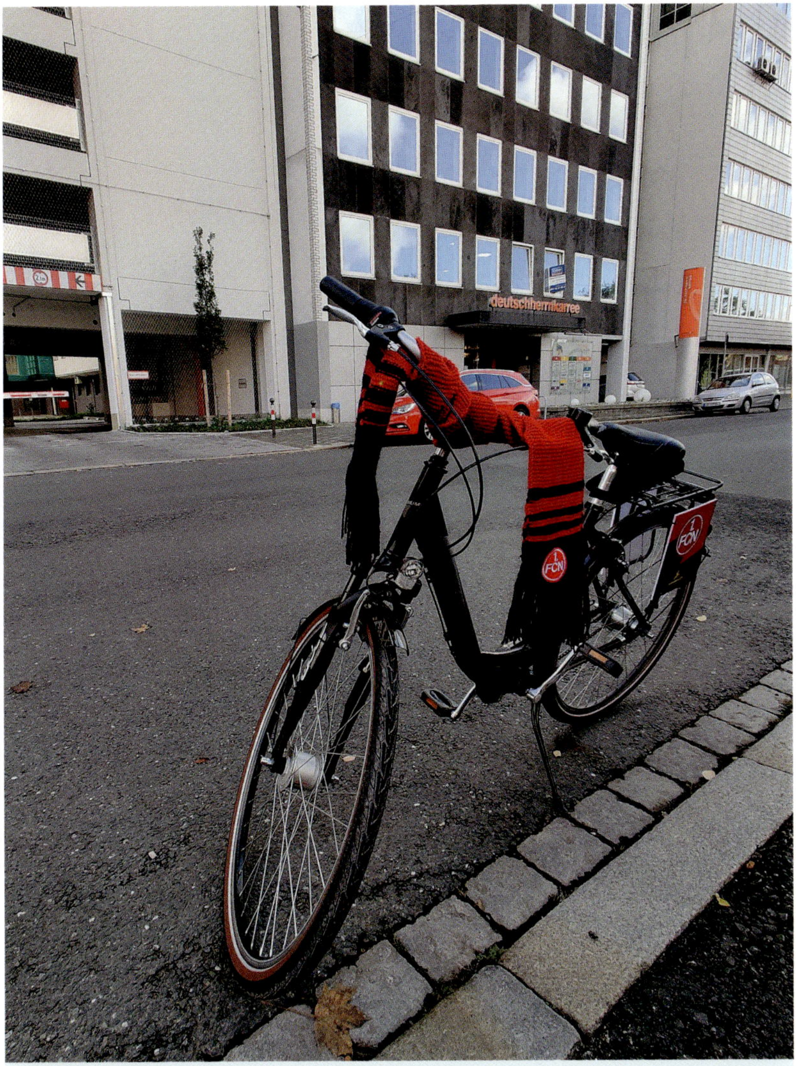

HARTE 5 FAKTEN

Adresse: Deutschherrnstraße, 90429 Nürnberg
Heute: Businesspark „Deutschherrnkarree"
Gründung des 1. FC Nürnberg: 4. 5. 1900
Gründungsmitglieder: 18
Begebenheit: Gründungslokal des 1. FC Nürnberg

Nürnberg 057

Clubheim

Mittelpunkt der großen Clubfamilie

Seit 2015 erinnert ein Gedenkstein in der Kachletstraße an den legendären Zabo, die alte Heimat des 1. FC Nürnberg. Heute von Wohnhäusern gesäumt, erfolgte über die früher so benannte Sportparkstraße die Erschließung des vormaligen Vereinsgeländes des FCN.

Hier befand sich auch das Clubheim, der Treffpunkt für alle Cluberer auf dem am 24. August 1913 eröffneten Sportgelände in Zerzabelshof. Damals im Volksmund noch „Zabala" genannt, prägte wohl Clubmitglied Alfred Fleinert im Jahr 1915 die Kurzbezeichnung „Zabo" für die Ortschaft und damit auch für die Clubheimat. Zabo war seitdem das Synonym für den FCN-Sportpark und ist untrennbar verknüpft mit der erfolgreichsten Ära des großen 1. FC Nürnberg.

Hier legte der FCN die Grundlagen für alle neun Deutschen Meisterschaften. Und im Clubheim wurden sie gebührend gefeiert. Das villenartige Gebäude mit seiner einst von Bildnissen der im 1. FC Nürnberg betriebenen Sportarten geschmückten Fassade war von Wilhelm Heinz – Gründungsmitglied, Architekt und Bruder des allerersten Vereinsvorsitzenden Christoph Heinz – entworfen worden und hatte in den 1950er-Jahren mit Gunter Baumann sogar einen Club- und Nationalspieler als Vereinsheimwirt.

Nach dem Zweiten Weltkrieg zweitweise von den US-Amerikanern beschlagnahmt, war das Clubheim ansonsten stets der „Mittelpunkt der großen Clubfamilie", wie die „Nürnberger Nachrichten" am 16. August 1968 schrieben, als das Vereinsheim endgültig seine Pforten schloss.

Der alte Zabo wurde nämlich ab 1966 rückgebaut und mit Wohnblocks bebaut. 1968, im Jahr des neunten Meistertitels und des anschließenden Umzugs in den neuen Sportpark an der Valznerweiherstraße, erfolgte letztlich auch der Abbruch des Clubheims.

Bestrebungen, den bedeutsamen Bau unter Denkmalschutz zu stellen, scheiterten. So ging bedauernswerterweise unwiederbringlich der gewachsene Mittelpunkt des Vereinslebens am Zabo verloren. Und nicht nur der ehemalige Meisterspieler Carl Riegel stellte in Frage, ob am Valznerweiher genauso ein „Heiligtum" entstehen kann.

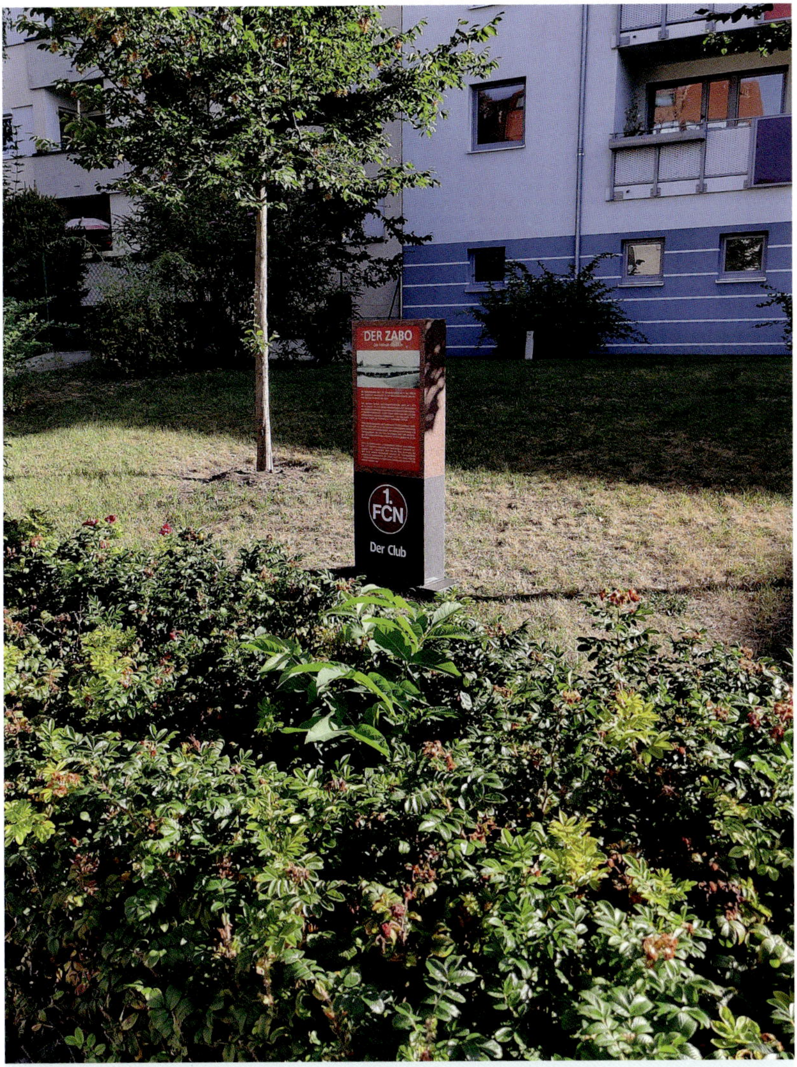

HARTE 5 FAKTEN

Adresse: Kachletstraße, 90480 Nürnberg
Früherer Straßenname: Sportparkstraße
Zeitraum des Bestehens: 1913–1968 (Clubheim)
Errichtung Gedenkstein: 2015
Begebenheit: Vereinsheim des 1. FC Nürnberg

Nürnberg 058

Clubmuseum

Tür zum Clubherzen

Mit der Planung des neuen Funktionsgebäudes am Valznerweiher war die Tür für ein vereinseigenes Museum weit aufgestoßen. Denn es war klar, dass nicht nur die verschiedenen Bereiche des FCN unter einem Dach zusammengefasst werden sollen, sondern als Herzstück auch endlich ein Clubmuseum entstehen muss. Finanziert wurde das gesamte Vorhaben übrigens mittels einer im April 2010 ausgegebenen Fananleihe in Höhe von 6 Millionen Euro.

Als das Gebäude im Oktober 2012 fertiggestellt war, waren darin dann Räumlichkeiten für die Lizenzspielerabteilung, das Jugendinternat sowie die Verwaltung untergebracht. Doch für das Museum blieb lediglich eine Foyerfläche gleich hinter der Eingangstür. Auf nicht einmal 150 Quadratmetern sind dort seitdem knapp ebenso viele Exponate ausgestellt.

Doch Kurator Bernd Siegler gelang es dennoch, den Herzensclub voll großartiger Erfolge, unerreichter Rekorde, vernichtender Niederlagen und unerklärlicher Missgeschicke erlebbar zu machen. Tore, Triumphe, Titel, Träume, Traumata, Tränen und Tiefschläge leben mit Schriften, Fotografien, Hörproben, Filmen und Exponaten auf.

Auch Nachbildungen von Viktoria, Meisterschale, Goldfasanen- und DFB-Pokal sind zu bestaunen. Der Anblick aller jemals gewonnen Trophäen bleibt allerdings verwehrt, egal wieviel Fläche zur Verfügung stünde. Denn bereits seit dem 20. April 1940 fehlen 140 Siegespreise, Pokale und Medaillen. Sie wurden damals anlässlich der „Metallspende des Deutschen Volkes“ abgeholt und landeten in Schmelzöfen, um Waffen für den Zweiten Weltkrieg daraus zu schmieden.

Klein, aber fein, lautet die Devise. So kann man bereits beim Durchschreiten der Eingangstür erkennen, welche Bedeutung der 1. FC Nürnberg hat. Und was er den Clubfans bedeutet, für was er steht, wurde sogar schon mal an dieser Tür deutlich.

Während der mehr als leidigen Ausgliederungsdiskussion kam es dort am 4. Mai 2018, rund 500 Jahre nachdem Martin Luther seine 95 Thesen an die Wittenberger Schlosskirche genagelt hatte, zum Thesenanschlag vom Valznerweiher.

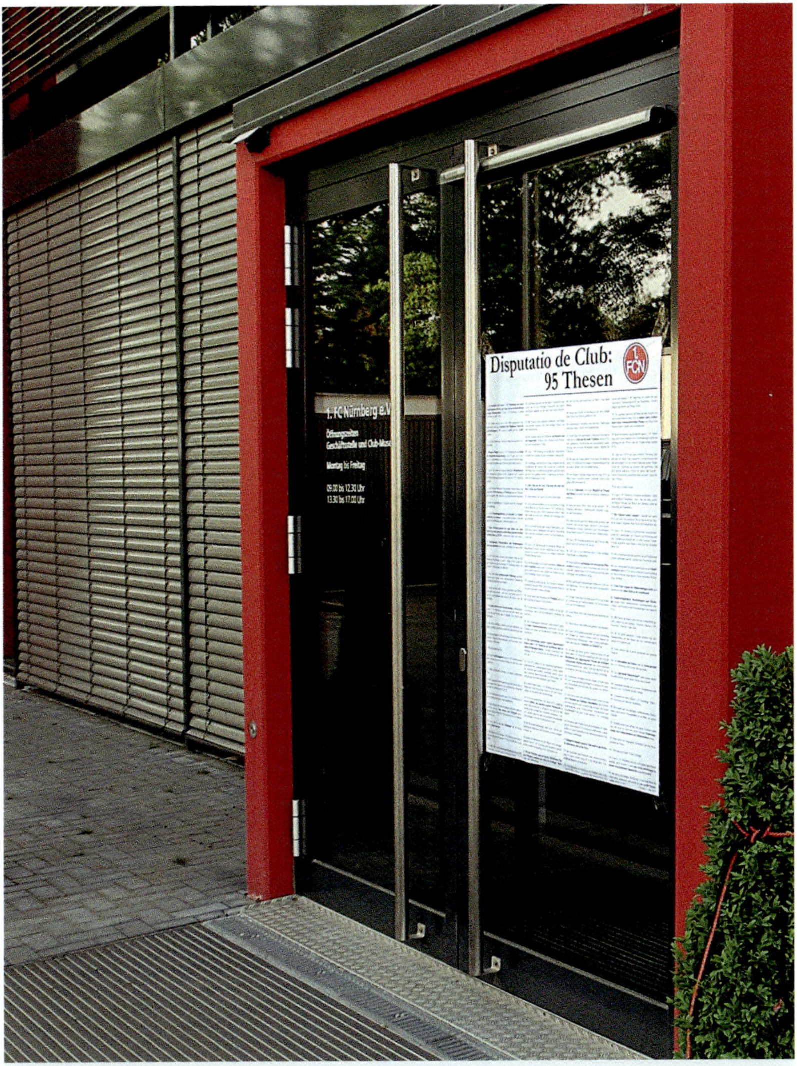

HARTE 5 FAKTEN

Adresse: Valznerweiherstraße 200, 90480 Nürnberg
Erbaut: 2012
Thesenanschlag: 4. 5. 2018
Geöffnet: Montag bis Freitag zu Geschäftszeiten
Begebenheit: Endlich ein Museum für den Club

Deutschherrnwiese

Die erste Heimspielstätte

Ihren Namen hat die unmittelbar an der Pegnitz gelegenen Wiese vom Deutschen Orden. Dieser, auch Deutschherrnorden genannt, war einst Besitzer dieses Geländes im Westen der Nürnberger Altstadt.

Nachdem dort um 1830 ein Exerzierplatz eingerichtet worden war, wurde die Deutschherrnwiese ab Ende des 19. Jahrhunderts als Sportplatz genutzt, seit zirka 1888 auch von ein paar fußballbegeisterten Nürnberger Schülern. 18 von ihnen gründeten schließlich am 4. Mai 1900 den 1. FC Nürnberg in der nahegelegenen Gaststätte Burenhütte.

Nach einem Probespiel gegen Mitarbeiter der „Schuckertwerke" Nürnberg, von denen die Mannschaft übrigens auch ihr erstes Regelheft erhalten hatte, kam es am 29. September 1901 zum ersten Wettstreit des 1. FC Nürnberg gegen einen anderen Fußballverein. Es war ein 2:0-Auswärtserfolg beim 1. FC Bamberg.

Das am 20. Oktober 1901 stattfindende Rückspiel war zugleich das erste Heimspiel des FCN. Es fand auf der Deutschherrnwiese statt und endete mit einem klaren 5:1-Sieg über die Gäste aus Bamberg.

Im Sommer 1905 verließ der 1. FC Nürnberg dann seine erste Heimspielstätte, da der Stadtrat eine Einzäunung des Spielfelds untersagt hatte. Diese war wichtig, denn ohne Zaun gestaltete es sich schwierig, Eintrittsgelder zu verlangen – und Geld hat der Club seit jeher nötig. Der FCN zog daraufhin zunächst an die Ziegelgasse, die heutige Karl-Bröger-Straße, im Stadtteil Steinbühl.

Die Deutschherrnwiese war dann in späteren Jahren beispielsweise noch zeitweise Heimat des Nürnberger Volksfests, doch nach und nach wurde immer mehr Fläche zur Bebauung freigegeben. Inzwischen ist das Areal nahezu komplett bebaut.

An die große Deutschherrnwiese erinnert nur noch die hier verlaufende Deutschherrnstraße, an der nun zum Beispiel die Wilhelm-Löhe-Schule sowie das Finanzgericht Nürnberg liegen. Auch die verbliebene städtische Sportanlage Deutschherrnwiese ist dort zu finden. Inzwischen ist sie übrigens eingezäunt.

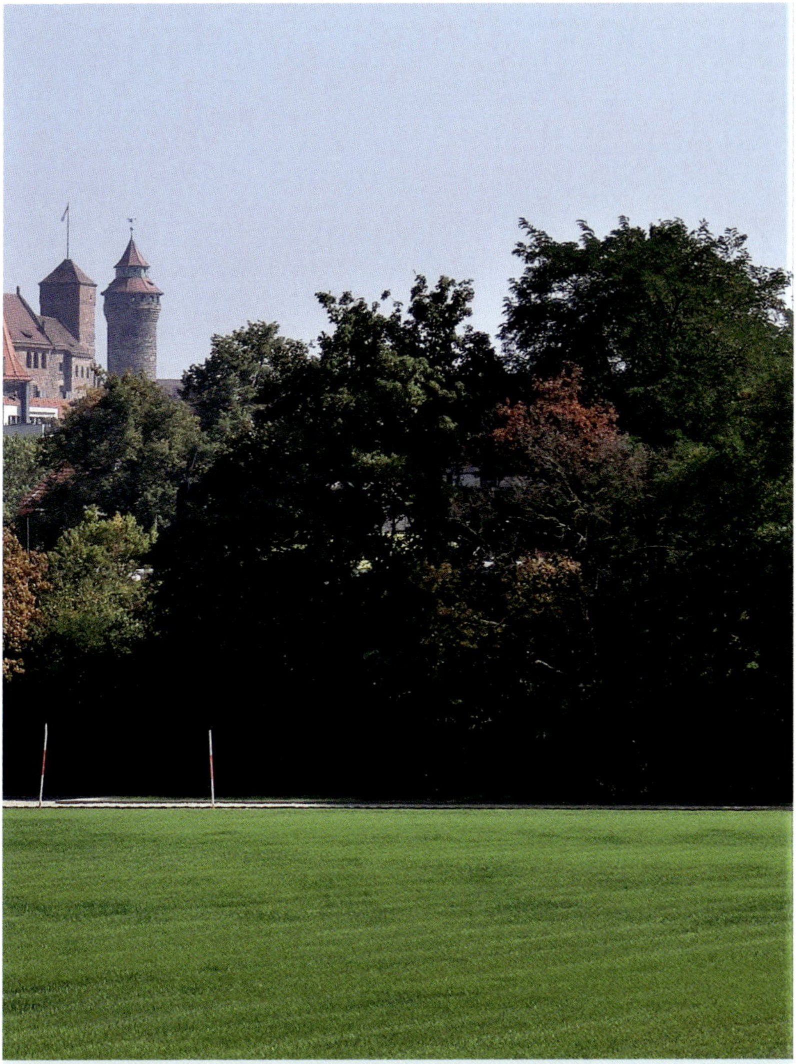

HARTE 5 FAKTEN

Adresse: Deutschherrnstraße 50, 90429 Nürnberg
Stadtteil: Kleinweidenmühle
Eigentümer: Stadt Nürnberg
Nutzung durch den 1. FC Nürnberg: 1900–1905
Begebenheit: Erste Heimspielstätte des 1. FC Nürnberg

Nürnberg 060

Fohlenheim

Nachwuchsarbeit

1968 fand ein Offensivtalent aus der 1. Amateurliga Rheinland seinen Weg zum Club: Dieter Nüssing. Aus dem Örtchen Güls an der Mosel zog er zunächst ins Fohlenheim des FCN. So hieß das damalige Nachwuchsinternat.

In dem repräsentativen Gebäude in der Guntherstraße 61 befanden sich acht Zweibettzimmer für die hoffnungsvollen Nachwuchskicker. Und auch wenn der 1949 geborene Rheinländer nicht mehr für die A-Jugend vorgesehen war, sondern bereits bei der Meistermannschaft mittrainieren durfte, floss die ein oder andere Träne im Fohlenheim. Das Heimweh plagte ihn.

Nüssing spielte anfangs bei den Clubamateuren und für die sogenannten Fohlen, die junge FCN-Reserve, ehe er am 31. August 1968 erstmals beim 4:0-Heimsieg gegen Borussia Mönchengladbach in der Bundesliga zum Einsatz kam.

Seine Premiere feierte der Nachwuchscluberer von den Fohlen also just gegen das Team, das spätestens ab den 1970er-Jahren als Fohlenelf bekannt wurde. Den unfassbaren Abstieg des amtierenden Meisters am Saisonende vermochte aber auch der stets vorbildliche Dieter Nüssing nicht zu verhindern. Doch er blieb dem Club selbst in der Zweitklassigkeit bis 1977 treu.

Später kehrte Nuss, wie er auch gerufen wird, zum FCN zurück und verschrieb sich sehr erfolgreich der Nachwuchsarbeit; freilich unter verbesserten infrastrukturellen Voraussetzungen.

Das Fohlenheim ist Geschichte, ein modernes Nachwuchsleistungszentrum Realität. Auch können sämtliche Jugendmannschaften auf dem Clubareal trainieren und spielen.

Das war in der Vergangenheit nicht immer gegeben. So wurde beispielsweise Gustl Flachenecker als Jugendspieler des TB Johannis 88 gegen die 6. Schülerelf des FCN auf der städtischen Anlage an der Siedlerstraße entdeckt. Denn der alte Zabo verfügte nicht über genügend Plätze, sodass oft dorthin ausgewichen werden musste.

Flachenecker wechselte 1952 dennoch in die Clubjugend, wurde später Meister und Pokalsieger. Wie Nüssing ist auch er FCN-Legende und Musterbeispiel für gelungene Nachwuchsarbeit.

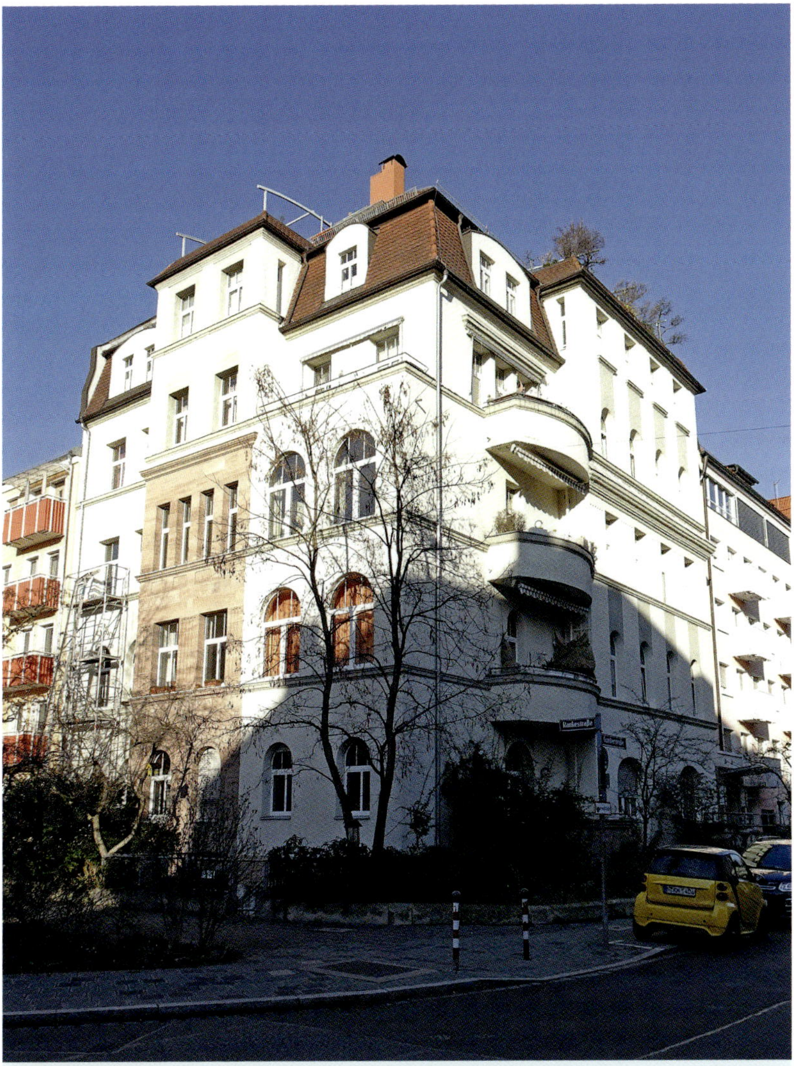

HARTE 5 FAKTEN

Adresse: Guntherstraße 61, 90461 Nürnberg
Lage: Nahe der Meistersingerhalle
Kapazität: 8 Zweibettzimmer
Weiterer Ort der FCN-Nachwuchsarbeit: Fußballplätze an der Siedlerstraße
Begebenheit: Ehemaliges Nachwuchsinternat des FCN

Nürnberg 061

Franz-Salomon-Wohnhaus

Traumatisierender Rauswurf

Franz Salomon, wohnhaft am Webersplatz 9 in der Nürnberger Altstadt, erreichte Ende April 1933 ein Brief des 1. FC Nürnberg, in dem dieser über die Streichung der „ihm angehörenden jüdischen Mitglieder mit Wirkung vom 1. Mai 1933 aus seiner Mitgliederliste" informierte.

Nicht einmal ein Jahr zuvor war schon der jüdische Clubtrainer Jenö Konrad nach einer antisemitischen Hetzkampagne der nationalsozialistischen Wochenzeitung „Der Stürmer" aus Nürnberg weggegangen.

Hatte der FCN den angesehenen ungarischen Trainer im August 1932 noch bekniet, in der Noris zu bleiben, beschloss der Verwaltungsausschuss des 1. FC Nürnberg am 27. April 1933 einstimmig die „Stellung des Vereins zur Judenfrage" und teilte dies bereits am Tag darauf den jüdischen Clubmitgliedern schriftlich mit.

So auch dem damals 24-jährigen Salomon, Mitglied der Tennisabteilung des FCN. Er verließ später den Webersplatz 9 und gelangte über Mailand im Januar 1940 ins belgische Brüssel. Nach Belgiens Kapitulation verhaftet, wurde der spätere Doktor der Rechtswissenschaften ins Internierungslager Saint Cyprien in Frankreich verbracht, dann ins Camp de Gurs und nach Les Milles.

Von dort gelang Franz Salomon 1941 die Flucht. Über Trinidad kam er nach New York, beantragte in den USA die Einbürgerung und aus Franz Anton Salomon wurde Frank Anthony Sanders.

So recherchierte es Bernd Siegler, der seit Jahrzehnten die Clubgeschichte in der Zeit des Nationalsozialismus aufarbeitet und dabei auch den ausgeschlossenen jüdischen Mitgliedern ein Gesicht geben und deren bewegte Lebensgeschichte bekannt machen möchte.

Dass ihm dies im Fall von Salomon gelang, ist auch Franz Salomons Witwe zu verdanken, die nach dessen Tod 1993 das Schreiben des FCN von 1933 an das Leo Baeck Institut in New York übergab. Und, so Siegler, dass Salomon „dieses Schreiben über all die Jahre und Stationen seines Lebens aufbewahrt hat, zeigt, welchen Stellenwert die Mitgliedschaft im 1. FC Nürnberg für ihn besaß und wie traumatisierend es für ihn gewesen sein muss, aus dem Club geworfen zu werden."

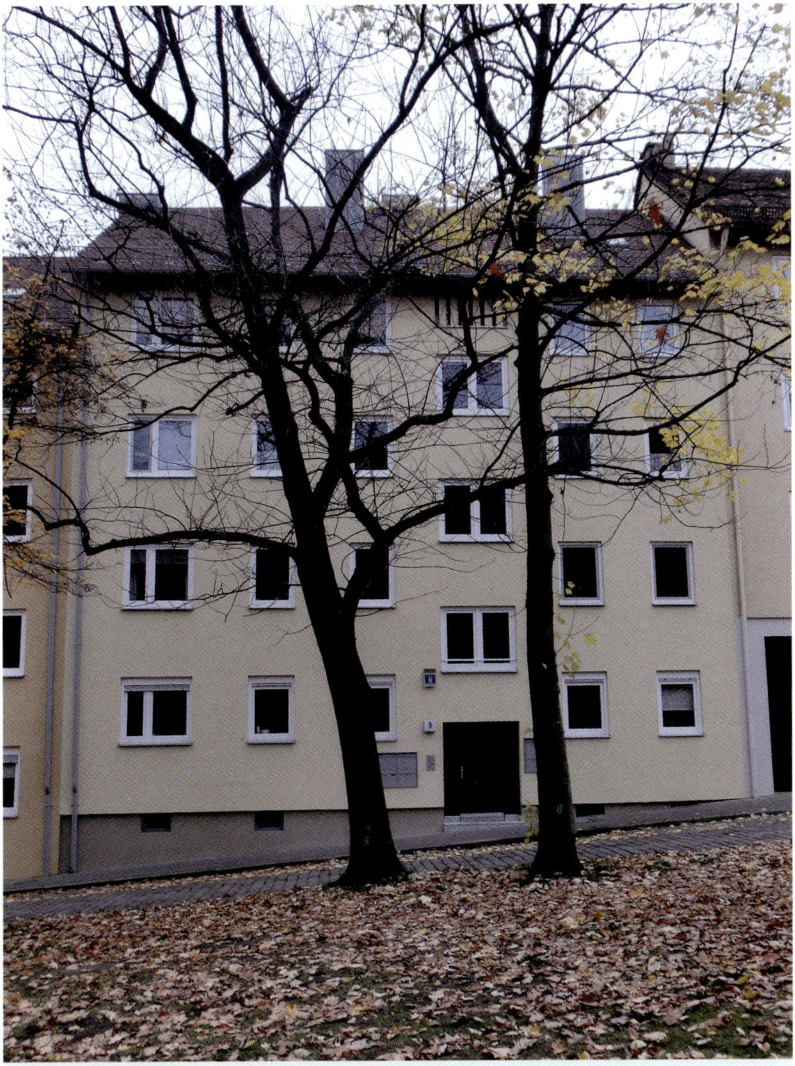

HARTE 5 FAKTEN

Adresse: Webersplatz 9, 90403 Nürnberg

Salomons Lebensdaten: 4. 3. 1909 – 2. 10. 1993

Konrads Lebensdaten: 13. 8. 1894 – 15. 7. 1978

Veranstaltung „Jenö Konrad, Franz Salomon und der Club“: 22. 1. 2013

Begebenheit: Ausschluss der jüdischen Clubmitglieder 1933

Nürnberg 062

Hans-Hofmann-Wohnhaus

Wappenzeichner und so vieles mehr

„Schlicht und klar mit hohem Wiedererkennungswert – das Wappen des 1. FC Nürnberg ist ein Klassiker der Fußball-Heraldik", so Hardy Grüne in seinem Buch „Fußballwappen".

Auch zeigt der FCN eine beispiellose Konstanz und Konsequenz. Denn Grüne stellt weiter fest: „Schon kurz nach der Gründung im Jahr 1900 gelangte das heutige Buchstabenwappen in Benutzung."

Erdacht hat das Clubwappen Hans Hofmann, der nicht nur der Wappenzeichner des FCN war, sondern auch Gründungsmitglied und Spieler. „Seine Idee veränderte im Laufe der Jahrzehnte zwar immer mal wieder ein bisschen ihr Outfit, im Kern aber blieb sie bis heute bestehen", so Hardy Grüne über den genialen Entwurf.

Bestehen blieb auch Hofmanns Verbundenheit zu seinem Club, war er doch unter anderem als ehrenamtlicher Clubwirt, Jugendleiter und Spielausschussvorsitzender tätig.

Auch war er einst verantwortlicher Schriftleiter des FCN, weshalb seine Privatadresse, die Schweinauer Hauptstraße 69a, etliche Ausgaben der Vereinszeitung zierte. So in den 1920er-Jahren, als auf den Trikots zweitweise das Nürnberger Stadtwappen prangte, im Dritten Reich war es ein stilisierter Reichsadler, in dessen Zentrum sich das Clubwappen befand.

Nach dem Zweiten Weltkrieg kehrte das charakteristische „1. FCN" auf die Jerseys zurück. Und als der Club 1948 Deutscher Meister wurde, mit Hans Hofmann als Präsident, waren schließlich alle Schnörkel und vormals genutzte Punkte zwischen den Buchstaben verschwunden. Rund dreißig Jahre später entstand dann letztlich jene Version, mit der laut Grüne „der FCN auch heute noch verbunden wird: Eine etwas schlankere Schrifttype und ein kompakterer Satz waren nun zu sehen. 2011 schließlich löste jenes Weinrot, das der FCN seit langem als Trikotfarbe trägt und unter dem er weltweit bekannt ist, das helle Rot ab."

Hofmanns hochverehrte Idee hat also alle Zeiten überlebt und hielt sogar Einzug in die Clubsatzung: „Das Vereinswappen ist ein rotes Rund-Logo mit innerem weißen Ring und dem weißen Schriftzeichen ‚1. FCN'."

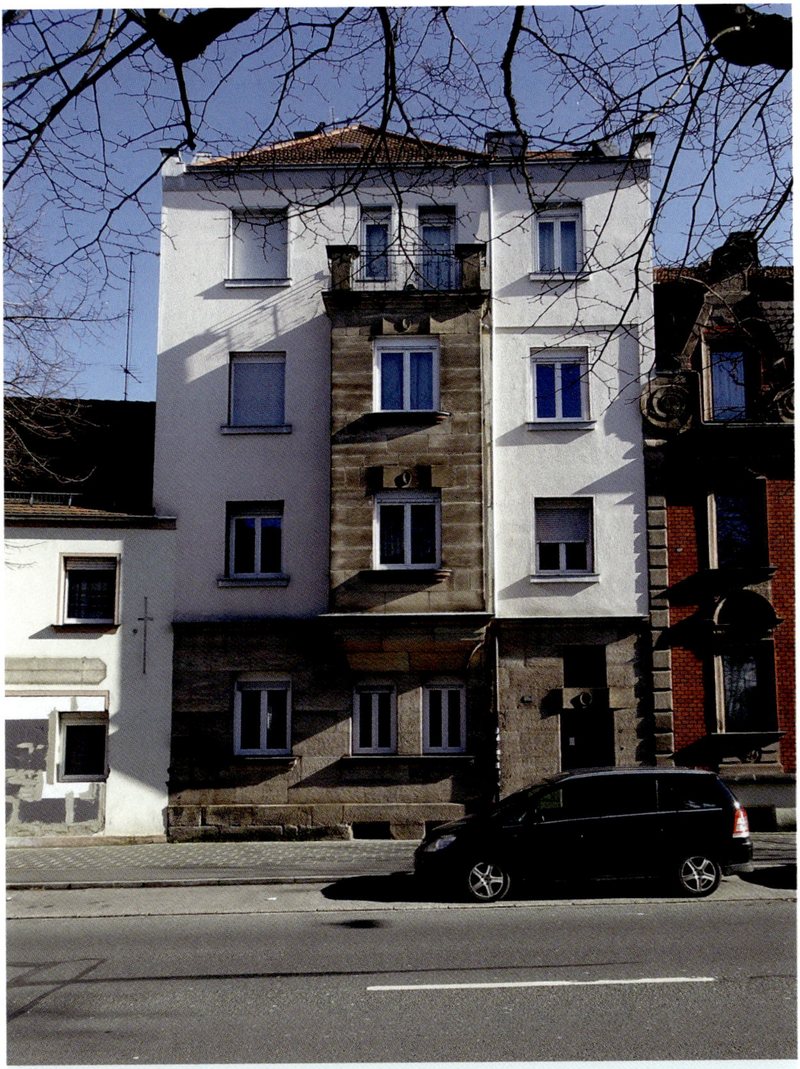

HARTE 5 FAKTEN

Adresse: Schweinauer Hauptstraße 69 a, 90441 Nürnberg
Hofmanns Spiele für den Club: 80 (1900–1908)
Wohnort nach dem Zweiten Weltkrieg: Freiburger Straße 15, 90443 Nürnberg
Hofmanns Amtszeiten als Präsident: 1945–1946 und 1947–1948
Begebenheit: Wohnhaus des Clubwappenzeichners Hofmann

Nürnberg 063

Hans-Kalb-Straße

Laut

Hans Kalb wurde 1899 geboren und war nicht nur mindestens „der beste deutsche Fußballer seiner Zeit“, wie es Sepp Herberger formulierte, sondern auch Zahnarzt. Nachdem er sein Studium 1932 mit der Promotion abgeschlossen hatte, eröffnete Dr. Hans Kalb seine Praxis.

Als man jedoch die Straße zwischen Clubgelände und Stadion nach ihm benannte, ließ man den Doktor weg. Die Verantwortlichen haben sich wohl auch gedacht: Titel sind unwichtig, außer im Fußball. Und davon errang Hans Kalb etliche.

Zwischen 1920 und 1927 gewann Kalb mit dem FCN sage und schreibe fünf Deutsche Meisterschaften. Dabei organisierte er nicht nur die Abwehr der Clubelf, sondern war auch Initiator des berühmt-berüchtigten Flachpass-Spiels des FCN in den 1920er-Jahren. Hans Kalb war ein Spieler mit größter Übersicht, höchstem taktischen Verständnis und verfügte zudem auch über eine immense Schusskraft. Von „Kanonenschüssen“ war damals die Rede und der bekannte Spruch „Club ohne Kalb – halb“ zeigte, wie wichtig er für die Mannschaft war.

Und für noch etwas war Hans Kalb berühmt und berüchtigt: Für sein lautes Auftreten auf dem Platz. So führte er als Kapitän nicht nur den 1. FC Nürnberg, sondern auch die Nationalmannschaft an und wurde von Gegnern und Schiedsrichtern wegen seiner lauthals vorgetragenen Beschwerden gefürchtet. Doch auch neben dem Platz erhob Kalb seine Stimme, zum Beispiel gegen die 1932 gestartete nationalsozialistische Hetzkampagne gegen Clubtrainer Jenö Konrad – in diesem Fall jedoch erfolglos.

Beim 1. FC Nürnberg zog Hans Kalb bis 1933, in insgesamt stolzen 681 Spielen, lautstark über den Fußballplatz. Er blieb dem FCN auch danach verbunden, war 1936 Trainer der Club-Meistermannschaft, verstarb jedoch bereits 1945 „in Ausübung seines Dienstes als Militärarzt“.

Rund dreißig Jahre nach seinem Tod benannte man 1975 schließlich die Straße nach ihm, durch die nun bei Heimspielen die Clubfans lautstark ziehen. Quasi in bester Kalb-Manier geht es durch die Hans-Kalb-Straße von der S-Bahn-Station zum Stadion und zurück.

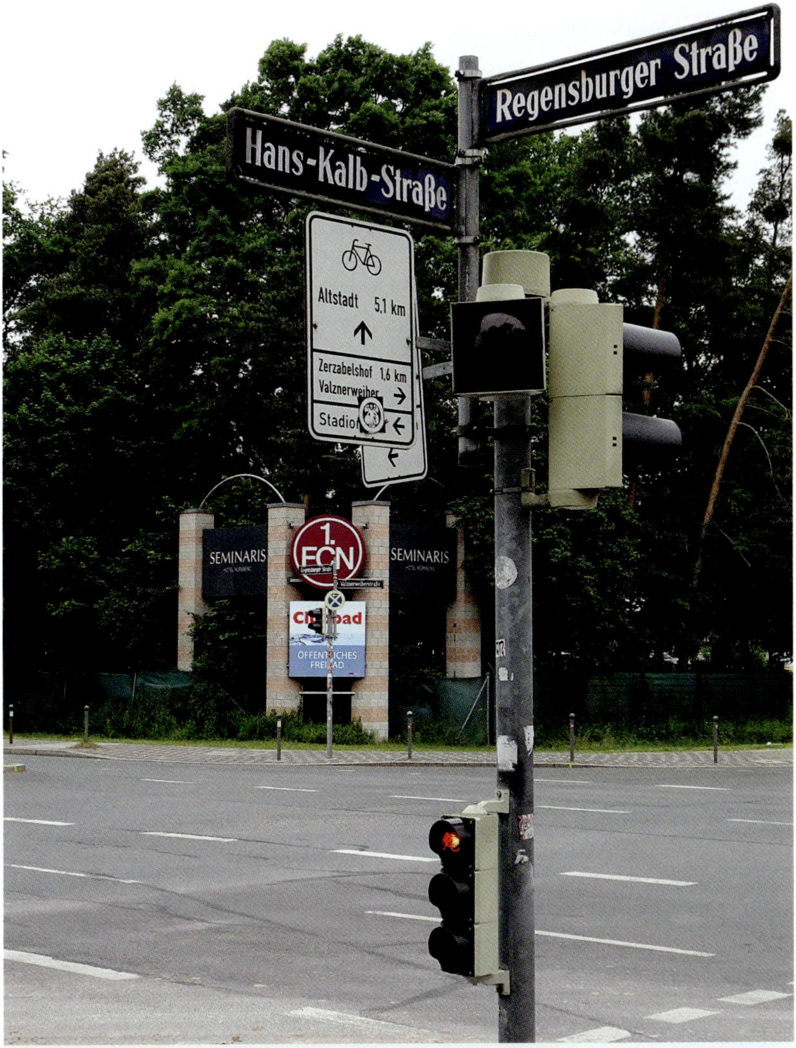

HARTE 5 FAKTEN

Adresse: Hans-Kalb-Straße, 90471 Nürnberg
Benannt nach Hans Kalb: 1975
Lage: Zwischen Clubgelände und Stadion
S-Bahn-Linien: S2 und S3
Begebenheit: Straßenname zu Ehren von Meisterspieler Kalb

Nürnberg 064

Heiner-Stuhlfauth-Straße

Stuhlfauth, der größte Torwart aller Zeiten

„Denkmal für Heiner" titelten die „Nürnberger Nachrichten", kurz „NN", am 17. Juni 1967, einen Tag nachdem der westliche Teil der damaligen Sportparkstraße nach dem „größten Fußballtorwart aller Zeiten" benannt worden war.

Liesel Stuhlfauth, die Witwe der am 12. September 1966 verstorbenen Clublegende, war dabei ebenso zugegen wie der damalige FCN-Torhüter und Meisterspieler Roland Wabra.

Der Bericht in den „NN" würdigte überdies noch einmal Stuhlfauths Leistungen: „Fünf Landesmeister-Titel erkämpfte der ‚Heiner' für seinen 1. FC Nürnberg mit. In keinem dieser Endspiele ließ er ein Gegentor zu. Das hat ihm bisher noch kein Vereins- und Nationaltorwart der Welt nachgemacht."

Selbst nach Beendigung seiner Spielerkarriere 1933 war Stuhlfauths Popularität ungebrochen. „1953 nahm der Heiner", so die „NN", „als Ehrengast an der Amerika-Reise des 1. FCN teil. Die Deutschen in den Staaten feierten ihn wie einst Lindbergh."

Und in Sachen Straßenbenennung hieß es weiter: „Doch wenn es ein Sportler verdient hatte, dann Heiner Stuhlfauth, dessen Großtaten in nahezu allen europäischen Stadien ob als Vereins- oder Nationaltorwart schon in seiner aktiven Zeit Legende waren. Wer von der älteren Generation erinnert sich nicht an den 28. April 1929: die deutsche Nationalelf kam zum ersten und bisher einzigen Sieg auf italienischem Boden (2:1). In riesengroßen Schlagzeilen feierte die Presse Heiner Stuhlfauth und schrieb, er habe die Azzurris allein geschlagen."

Nach dem Tod es ehemaligen Rekordnationalspielers war es dann an der Zeit: „Als das Torhüter-Idol 1966 von der Lebensbühne abtrat, forderten der Kaufmann Neuhäuser und der Sportredakteur Otto Fischer in mehreren Briefen an die Stadt, sie solle nun endlich das Versprechen von 1927 einlösen. Ihrem Bitten und Drängen war jetzt der Erfolg beschieden", wie es die „NN" formulierten. Denn bereits damals war ein entsprechender Ratsbeschluss gefasst worden, Stuhlfauths außerordentliche Verdienste mit einem Straßennamen zu verewigen.

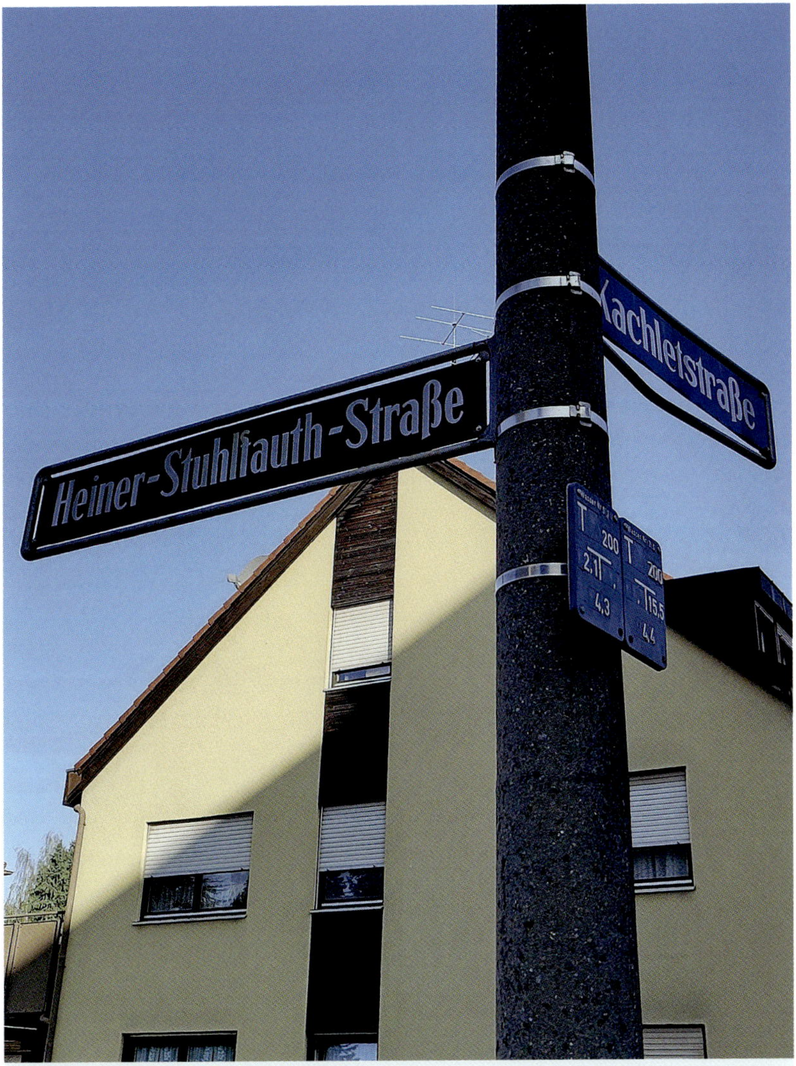

HARTE 5 FAKTEN

Adresse: Heiner-Stuhlfauth-Straße, 90480 Nürnberg
Umbenennung Straße: 1967
Aufnahme in die Hall of Fame des deutschen Sports: 2008
Stuhlfauths Körpergröße: 184 cm
Begebenheit: Straßenname zu Ehren von Meisterspieler Stuhlfauth

Nürnberg 065

Karl-Hertel-Straße

Auch Clubspieler

Mit Heiner Stuhlfauth, Hans Kalb und Max Morlock wurden die bis dato größten Fußballer des FCN mit der Benennung von Straßen beziehungsweise eines Platzes im Nürnberger Stadtgebiet geehrt. Doch es gibt noch einen weiteren ehemaligen Clubspieler, dem diese Ehre zuteilwurde: Karl Hertel.

Zugegeben, es wurden mit der Straßenbenennung eher Hertels Verdienste außerhalb des Fußballs gewürdigt. Schließlich war er politisch sehr aktiv, insbesondere in Sachen Sozialpolitik und Wiederaufbau. Überdies war Karl Hertel Architekt, Regierungsbaumeister und Professor, wirkte zudem als Musiker, Maler und Bildhauer.

Doch Hertel war auch Mittelläufer beim 1. FC Nürnberg, für den er vor dem Ersten Weltkrieg 155 Spiele bestritt. Hans Hofmann lobte ihn einst sogar als „die Seele unseres gesamten Mannschaftsspieles".

Aus beruflichen Gründen musste Karl Hertel aber seine Fußballerlaufbahn beim Club früh beenden, da er eine Stelle beim Hochbauamt in Augsburg annahm.

Später wieder in seine fränkische Heimat zurückgekehrt, ließ sich Hertel im heutigen Nürnberger Stadtteil Altenfurt nieder, wo sich auch die Karl-Hertel-Straße befindet. Er unterstützte den 1. FC Nürnberg im Verwaltungsbereich sowie bei Bauprojekten, war in den 1930er-Jahren zeitweise Leiter der Tennisabteilung, gehörte schließlich dem Ältestenrat an und wurde zum Ehrenmitglied ernannt.

Hier nicht unerwähnt bleiben soll, dass auch außerhalb der Stadtgrenzen Nürnbergs Straßen die Namen von Cluberern tragen. So gibt es beispielsweise in Kirchheim bei München den Max-Morlock-Weg.

Und selbst in Fürth wurde eine Straße nach einem Clubspieler benannt: Die Ritter-von-Aldebert-Straße. Noch schlicht als Karl Aldebert bestritt der Verteidiger zwischen 1906 und 1914 insgesamt 198 Spiele für den FCN. Später wurde er posthum für seine militärischen Verdienste im Ersten Weltkrieg mit dem Max-Josephs-Orden ausgezeichnet und als Ritter von Aldebert geadelt. Diese Ehrung führte dann auch zur Straßenbenennung in Fürth, wo vormals die Familie des gebürtigen Nürnbergers lebte.

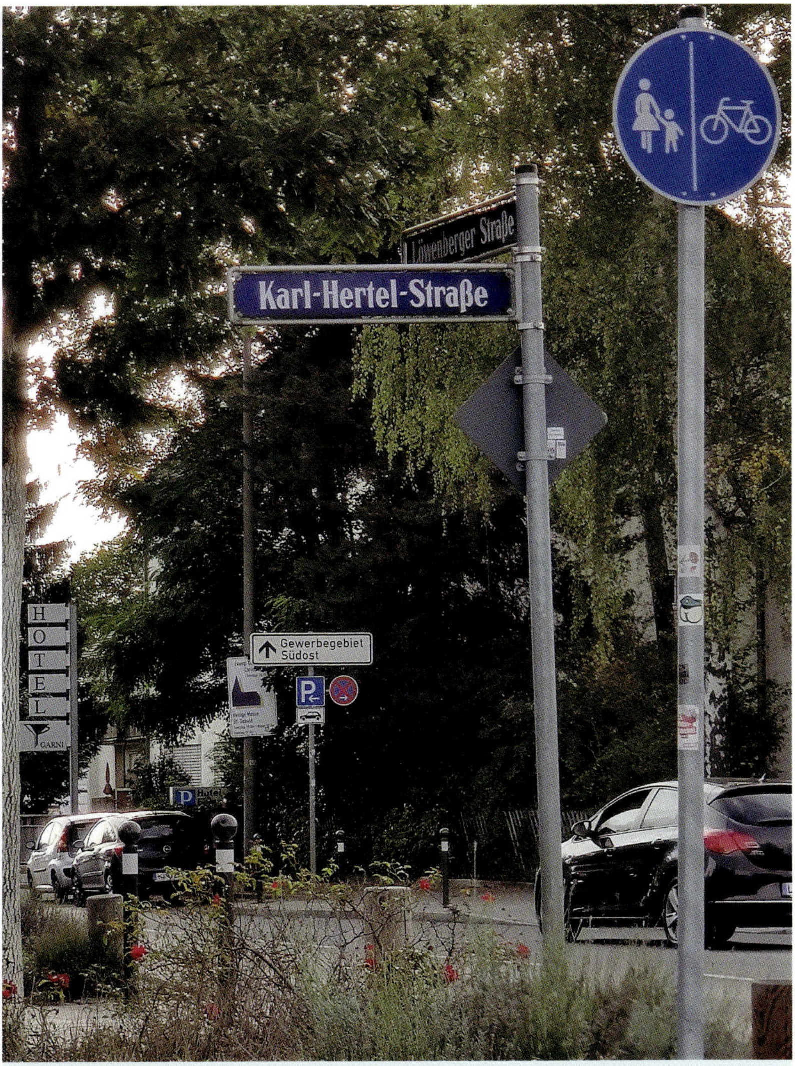

HARTE 5 FAKTEN

Adresse: Karl-Hertel-Straße, 90475 Nürnberg
Nach: Karl Hertel (1883–1958)
Straßenname Fürth: Ritter-von-Aldebert-Straße, 90766 Fürth
Nach: Karl Aldebert (1888–1918)
Begebenheit: Straßenbenennung nach Clubspielern

Nürnberg 066

Kicker-Redaktionsgebäude

Der Club lockte

Dass das größte Fußballmagazin als Hauptsitz die Stadt des größten Fußballvereins wählte, war irgendwie naheliegend. Gut, der Kicker konnte sich erst ab den 1930er-Jahren als Nummer 1 etablieren, während der 1. FC Nürnberg … Aber lassen wir das.

Gegründet wurde der Kicker allerdings 1920 in Konstanz. Gründer, Verleger, Redakteur und Korrespondent in Personalunion war Walther Bensemann, der die druckfrischen Ausgaben sogar höchstpersönlich per Schubkarren zum Bahnhof und zur Post gebracht haben soll.

Nach einer Wanderschaft durch Süddeutschland wurden Bensemann und der Kicker schließlich 1926 in Nürnberg heimisch. Der Fußballpionier kam in die Fußballhochburg. Die benachbarte SpVgg Fürth war gerade Meister geworden, der Club schickte sich an, das Kleeblatt 1927 wieder abzulösen und seinen Vorsprung als Rekordmeister auszubauen.

Doch der Kicker-Chef war nicht der einzige, den der Club nach Nürnberg lockte. In Hamburg sah ein gewisser Erich Muhl am 1. August 1926 „seinen" HSV beim 1:9 gegen den FCN chancenlos. Danach stand Muhls Entschluss fest: „Ich wollte dort wohnen, wo man so Fußball spielt". Es gelang ihm sogar, von der Mannschaft als eine Art „Maskottchen" angenommen zu werden, das auf alle Fahrten mitdurfte.

Bensemann gelang es in Nürnberg, den Kicker zu einem auch international angesehenen Fachblatt auszubauen. Dennoch verließ er schon 1933 Stadt und Magazin. Walther Bensemann, jüdischer Abstammung, war von den regierenden nationalsozialistischen Machthabern nicht erwünscht. Der Kicker-Gründer und Mitbegründer des Deutschen Fußball-Bundes musste in die Schweiz emigrieren, wo er 1934 verstarb.

Kriegsbedingt wurde der Kicker 1944 eingestellt, jedoch bereits 1946 wiederbelebt. Er entwickelte sich nach dem Zweiten Weltkrieg zum „Zentralorgan des deutschen Fußballs" und „Ober-Clubfan" Erich Muhl als omnipräsenter Zeitungsverkäufer endgültig zu einem stadtbekannten Symbol unverwüstlicher Treue zum FCN. Ach ja, den Kicker hatte Muhl selbstverständlich auch im Angebot.

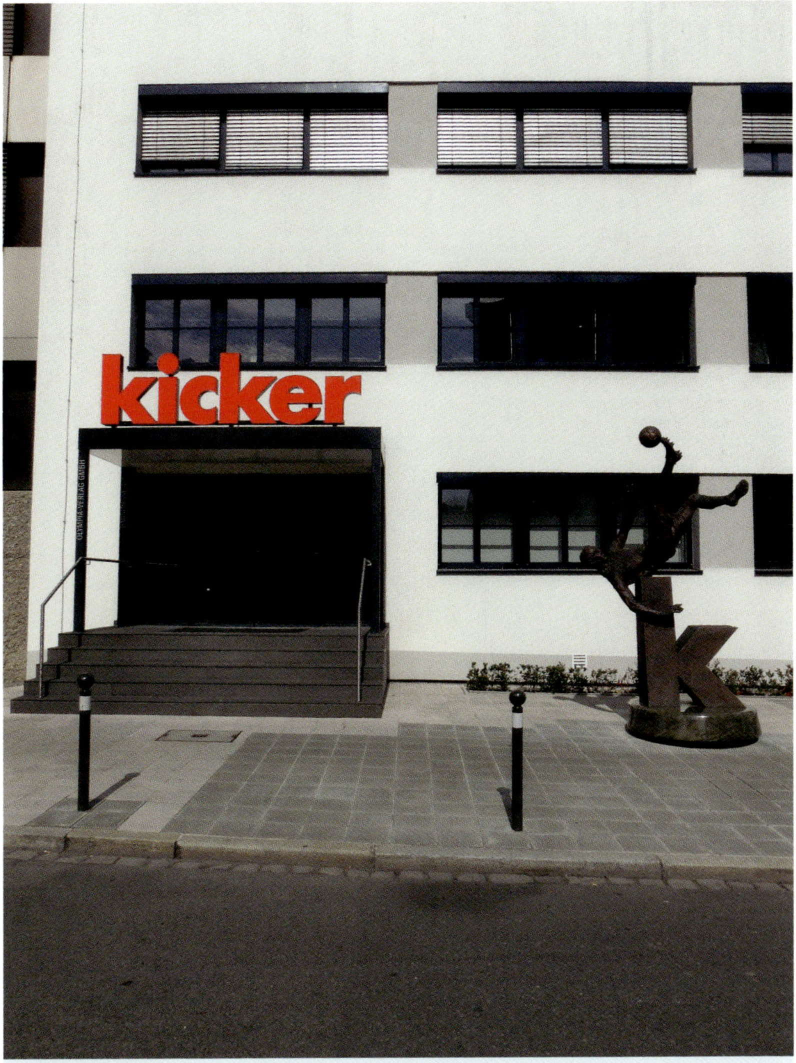

HARTE 5 FAKTEN

Adresse: Badstraße 4–6, 90402 Nürnberg
Kicker-Reichweite heute: Rund 2.000.000 Leser
Gegründet: 1920
Kicker-Umzug nach Nürnberg / Muhl-Entschluss: 1926
Begebenheit: Zuzugsgrund 1. FC Nürnberg

Nürnberg 067

Loreley

Das erste Vereinslokal

Loreley, wie der Schieferfelsen am Rhein und die Sagenfigur, hieß das erste Vereinslokal des 1. FC Nürnberg. Die Wirtschaft lag unweit der Gründungsgaststätte Burenhütte und wurde auserwählt, da der Loreley-Wirt ein Nebenzimmer als Umkleidekabine zur Verfügung stellte.

Dort zog man sich anfangs noch für vereinsinterne Rugbypartien um, da auf der Gründungsveranstaltung lediglich August Lenz, als einziges von 18 Mitgliedern, für die Einführung des „Association Football" genannten Fußballs votiert hatte.

Dennoch ließ man sich im Oktober 1900 auf ein „Associationspiel" gegen die Schuckert'schen Beamten Nürnberg ein. Vom Herausforderer, einer „zwanglosen Vereinigung" von Angestellten des Elektrizitätsunternehmens „Schuckert & Co." erhielt der FCN daraufhin auch sein erstes Regelbuch.

Wenig vorbereitet ging der 1. FC Nürnberg in dieses erste Fußballspiel und konnte gleichwohl die Schuckert'sche Werkself mit 1:0 besiegen. Dieser doch eher unerwartete Sieg sorgte schließlich dafür, dass sich der FCN mehr und mehr dem „Association Football" zuwandte.

Zumal das Rugbyspiel den jungen und anfangs noch nicht derart mitgliederstarken Club vor einige Probleme stellte. So waren beim Rugby pro Mannschaft 15 Spieler nötig. Außerdem hätte man – in Ermangelung von entsprechenden Vereinen in Franken beziehungsweise Bayern – bis nach Heidelberg oder Frankfurt am Main reisen müssen, um gegen andere Teams antreten zu können.

Hingegen waren beim Fußball nur elf Spieler erforderlich und potenzielle Gegner hierfür zeigten sich bald in Bamberg oder München. So kam es, dass die Loreley zur Fußballkabine wurde und auf der nahegelegenen Deutschherrnwiese „Associationspiele" stattfanden.

Entlang der Deutschherrnstraße ging es für den FCN also quasi vom Rugby zum Fußball. Und entlang dieser Straße im Westen der Nürnberger Altstadt liegen dann auch die geschichtsträchtigen Cluborte Deutschherrnwiese, Burenhütte und Loreley – erstgenannter inzwischen überwiegend bebaut, die beiden letztgenannten abgebrochen und überbaut.

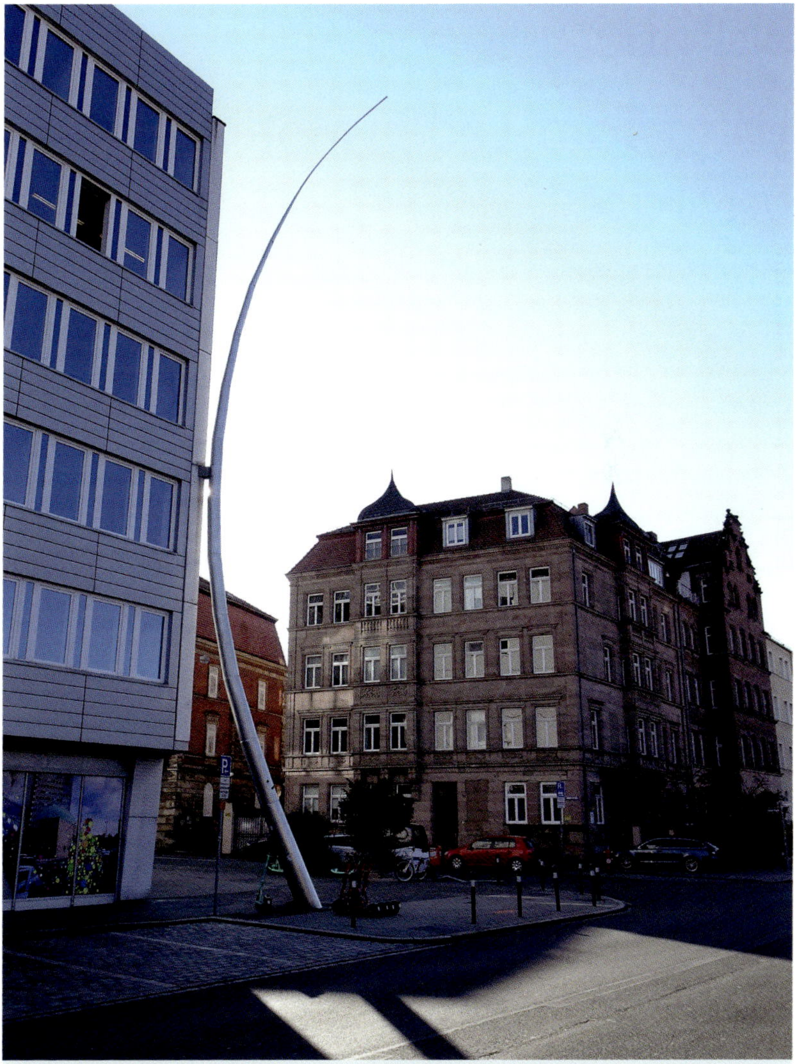

HARTE 5 FAKTEN

Adresse: Solgerstr. 1/Ecke Deutschherrnstr., 90429 Nürnberg
Heute: Familienkasse Bayern Nord
Erstes inoffizielles Fußballspiel des FCN: Oktober 1900
Letztes Rugbyspiel des FCN: Juli 1901
Begebenheit: Erstes Vereinslokal samt Umkleidekabine des FCN

Nürnberg 068

Lotto-Toto-Laden Morlock

Der Allerbeste

Im Nürnberger Stadtteil Gleißhammer aufgewachsen, verbrachte Max Morlock sehr früh sehr viel Zeit mit Fußballspielen. Egal ob bei Eiseskälte auf dem zugefrorenen Zeltnerweiher oder in der Hitze des Sommers auf der Schloßstraße. So wurde der kleine Maxl zunächst der beste Fußballer in seinem Viertel, später bei seinem Jugendverein Eintracht Nürnberg und schließlich beim 1. FC Nürnberg.

Dort reifte Morlock zum allerbesten Fußballer überhaupt, debütierte bereits mit 16 Jahren in der ersten Mannschaft und gewann mit dem FCN 1948 die Meisterschaft. Das weckte Begehrlichkeiten anderer Vereine. Aus Spanien oder Italien.

In Bergamo hätte Max Morlock, der bei der Firma „Noris-Zündlicht" den Mechanikerberuf erlernt hatte, beispielsweise 1950 ein Handgeld von damals unglaublichen 70.000 Mark in bar bekommen, dazu ein sattes Monatsgehalt, das dem eines gutgestellten Ministerialbeamten entsprach. Morlocks Aussage hierzu war später: „Ein Franke lässt sich nicht so leicht verpflanzen!"

Er blieb also seinem Club treu. Und seinem Geschäft, einer Toto-Annahmestelle, die er 1949 hinter dem Nürnberger Hauptbahnhof am Celtistunnel eröffnet hatte. Bald kam ein Kartenvorverkauf hinzu und es folgte 1951 der Umzug in die Wendlerstraße 1, Ecke Pillenreuther Straße, sowie der Einstieg ins Sportartikelgeschäft.

Auch Nationalspieler war Max Morlock inzwischen geworden und stand 1954 mit Deutschland im Endspiel der Weltmeisterschaft. Dabei wurde die Clublegende Wegbereiter des „Wunders von Bern", denn es war Morlock, der den wichtigen 1:2-Anschlusstreffer erzielte, Deutschlands erstes Tor in einem WM-Finale. In dessen Folge gewann die deutsche Auswahl mit 3:2 gegen Ungarn.

Doch auch als WM-Held nahm Max Morlock Tippscheine in seinem Laden entgegen. 1961 wurde er mit seinem FCN noch einmal Deutscher Meister und beendete schließlich 1964 seine Fußballerkariere. In seinem Lotto-Toto-Geschäft stand Morlock, der Allerbeste, aber weiterhin fast täglich bis zu seinem Tod im Jahr 1994.

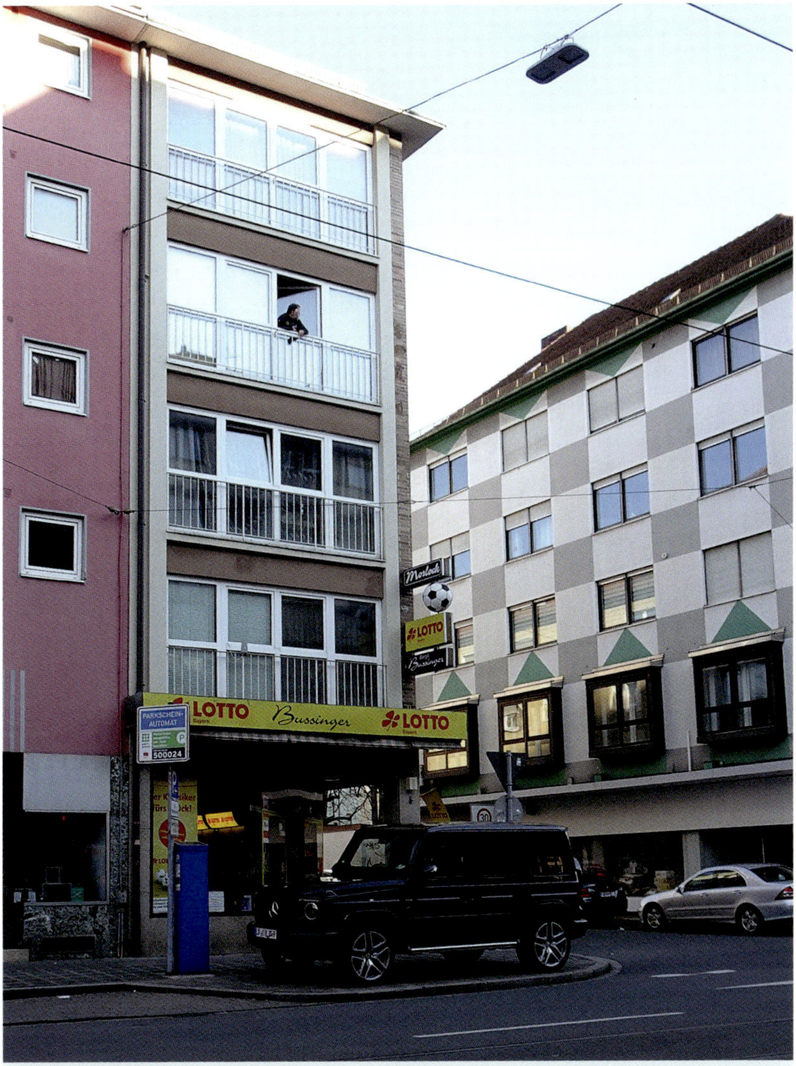

HARTE 5 FAKTEN

Adresse: Wendlerstraße 1, 90459 Nürnberg
Morlocks Spiele / Tore für den Club: 900 / 700
Morlocks erstes / letztes Clubspiel: 1941 / 1964
Morlocks Länderspiele / Tore für Deutschland: 26 / 21
Begebenheit: Lotto-Toto-Laden von Meisterspieler Morlock

Nürnberg 069

Lotto-Toto-Laden Schmitt

Beginn einer Tradition

Die Hoffnung auf einen großen Geldgewinn ist wohl oftmals Begleiter beim Betreten eines Lotto-Toto-Ladens. Erfüllt wird diese aber dann doch eher selten. In Nürnberg hingegen konnte jahrzehntelang allein schon der Besuch eines solchen Geschäfts den eigentlichen Gewinn darstellen. Denn hinter dem Ladentisch stand oftmals ein waschechter Meisterspieler des 1. FC Nürnberg, mit dem man stets ein paar Takte über den ruhmreichen Club wechseln konnte.

Es waren auch nicht zuletzt diese Annahmestellen, die für die familiäre Prägung der Beziehung von Fans und Spielern sowie für die tiefe Verwurzelung des FCN in der Region sorgten.

Zeitweise war es fast schon Gewohnheit, dass Clubspieler einen solchen Laden führten, um ihre Existenz zu sichern. Pionier diesbezüglich war Seppl Schmitt. Gemeinsam mit seinem Bruder Fritz betrieb der FCN-Meisterspieler ab 1932 am Plärrer einen Tabakladen in der Gostenhofer Hauptstraße. Seitdem hieß es: „Solltest zum Rauchen / Du etwas brauchen, / Nimm es dir mit / Beim Seppl Schmitt!"

Nach dem Zweiten Weltkrieg erhielt der ehemalige Nationalspieler dann früh die staatliche Genehmigung zur Durchführung von Fußballwetten. In der ersten Toto-Saison der Bundesrepublik zählte er dann auch gleich zu den großen Gewinnern. Als Trainer führte Seppl Schmitt den 1. FC Nürnberg 1948 zum Meistertitel.

Zumindest was den Lotto-Toto-Laden angeht, taten es ihm viele Meisterspieler gleich, wie Albrecht, Brungs, Ferschl, Flachenecker, Herbolsheimer, Hilpert, Leupold, Heinz Müller, Morlock, Reisch, Hans Uebelein oder Julius Uebelein. Auch Nandl Wenauer betrieb einen. Ihm selbst glückte sogar einst so etwas wie ein Sechser im Lotto. Oder besser noch als das: Am 24. Juni 1961 wurde er an ein und demselben Tag Vater eines Sohnes und Deutscher Meister mit dem FCN.

Inzwischen aber haben sich die ladenbetreibenden Clublegenden in Nürnberg zur Ruhe gesetzt oder sind verstorben. Auch den Lotto-Toto-Laden von Seppl Schmitt am Plärrer gibt es seit den 1970er-Jahren nicht mehr.

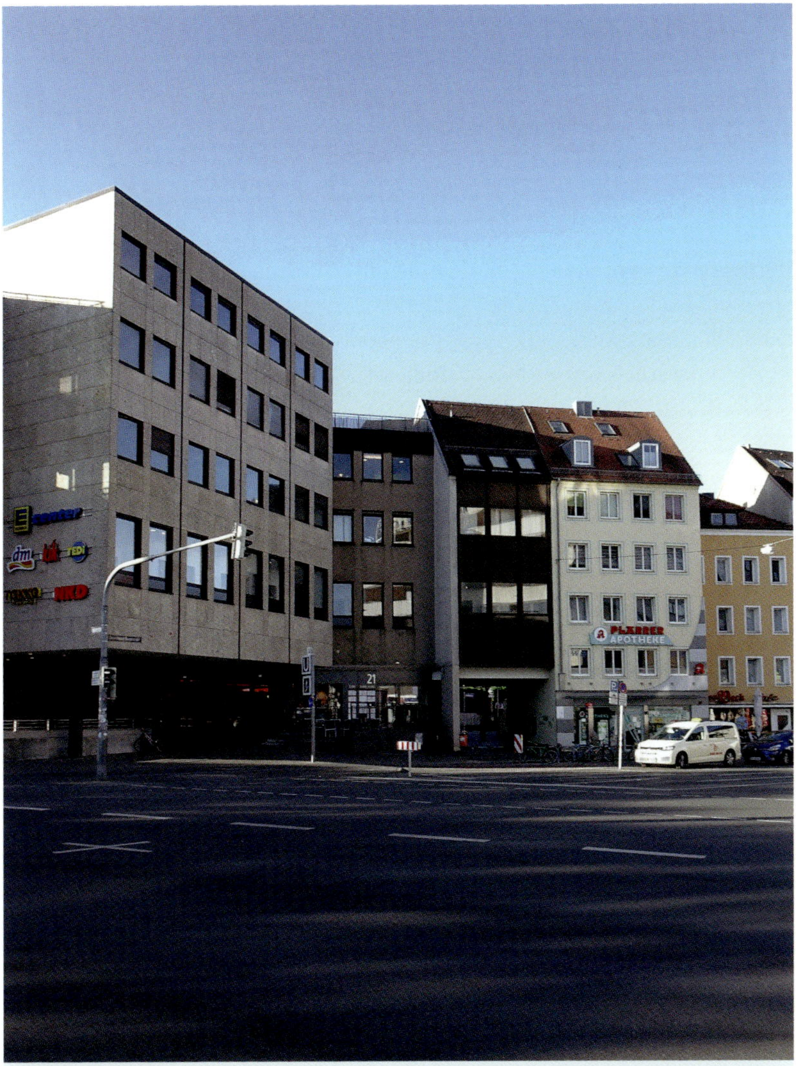

HARTE 5 FAKTEN

Adresse: Gostenhofer Hauptstraße 15, 90443 Nürnberg
Schmitts Lebensdaten: 21. 3. 1908 – 16. 4. 1980
Schmitts Erfolge als Spieler: Meister 1927 und 1936; Pokalsieger 1935
Schmitts Spiele für den Club: 605
Begebenheit: Lotto-Toto-Laden von Meisterspieler Schmitt

Nürnberg 070

Max-Morlock-Platz

Platz vor dem Stadion und in den Herzen

Der Platz vor dem Stadion, in dem der 1. FC Nürnberg so gerne Bundesliga spielt, ist nach demjenigen benannt, der 1963 das erste Tor in dieser Liga für den Club schoss: Max Morlock.

Doch natürlich war es nicht nur dieser Führungstreffer beim 1:1 in Berlin gegen Hertha BSC, der Morlock quasi zu einem Nürnberger Stadtheiligen machte.

Mit dem Club wurde er 1948 sowie 1961 Deutscher Meister, bestritt insgesamt 900 Spiele für den 1. FC Nürnberg, dessen Trikot er ein Vierteljahrhundert trug. Wie kein Zweiter prägte Max Morlock in dieser Zeit die fußballerischen Geschicke des Vereins in der Gau-, Ober- und Bundesliga. Zudem ist er auch der einzige Fußballer überhaupt, der in jeder dieser drei höchsten Spielklassen aktiv war.

Für all dies hat er reichlich Auszeichnungen erhalten, wurde beispielsweise 1961 zu Deutschlands Fußballer des Jahres gewählt. Bereits 1995, nicht mal ein Jahr nach seinem Tod, wurde dann der Platz vor dem Stadion nach Morlock benannt. Auch steht seit 2008 ein fanfinanziertes Denkmal in Lebensgröße im Norden des Achtecks.

Diese Ehrungen drücken die Bedeutung des Nürnberger Weltklassefußballers für den Club, die Stadt, die Region und für den Fußball aus. Sie sind aber auch eine Würdigung der Persönlichkeit Max Morlocks und dessen, dass er stets ein Inbegriff in Sachen Bescheidenheit und Bodenständigkeit war. Und selbst bei jüngeren Menschen, die ihn gar nicht mehr erleben durften, ist seine Beliebtheit ungebrochen.

So wird Morlock nicht nur das schöne Denkmal hinter der Nordkurve gerecht, der Platzname oder die 2017 erfolgte Umbenennung des einst vom deutschen Architekten Otto Ernst Schweizer entworfenen Stadions, sondern allen voran auch der Satz eines phonetisch gleich klingenden Philosophen namens Schweitzer.

Der Friedensnobelpreisträger Albert Schweitzer, auch Arzt und Theologe, sagte nämlich einmal: „Das schönste Denkmal, das ein Mensch bekommen kann, steht in den Herzen seiner Mitmenschen."

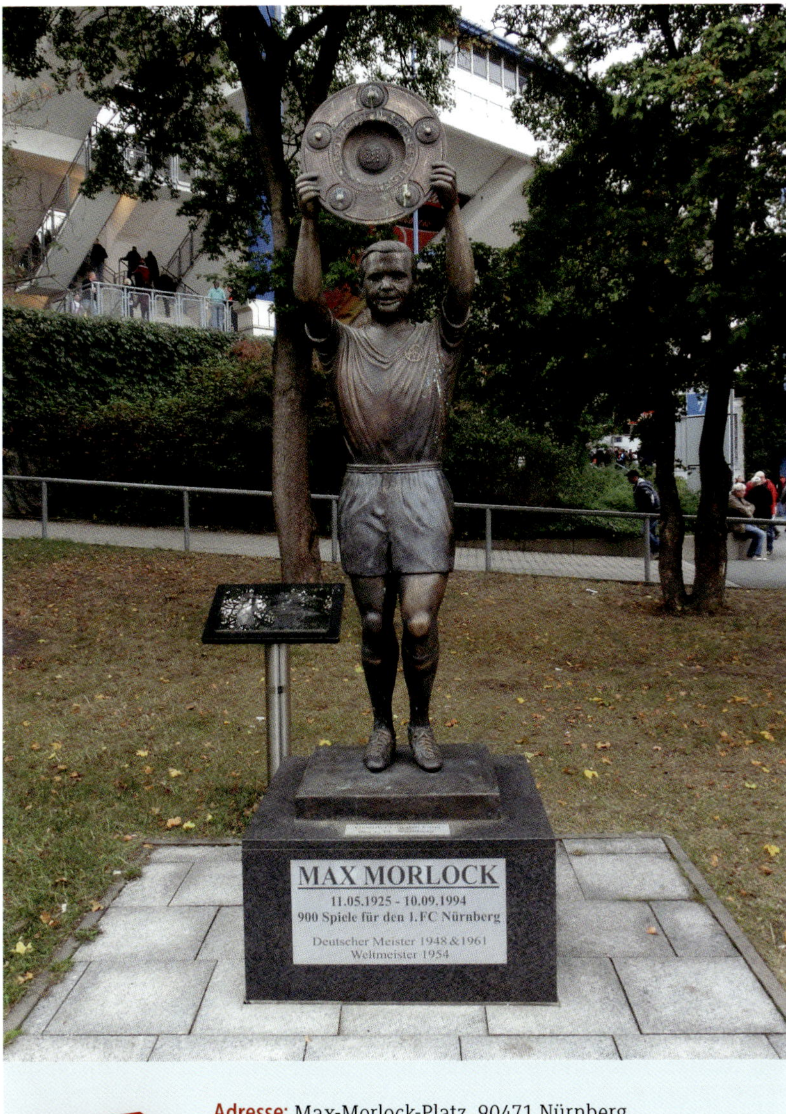

HARTE 5 FAKTEN

Adresse: Max-Morlock-Platz, 90471 Nürnberg
Morlocks Lebensdaten: 11. 5. 1925 – 10. 9. 1994
Umbenennung Platz: 1995
Errichtung Denkmal: 2008
Begebenheit: Platzname zu Ehren von Meisterspieler Morlock

Max-Morlock-Stadion

Überragende fußballkulturelle Bedeutung

Was hat dieses Stadion seit seiner Einweihung 1928 nicht schon alles erlebt. Unvergessliche Spiele und Spiele zum Vergessen. Spätestens seitdem der Club 1963 dauerhaft ins Achteck umzog, das nach einigen Wirrungen seit 2017 den würdevollen Namen Max-Morlock-Stadion trägt.

Wen das Stadion schon alles erlebt hat, darüber hat Hans Böller 2019 in den „Nürnberger Nachrichten" philosophiert. Denn „viele der besten Fußballer ihrer Zeit haben schon im Nürnberger Stadion gespielt, selbst O Rei, der König – mit dem FC Santos erstritt Edson Arantes do Nascimento, kurz Pelé, im Juni 1959 ein 3:3 beim 1. FC Nürnberg." 1968 kam „Johan Cruyff, mit Ajax, das Erstrundenspiel im europäischen Meisterpokal endete dank Cruyffs Ausgleichstor 1:1."

Auch Cristiano Ronaldo, Kaka und Ronaldinho, die sich bei Länderspielen zeigen durften, führte Böller an. Ebenso Stars aus vergangenen Bundesligazeiten, wie Franz Beckenbauer und Gerd Müller, die kamen, wenn der Club „gerade einmal erstklassig kickte".

Das war beispielsweise nach dem ersten Nürberger Abstieg 1969 in den 1970er-Jahren kaum der Fall, wobei gerade aus dieser zweitklassigen Zeit der erstklassige Zuschauerrekord von 75.000 stammt. Erreicht wurde dieser 1971 gegen Fortuna Düsseldorf allerdings nur, weil das Publikum auch auf der Laufbahn Platz nahm.

Anlass für Böllers Artikel war 2019 übrigens das 1:1 des FCN im Freundschaftsspiel gegen die Milliardentruppe PSG, in dem er Folgendes treffend feststellte: „Insofern war jetzt der Besuch von Paris Saint-Germain kein Großereignis für Franken, Nürnbergs fußballkulturelle Bedeutung übertrifft die des vom Emir von Katar alimentierten Klubs weit."

Doch über den großen Star der Pariser Scheichtruppe schrieb er: Mbappé „verzauberte das Stadion wie einst O Rei. Über den stand damals in dieser Zeitung, er könne ein Jahrhundertspieler werden. Zwei Prognosen, etwa 2079 zu überprüfen: Kylian Mbappé wird der Pelé der 2020er-Jahre. Die Größten, die je in diesem Stadion spielten, heißen dann trotzdem noch Max Morlock und Marek Mintal."

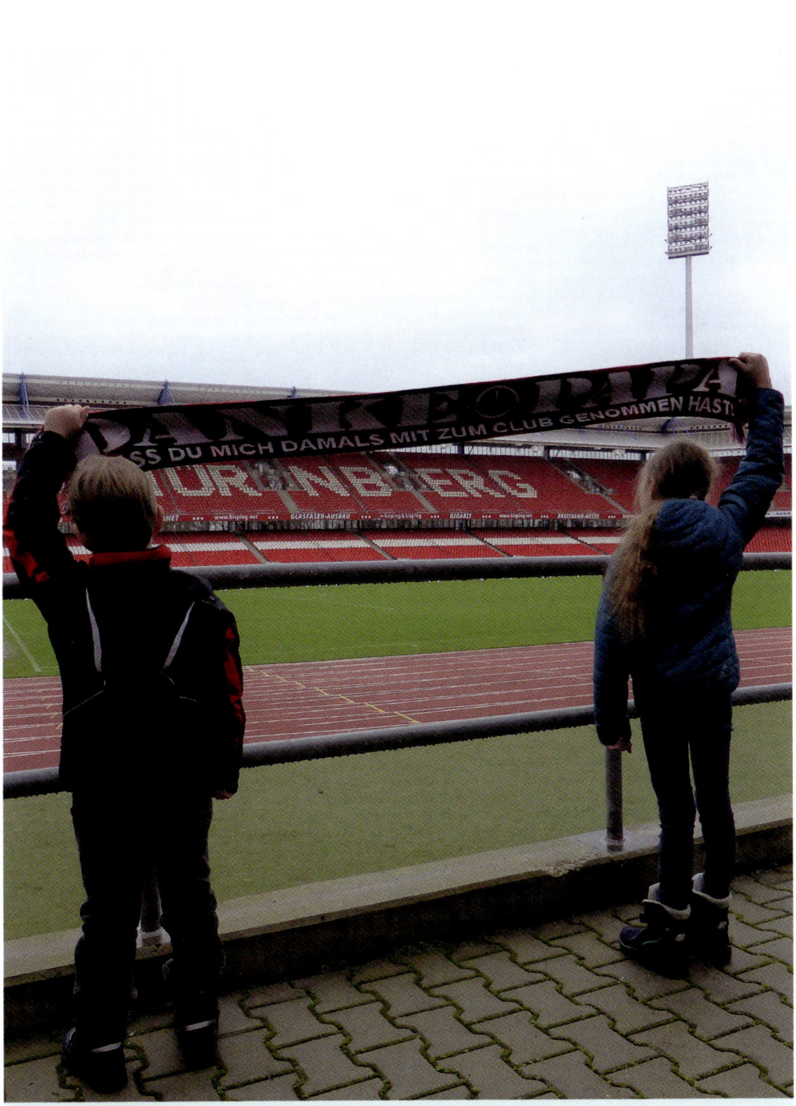

HARTE 5 FAKTEN

Adresse: Max-Morlock-Platz 1, 90471 Nürnberg
Erbaut: 1928
Zuschauerkapazität: 50.000
Bundesliga seit: 1963 (mit Unterbrechungen)
Begebenheit: Unzählige denkwürdige Momente

Nürnberg 072

Praxis Dr. Haggenmiller

Vom Schulschwänzer zum Mannschaftsarzt

Am 5. Mai 1906 brach der 1. FC Nürnberg zu seinem ersten Auslandspiel auf. Dieses sollte am Tag darauf in Prag stattfinden, wo Slavia wartete. Natürlich wollte sich das kein Spieler entgehen lassen. Auch der Gymnasiast Theo Haggenmiller nicht.

Problem nur war, dass die Abfahrtszeit des Zuges in seine Unterrichtszeit fiel. Also schwänzte der am 12. November 1886 geborene Pennäler kurzerhand die letzte Schulstunde.

Bei Slavia Prag ging der FCN dann böse mit 2:12 unter. Einziger Nürnberger Lichtblick war ein Rechtsaußen namens Haggenmiller, wie es in der Presse hieß, und wie es ausgerechnet der Rektor seines Gymnasiums las.

Weiter schilderte Clubchronist Hans Hofmann die Ereignisse wie folgt: „Am nächsten Tag Zitierung vor den Gewaltigen. Der Delinquent sah sofort ein, dass ihn nur ein freimütiges Bekenntnis zu retten vermochte, gestand alles, aber auch, dass er sich in Gesellschaft gleichgesinnter, honetter Leute befunden habe, die mit ihm die hunderttürmige Stadt an der Moldau mit ihren Brücken und historischen Denkmälern bewundert hätten, und er ließ nicht ab, die empfangenen Eindrücke in langer Rede zu schildern. Da fasste den alten Herrn ein menschliches Rühren, und trotz des Einspruches der hohen Geistlichkeit wegen der versäumten Messe entließ er den bußfertigen Sünder in Gnaden mit der besonderen Erlaubnis, an allen Fahrten des Clubs teilnehmen zu dürfen, sofern er seinem Klassenlehrer Mitteilung mache. Das war die erste und einzige Spielerlaubnis eines Gymnasiasten in Bayern."

Vielleicht mag sich manch Lehrer damals gefragt haben, ob aus diesem Haggenmiller mal was wird? Und ob! Denn nach seinem erfolgreich abgeschlossenen Medizinstudium eröffnete er am Nürnberger Hauptmarkt 6, wo er auch wohnte, eine Praxis im 2. Stock.

Dr. Theo Haggenmiller wurde ein anerkannter Herzspezialist und blieb überdies seinem Herzensclub, für den er 155-mal spielte, verbunden. Er fungierte viele Jahre als Mannschaftarzt und bot jeden Donnerstag von 17 bis 18 Uhr eine unentgeltliche Sprechstunde zur sportärztlichen Beratung für alle Mitglieder des FCN an.

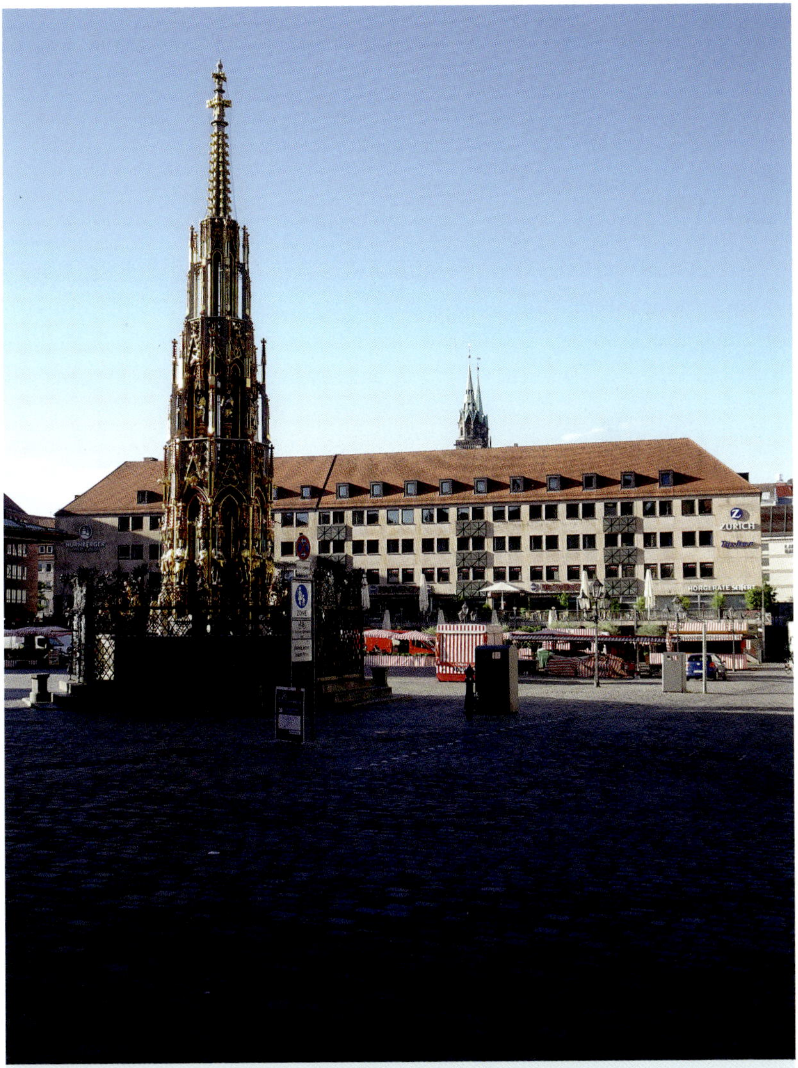

HARTE 5 FAKTEN

Adresse: Hauptmarkt 6, 90403 Nürnberg
Haggenmillers Zeit als Clubspieler: 1903–1914
Haggenmillers Spiele für den Club: 155
Haggenmillers Studienort: Erlangen
Begebenheit: Spieler und Mannschaftsarzt Haggenmiller

Nürnberg

073

Roter Hahn

Meisterfeier

Als am 13. Juni 1920 das Meisterschaftsendspiel in Frankfurt am Main abgepfiffen wurde, war der Jubel der Cluberer grenzenlos. 2:0 hatte man soeben die SpVgg Fürth besiegt und war erstmals Deutscher Meister geworden. Die siegreiche Elf des 1. FC Nürnberg wurde gar von begeisterten Anhängern vom Platz getragen.

Später fuhren die strahlenden Clubhelden und die stattliche Anhängerschar auch gemeinsam im Zug zurück nach Nürnberg, wo eine noch viel stattlichere Menschenmenge auf die Sieger wartete. Über 30.000 Menschen sollen es gewesen sein. Weiter ging es für den Clubtross im Triumphzug durch die Königstraße. Immer voran die Viktoria, die damalige Trophäe für den Meister.

In der Königstraße, wo heute nahe der Mauthalle ein großes Warenhaus steht, reihten sich damals die Hotels Monopol, Weißer Hahn und Roter Hahn aneinander. Wie Goethe dies 1786 getan haben soll, suchte auch der FCN den Roten Hahn auf. 1893/94 im Nürnberger Stil – einer regionalen Ausprägung des Historismus – neu erbaut, bot das Haus offenbar den perfekten Rahmen für eine rauschende Meisterfeier. Zumindest zechte die Clubabordnung bis tief in die Nacht, wie überliefert ist.

Ja, feiern konnte man seit jeher beim FCN. Inzwischen liegt jedoch der bis dato letzte Meisterschaftsgewinn schon etwas zurück: 1968 machte der Club mit einem 2:0 bei Bayern München am vorletzten Bundesligaspieltag den neunten Meistertitel perfekt, was natürlich gebührend gefeiert wurde. Doch auch nach dem letzten Spieltag, als am 15. Mai 1968 Borussia Dortmund zuhause mit 2:1 besiegt wurde, stand eine Feier an. Und da es dazumal kein offizielles Bankett des FCN gab, entschwand die halbe Meistermannschaft hierfür nach Reuth bei Forchheim ins Gasthaus Heilmann.

Eingefädelt hatte diese geheime Meisterfeier 1968 Georg Schork aus Reuth, der Brungs, Ferschl, Wenauer und Co. samt Ehefrauen zu Schinken in Brotteig und Spargel nach Oberfranken lotste. Nicht nur, aber gerade zu Karl-Heinz Ferschl hatte Schork schließlich sehr guten Kontakt, seit dieser Ende der 1950er-Jahre mit Schorks Schwager als Bauschlosser gearbeitet hatte.

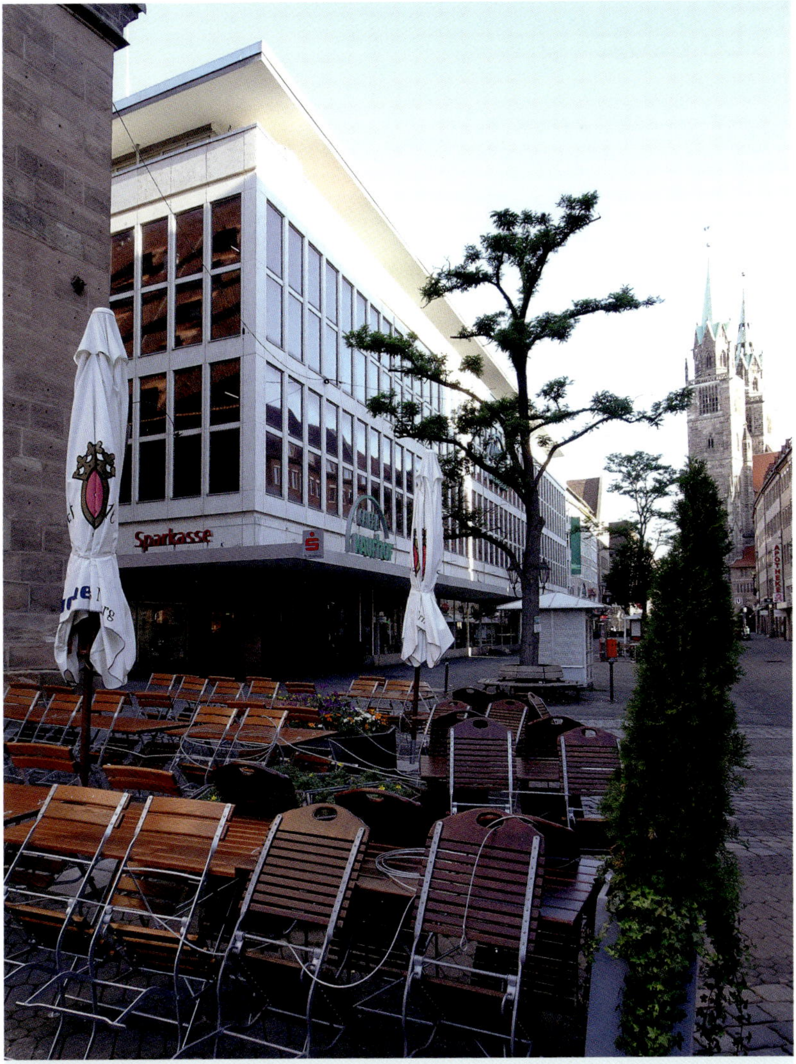

HARTE 5 FAKTEN

Adresse: Königstraße (damals 44–46), 90402 Nürnberg
Neu erbaut: 1893/94
Architekt: Georg Richter
Zerstört: 1945
Begebenheit: Erste Meisterfeier des FCN 1920

Nürnberg 074

Rot-Schwarzes Quartier

Mit einem Bier durchs Museum

Dass Fußballklubs ihre Historie in eigens dafür konzipierten Museen präsentieren, hat sich inzwischen durchaus etabliert. Doch dass Fans für Fans ihres Vereins ein Museum aus der Taufe heben, ist schon etwas Besonderes. Besonders, wenn es bereits ein vereinseigenes Museum gibt.

Besonders ist der 1. FC Nürnberg. Und die wahrhaft große Geschichte der rot-schwarzen Cluberer verträgt sicher zwei Museen. So ist diese nicht nur im Clubmuseum des FCN zu bestaunen, sondern auch im Rot-Schwarzen Quartier, kurz RSQ.

Zu Beginn des Jahres 2020 als Videopodcast „Rot-Schwarzes Quartett" an den Start gegangen, dann während des Corona-Lockdowns als „Rot-Schwarzes Quiz" aktiv, war die Intention der Initiatoren um Christian Mössner aber von Anfang an auch ein Museum von Clubfans für Clubfans.

Noch 2020 wurde ein Verein zur Realisierung dieses Kulturpunkts gegründet, Räumlichkeiten angemietet und die Ausstellung vorbereitet. Der Verein RSQ steht übrigens allen Clubfans offen und will seinen Beitrag zur Fußballkultur leisten.

Allerdings gilt, so das Rot-Schwarze Quartier: „Kultur ja, aber mit Grätsche und Stallgeruch." Dabei sieht sich das RSQ explizit nicht als Konkurrenz zum offiziellen Clubmuseum, sondern als Ergänzung und setzt auf Zusammenarbeit.

Das Rot-Schwarze Quartier möchte bewusst anders sein, erlebbarer und die Fankultur bestmöglich integrierend. Hier finden nicht nur Führungen statt, sondern auch Stammtische und Veranstaltungen. Deshalb passt auch der Slogan des RSQ genauso hervorragend zu diesem wie rot zu schwarz: „Museum ja, aber mit einem Bier in der Hand."

So ist das Rot-Schwarze Quartier nicht nur mit zahlreichen wertvollen Erinnerungsstücken gefüllt, sondern auch mit Leben. Zusammengestellt und betrieben mit viel Liebe, entstand ein Aushängeschild der Clubkultur, bei dem Aufmachung und Charakter einfach stimmen. Das RSQ forciert nicht nur die FCN-Erinnerungskultur, es erzählt locker und sympathisch von der großen Geschichte des 1. FC Nürnberg in all ihren Facetten.

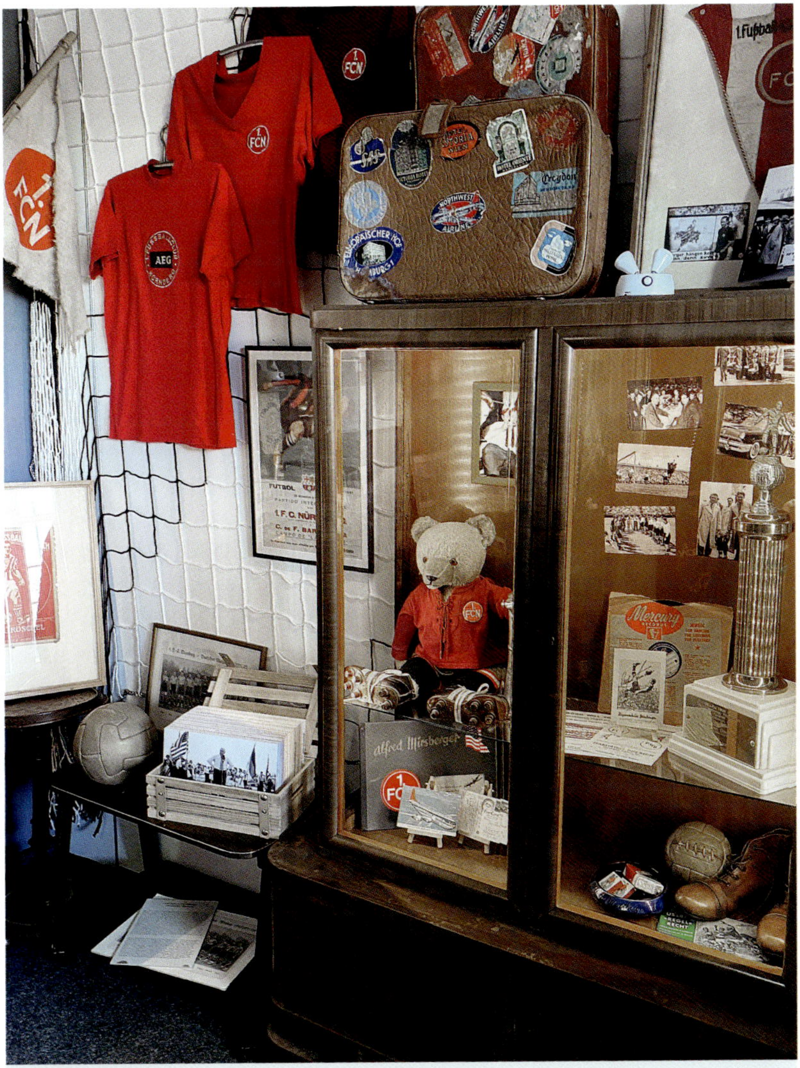

HARTE
5
FAKTEN

Adresse: Vordere Cramergasse 13, 90478 Nürnberg
Gründung: 2020
Fläche: Ca. 100 m²
Geöffnet: Auf Anfrage
Begebenheit: Museum von Clubfans für Clubfans

Nürnberg

075

Schlachthof

Umbruch

Max Merkel machte den Club 1968 zum Deutschen Meister. Als Schleifer berüchtigt, war seine Beziehung zur Mannschaft aber nicht immer die Beste. Und wie allseits bekannt, scheitere Merkels großer Umbruch nach dem Meistertitel kolossal.

Unbekannt ist hingegen, wie es um seine Beziehungen zum Schlachthof bestellt war und was dieser überhaupt damit zu tun hatte. Es ist lediglich übermittelt, dass Robert, genannt Zapf, Gebhardt dorthin sehr gute Kontakte hatte, wodurch die Versorgung der ersten Mannschaft des 1. FC Nürnberg in den Notzeiten nach dem Zweiten Weltkrieg sichergestellt war. Aber das ist eine andere Geschichte.

Die Rolle des Schlachthofs – wo bereits 1899 die Schlachtung von 129.812 Schweinen notiert wurde – bei Max Merkels Umbruchplänen 1968 bleibt im Dunkeln. Er metzgerte durch die eigenen Reihen, opferte zehn Meisterspieler und versorgte den FCN mit etlichen Neuverpflichtungen.

Das Ende ist ja geläufig: Der Abstieg als Titelverteidiger im Sommer 1969 – wobei sich der Club bereits im März vom Österreicher getrennt hatte. Eine Katastrophe, sportlich und finanziell.

Denn in Erwartung lukrativer Einnahmen aus Bundesliga und Europapokal hatte sich der FCN mit dem Bau des 1968 eingeweihten Trainingsgeländes am Valznerweiher hoch verschuldet. So ging der Club mit den modernsten Trainingsanlagen Europas in die Zweitklassigkeit, doch fehlten für sportliche Verstärkungen die Finanzmittel.

Bekanntlich kehrte der FCN daraufhin erst neun Jahre später zurück in Liga 1 und hielt sich seither auch kaum wirklich lange dort. 1989 gab Merkel die Schuld daran der Transferpolitik des Vereins: „Der Club hat Spieler eingekauft, die hätte ich nicht einmal zum Kilopreis am Schlachthof abgeholt."

Damals war dieser noch in Betrieb, ehe 1997 das Aus kam. Es folgte der Umbruch auf dem Schlachthof-Areal. Große Teile der historischen Bausubtanz wurden abgebrochen, um Wohnraum zu schaffen, andere, wie die Direktionsvilla als Kulturladen oder der Kachelbau als Kinderkulturzentrum wurden umgenutzt.

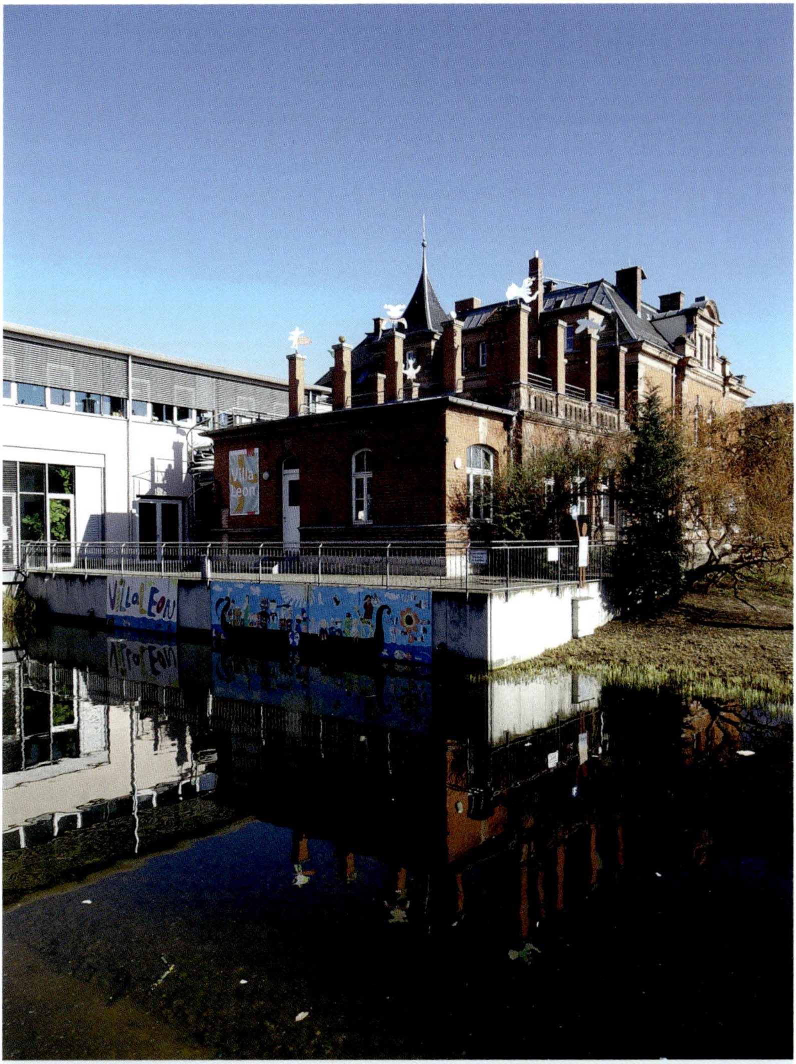

HARTE 5 FAKTEN

Adresse: Schlachthofstraße, 90439 Nürnberg
Errichtung Schlachthof: 1891
Einstellung Schlachthof-Betrieb: 1997
Merkels Zeit beim Club: Januar 1967 – März 1969
Begebenheit: Merkels Blick auf die Transferpolitik

Nürnberg

Schweinau

Wallstatt an der Maiachstraße

So wie die Spuren des FCN-Sportplatzes an der Ziegelgasse inzwischen völlig verwischt sind, so sind sie es auch an der Maiachstraße. Dorthin, nach Schweinau, in die Nähe des heute ebenfalls verschwundenen Steinberger'schen Herrensitzes, war der Club im Jahr 1908 gezogen.

Die „Sport- und Spielefabrik Schrödel" in der Nachbarschaft, schuf der 1. FC Nürnberg an der Maiachstraße für rund 25.000 Mark ein Sportgelände mit Trainingsplatz, Clubhaus samt Kantinenbetrieb für 100 Personen und einen von Laufbahn sowie Zuschauerwällen umgebenen A-Platz. „Eine imposante Tribüne gewährt 300 Personen Gelegenheit, von hier aus das Wettspiel zu verfolgen", stellte die Presse überdies begeistert fest.

Teils mittels Anteilsscheinen finanziert und mit viel Eigenleistung der Mitglieder vollendet, wurde die nach der Deutschherrnwiese und der Ziegelgasse dritte Spielstätte des FCN am 20. September 1908 eingeweiht. Das Eröffnungsspiel bestritt der Club gegen den FC Wacker München, der zur Halbzeit sogar mit 3:2 führte. Doch in der zweiten Hälfte drehten die Nürnberger auf, siegten noch deutlich und machten den Sportplatz Schweinau von Beginn an zu einer Festung.

Die aufstrebenden Cluberer, die zum Auftakt gegen Wacker „mit 11:3 Toren die Wallstatt als Sieger verließen", wie es im Spielbericht hieß, brachten jedoch die 4.000 Zuschauer fassende Schweinauer Spielstätte bald schon wieder an ihre Grenzen.

Spätestens als sich am 10. Dezember 1911 beim 1:1 im Derby gegen die SpVgg Fürth weit über 6.000 Menschen in die „Wallstatt" drängten, war klar, dass der Sportplatz Schweinau dem rasant gestiegenen Zuschauerandrang nicht mehr standhielt.

Da das Gelände sowieso nur für fünf Jahre gepachtet war, entschloss sich die Vereinsführung daraufhin, in Zerzabelshof ein neues Kapitel aufzuschlagen. Und was für eines.

So verließ der Club bereits 1913 wieder die Maiachstraße im Stadtteil Schweinau, die inzwischen Holzwiesenstraße heißt und heute von Handel sowie Gewerbe geprägt ist.

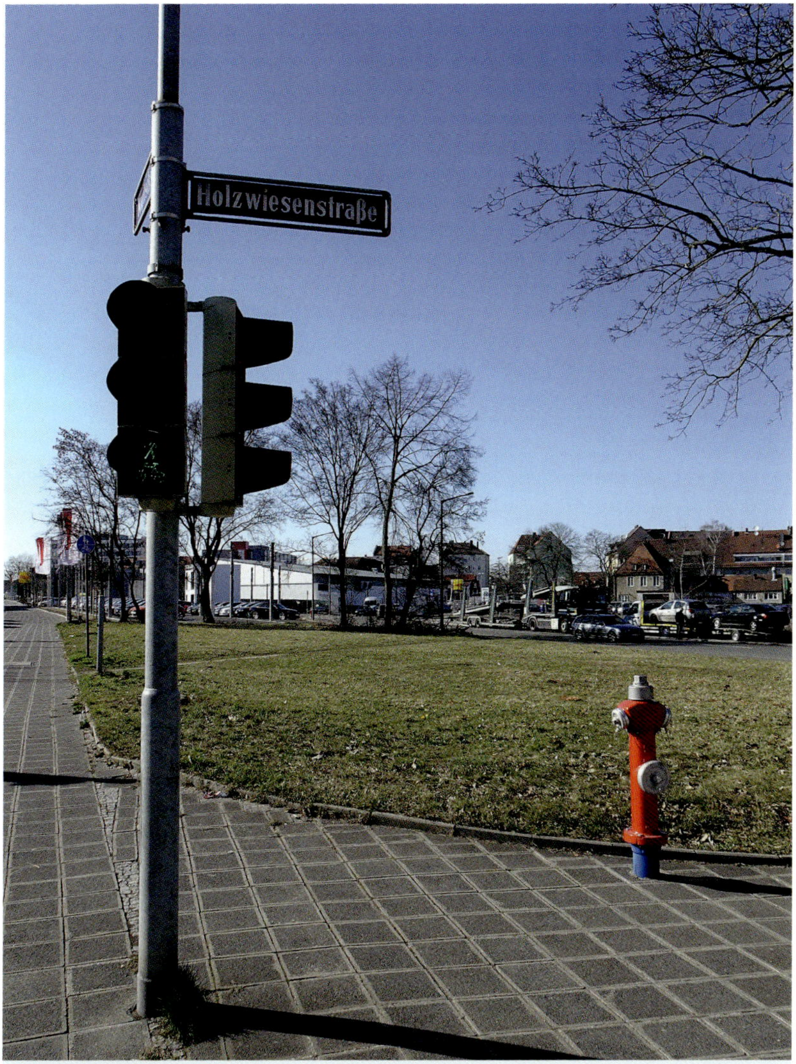

HARTE 5 FAKTEN

Adresse: Holzwiesenstraße, 90441 Nürnberg
Zeitraum des Bestehens: 1908–1913
Zuschauerkapazität: 4.000
Baukosten: 25.000 Mark
Begebenheit: Dritte Heimspielstätte des 1. FC Nürnberg

Nürnberg 077

Sebaldusklause

Stuhlfauth, der Wirt

Die legendäre Sebaldusklause stand einst im Schulgäßchen, im Süden der Sebalduskirche. Das im Zweiten Weltkrieg zerstörte und anschließend leider nicht wieder aufgebaute Anwesen war ein kleines hübsches Fachwerkhaus, vermutlich aus dem 14. Jahrhundert, mit einem laubumringten Vorbau. Im Volksmund nannte man das Gasthaus auch scherzhaft „Gifthüttn“, wegen der Mengen an Alkoholischem, die stets flossen.

Dort konnte man so manche Berühmtheit aus Kunst, Politik und Sport treffen, wie „Kicker“-Gründer Walther Bensemann oder den englischen Topstürmer Dixie Dean. Zudem hatte das Lokal ab 1923 den größten Star sogar als Wirt: Heiner Stuhlfauth.

Denn die später insgesamt fünf gewonnenen Endspiele um die Deutsche Meisterschaft ohne Gegentor ließen den Weltklassetorhüter schon zu Lebzeiten zu einer Legende werden. Auch war der Torwart des 1. FC Nürnberg einst Rekordnationalspieler und zeitweise Kapitän der deutschen Nationalmannschaft.

Die Berühmtheit Stuhlfauths, dessen Wohnung sich ebenfalls in dem Gebäude befand, wird hinsichtlich der Gästezahlen natürlich auch sehr förderlich gewesen sein. Und so saß der Mann, der mit seiner fränkischen Bierruhe verblüffte, oft lange höchstpersönlich im Schankraum.

Eine Anekdote erzählt, dass er selbst bei einem wichtigen Spiel noch eine halbe Stunde vor Anpfiff in seiner „Gifthüttn“ hockte. Dann erst sprang er aufs Motorrad, brauste zum Zabo, betrat in allerletzter Minute die Kabine und sagte zu den sorgenvoll wartenden Kameraden trocken, dass er nun da sei: „Dou bin i“.

Er spielte 1928 sogar im Film „Die Elf Teufel“ mit. Nicht nur das, auch die Tatsache, dass Stuhlfauths Name größer als der aller anderen Mitwirkenden auf dem Filmplakat stand, ist ein deutliches Indiz für seinen Stellenwert. Und so verwundert es dann auch wenig, dass er noch 1956, über 20 Jahre nach seinem Karriereende und nur zwei Jahre nach Deutschlands erstem Weltmeistertitel, in einer „Kicker“-Umfrage zum populärsten deutschen Fußballer gewählt wurde.

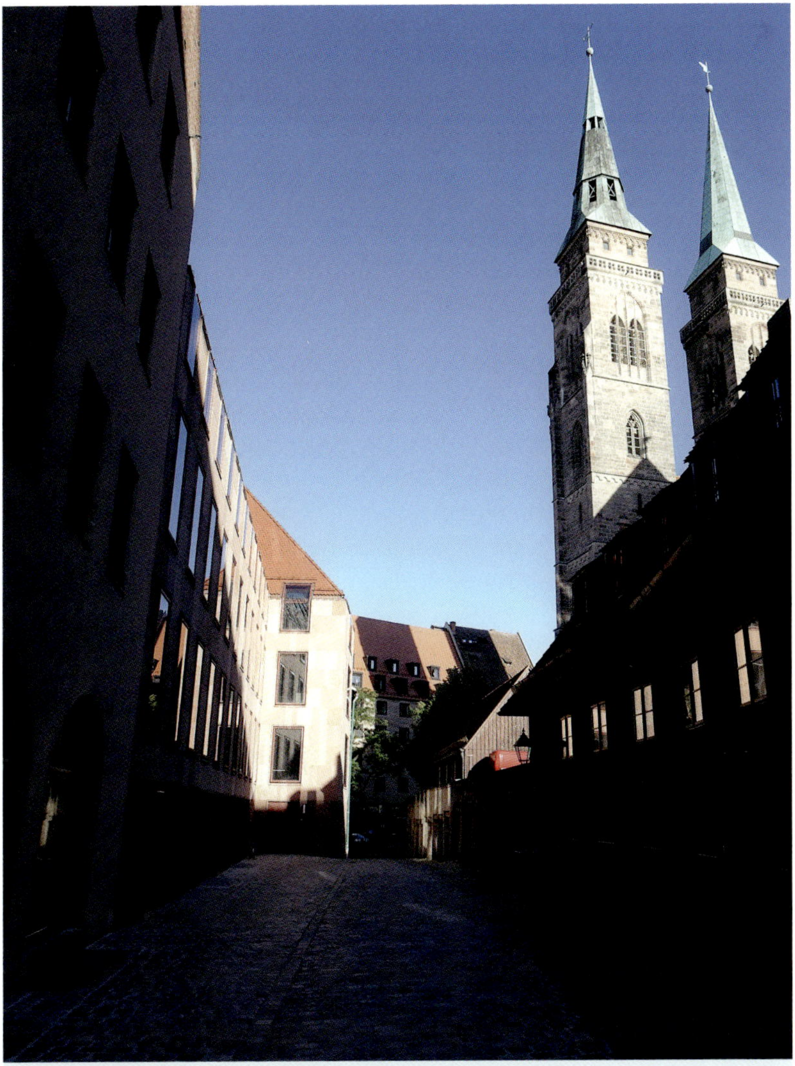

HARTE 5 FAKTEN

Adresse: Schulgäßchen, 90403 Nürnberg

Stuhlfauths Lebensdaten: 11. 1. 1896 – 12. 9. 1966

Stuhlfauth-Motto: „Ein guter Torwart wirft sich nicht."

Stuhlfauth-Zitat: „Dou bin i."

Begebenheit: Wirtschaft und Wohnung von Meisterspieler Stuhlfauth

Nürnberg

078

Staatstheater

Erster sein

„Wir spielen miteinander, wir töten uns nicht. Wir sterben für den Club, aber weil wir für ihn weiterleben. Wer für das Vaterland stirbt, liegt unter der Erde. Wer für den Club stirbt, läuft auf ihr und lässt den Feind laufen, der nur ein Gegner ist, dem man nach dem Spiel die Hand gibt, selbst wenn er aus Fürth kommt. Wir geben uns die Hände, wir sind keine Handlanger des Hasses." Ein Zitat aus Albert Ostermaiers Theaterstück „Linke Läufer (Erster sein)".

Dabei hat Ostermaier, Träger des Kleist-Preises, „die Spur des fast Vergessenen aufgenommen. Der Nürnberger Sozialwissenschaftler Bernd Siegler sicherte sie bei der Recherche über die Club-Historie, die begeisterungsfähige Fangruppe ‚Ultras' holte 2012 im Stadion mit einer Massen-Choreografie zu Konrads Ehren die Erinnerung aus der Aktenlage auf den Rasen zurück", so der Feuilletonist Dieter Stoll.

Es geht also um Konrad, Jenö Konrad, der dem von ihm „so empathisch verehrten Verein" einst folgende Worte widmete: „Der Club war der erste. Und muss der erste werden." Uraufgeführt wurde das Stück 2016 am Staatstheater Nürnberg, in der sogenannten „Blue Box" im Schauspielhaus. Also just auf dem Boden, auf dem vor dem Zweiten Weltkrieg das Hercules-Velodrom stand. Dort feierte sich der Titelverteidiger FCN beispielsweise 1921 wieder als Erster, sprich Deutscher Meister.

Konrad, der angesehene Trainer jüdischen Glaubens, war 1930 aus Wien zum 1. FC Nürnberg gekommen und galt als Hoffnungsträger derartiges zu wiederholen. 1932 führte er den Club ins Halbfinale um die Deutsche Meisterschaft, verließ dann jedoch den Verein zu dessen großem Bedauern wegen einer Hass- und Hetzkampagne der nationalsozialistischen Zeitung „Der Stürmer".

Jenö Konrads charmante Tochter Evelyn sagte Jahrzehnte später, „es gab zwei Gründe, warum wir nach Wien zurück sind: Vati wollte dem 1. FCN nicht schaden und zudem hatten wir es nicht nötig, diese scheußlichen Angriffe zu dulden." Es folgte eine Odyssee quer durch Europa, ehe sich die Familie im US-amerikanischen New York eine neue Existenz aufbaute, fern der Heimat und auch des Fußballs.

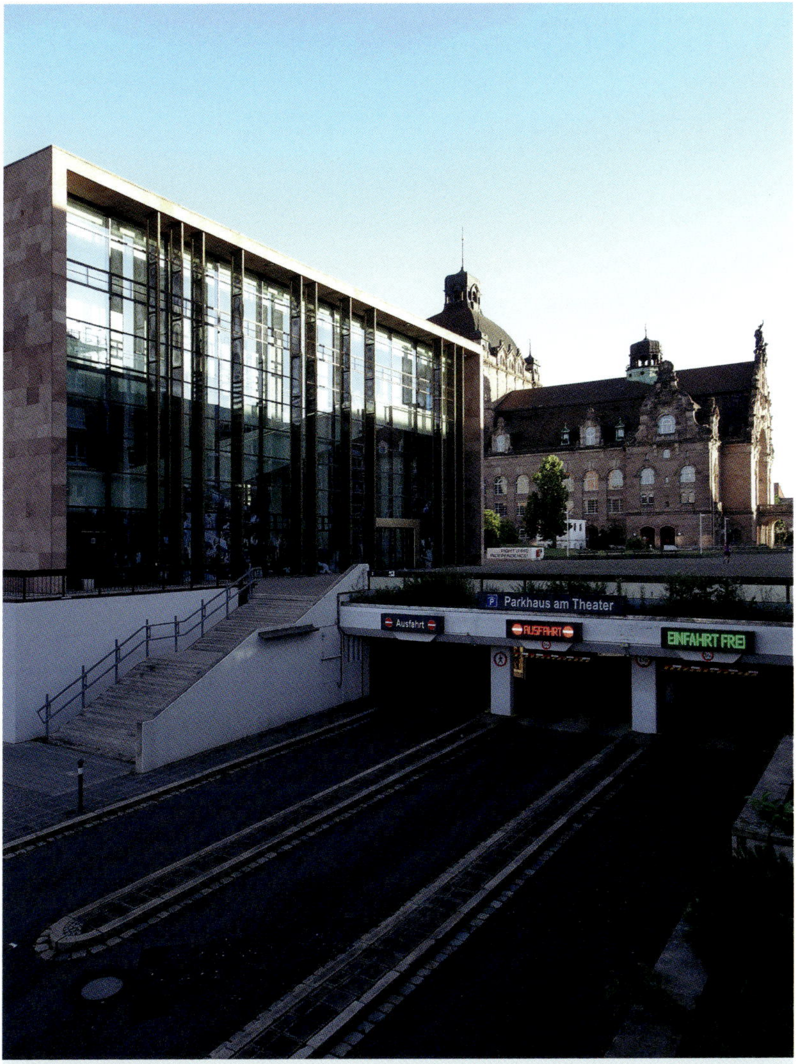

HARTE 5 FAKTEN

Adresse: Richard-Wagner-Platz 2–10, 90443 Nürnberg
Hercules-Velodrom: 1898–1944 (Zerstörung durch Luftangriff)
Eröffnung: 1905 (Opernhaus), 1959 (Schauspielhaus)
Uraufführung „Linke Läufer (Erster sein)": 9.6.2016
Begebenheit: Theaterstück gegen das Vergessen und für Jenö Konrad

Nürnberg 079

Valznerweiher

Steiniger Weg

Vom alten Zabo Richtung Valznerweiherstraße drängte der 1. FC Nürnberg bereits 1951. Damals allerdings direkt an das namensgebende Gewässer, dem nach dem Patrizier Herdegen Valzner benannten Weiher. Denn der Club wollte das Areal rund um den Valznerweiher samt Ausflugswirtschaft erwerben, um dort ein neues Trainingsgelände zu bauen.

Da die Stadt das Gebiet als Erholungsraum erhalten wollte, trat sie jedoch kurzerhand selbst als Käuferin in Erscheinung. Dem FCN stellte man als Ersatz das gegenüberliegende ehemalige Areal der nationalsozialistischen Freizeitorganisation „Kraft durch Freude", kurz „KdF", in Aussicht.

Es war jedoch ein steiniger und langer Weg, ehe der Kaufvertrag 1965 perfekt gemacht werden konnte und dort die Errichtung des damals modernsten Trainingszentrums Europas startete – unter dessen Sportplätzen sich teilweise noch heute die betonierten Keller der „KdF-Bauten" befinden.

Die Einweihung des neuen Trainingsgeländes erfolgte schließlich am 31. Oktober 1968, just zu Beginn der Saison, in der der Club als amtierender Meister abstieg. Während also im alten Zabo etliche Titel gefeiert werden konnten, misslang am Valznerweiher quasi gleich der Trainingsauftakt.

Der für das Training verantwortliche Meistermacher Max Merkel aus Österreich plante im Übrigen 1968 gerade seinen Wohnsitz im oberfränkischen Unterleinleiter bei Ebermannstadt und dort zudem auch ein neues Trainingscamp für den Club.

Die „Nürnberger Nachrichten" berichteten am 14. Mai 1968 über das Vorhaben auf der „Wacht" und informierten über geplante Trainingsplätze für den FCN, eine Tennis- und Minigolfanlage, ein – im Winter als Eislaufbahn nutzbares – überdachtes Schwimmbecken, 35 Ferienhäuser sowie ein Hotel,

Merkel wurde allerdings im März 1969 beim Club entlassen und das Vorhaben im rund 60 Kilometer entfernten Unterleinleiter zerschlug sich. Der neue Zabo am Valznerweiher blieb.

Er erhielt 1988 sogar auch ein Hotel und bekam überdies so manchen Skandal mit. „Wettbetrug", „Schwarze Kasse" und „Rekordschulden" sind nur einige Steine, die in der Vergangenheit dort im Weg lagen.

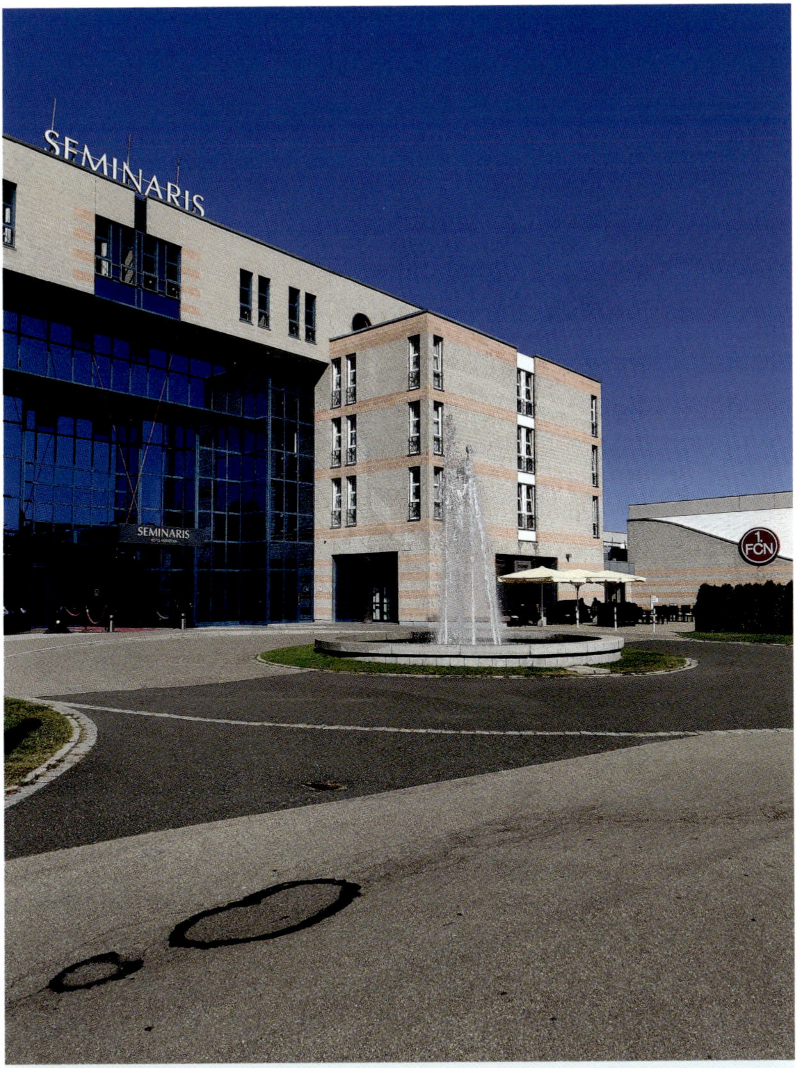

HARTE 5 FAKTEN

Adresse: Valznerweiherstraße 200, 90480 Nürnberg
Einweihung: 1968
Größe: Rund 185.000 m²
Alternativ geplante Trainingszentren: Direkt am Valznerweiher; Unterleinleiter
Begebenheit: Trainingsgelände des 1. FC Nürnberg

Nürnberg

Zabo

Großtat

Im Jahr 1913 zog der 1. FC Nürnberg vom Stadtteil Schweinau vor die Tore der Stadt nach Zerzabelshof und sollte ebenda zahlreiche sportliche Großtaten vollbringen.

Zunächst hatte der Club dort ein 13 Tagwerk großes Grundstück nahe dem Löffelholz'schen Herrensitz erworben und errichtete eine erstklassige Sportanlage – nicht nur für die Fußballabteilung. Zudem sparte sich der FCN durch den schlicht Zabo genannten Sportpark Zerzabelshof in den Anfangsjahren auch die Lustbarkeitssteuer. Denn anders als Nürnberg erhob der erst 1923 eingemeindete Ort eine solche nicht.

Eine Lustbarkeits- oder Vergnügungssteuer bei Clubspielen zu verlangen, kam in neuerer Zeit vermutlich eher selten jemanden in den Sinn. Und folgende Formulierung, die der FCN bei der Beantragung eines städtischen Zuschusses für sein 1925 fertiggestelltes Schwimmbad am Zabo wählte, klänge wohl heute in den Ohren mancher vermessen, muss für den Club jedoch stets Ansporn sein: „Es handelt sich beim 1. FC Nürnberg um einen eingetragenen Verein und zwar um den bedeutendsten in ganz Deutschland."

Gerechtfertigt war dies mit den großen Erfolgen der ersten Mannschaft, denen es auch zu verdanken war, dass der Zabo stetig erweitert werden konnte. Im Zweiten Weltkrieg schwer getroffen, fasste er nach dem Wiederaufbau 35.000 Zuschauer.

Doch mit Einführung der Bundesliga 1963 entschloss sich der FCN dann, dauerhaft ins größere Städtische Stadion zu wechseln und das gesamte Zabo-Areal zu verkaufen.

Mit dem Abriss der Haupttribüne am 1. September 1966 sank schließlich laut „Nürnberger Nachrichten" „das Wahrzeichen der Sporthochburg Nürnberg krachend in sich zusammen". Es ging unwiderruflich ein Sportpark verloren, der seines Gleichen suchte und allenfalls in kommunalen Sportanlagen fand. „Dass allerdings ein einzelner Sportverein einen vorbildlichen Sportpark schuf, ist die Ausnahme", wie der Stadionhistoriker Werner Skrentny schrieb. Und weiter, „so liegt es nahe, den leider verschwundenen ‚Zabo' des 1. FC Nürnberg als Großtat zu rühmen."

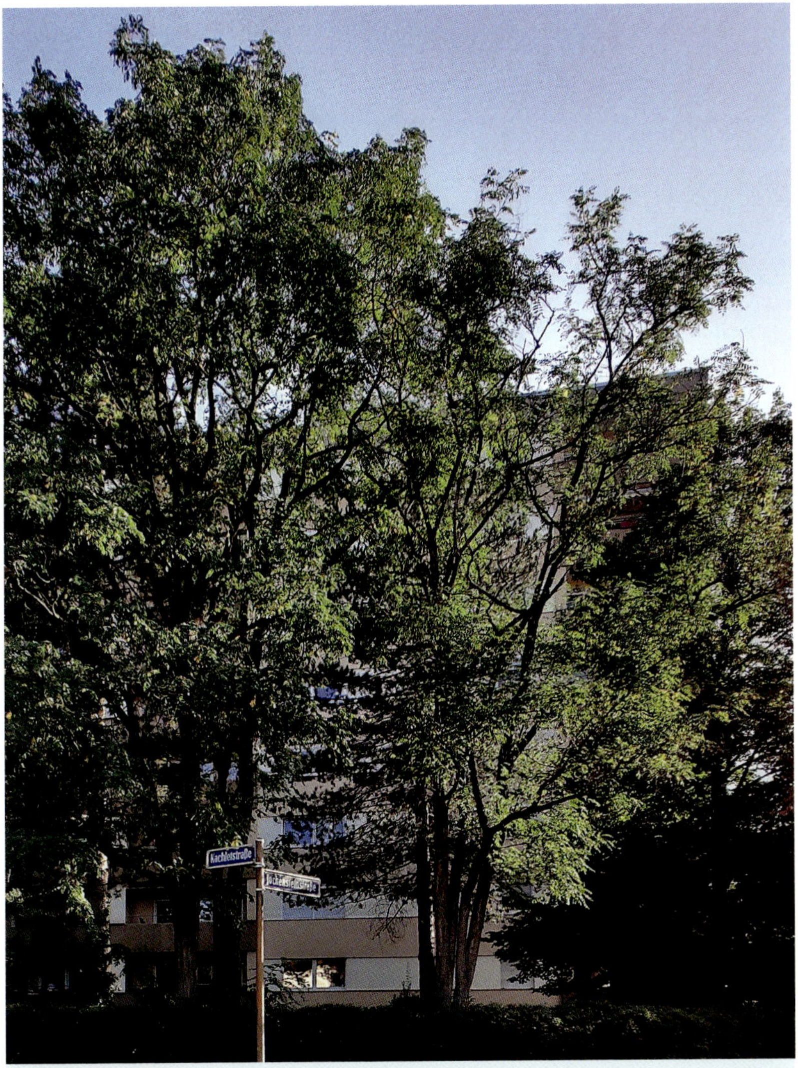

HARTE 5 FAKTEN

Adresse: Kachletstr. / Ecke Jochensteinstr., 90480 Nürnberg
Zeitraum des Bestehens: 1913–1966 (Stadion)
Zuschauerkapazität 1913: 8.000
Zuschauerkapazität ab 1950: 35.000
Begebenheit: Heimspielstätte von 1913–1963 (mit Unterbrechung)

Zahnarztpraxis Dr. Kalb

Keine Behandlung von Schiedsrichtern

„Wer diesen Zauberer des Lederballs noch auf dem grünen Rasen wirken sah, der weiß nicht, was er mehr rühmen soll: das traumhaft sichere Stellungsspiel, die vollendete Ballbehandlung, in der er das Leder geradezu liebkoste, die Kunst seiner Direktion, die Spielübersicht, die zentimetergenauen Vorlagen, seine abgezirkelten tödlichen Schüsse – oder die naturhafte Kraft, die seine Persönlichkeit ausstrahlte."

So schrieb einst Rudolf Bscherer über Hans Kalb, den besten Mittelläufer überhaupt, den ewigen Studenten der Zahnmedizin, den „Schrecken aller Mittelstürmer ... und der Schiedsrichter", wie es wiederum Hans Hofmann formulierte.

Die Sache mit dem Schiedsrichterschreck sorgte schließlich aber dafür, dass Kalb mehr Zeit für sein Zahnmedizinstudium hatte. Denn Hans Kalb führte nicht nur die Clubelf an, sondern lange auch die deutsche Nationalmannschaft.

Doch seine internationale Karriere endete 1928 während des Olympischen Fußballturniers in Amsterdam jäh, als er sich im Spiel gegen Uruguay zwar zu Recht, aber zu oft und zu vehement beim ägyptischen Schiedsrichter beschwerte. Als angehender Akademiker, der besseren Verständigung wegen, natürlich auf Englisch – und gewohnt lautstark.

Letztlich wurde Kalb als erster Spieler in der Geschichte der deutschen Nationalmannschaft vom Platz gestellt und anschließend sogar in eine Arrestzelle im Stadion gesperrt, von wo aus er durch ein vergittertes Fenster die 1:4-Niederlage seiner Mannschaft in einem hektischen Spiel sehen musste. Im Nachgang wurde Hans Kalb gar auf Lebzeiten aus der Nationalelf verbannt.

Dafür schloss er 1932 sein Zahnmedizinstudium mit der Promotion erfolgreich mit hervorragender Note ab. In der Nürnberger Tuchgasse 1, Ecke Hauptmarkt, eröffnete er daraufhin seine Zahnarztpraxis.

1933 beendete Dr. Hans Kalb dann seine Spielerkarriere beim FCN und war später, man mag es kaum glauben, nebenbei eine kurze Zeit als Schiedsrichter aktiv. So bleibt es fraglich, ob es – wie geunkt wird – in seiner Praxis tatsächlich hieß: „Keine Behandlung von Schiedsrichtern!"

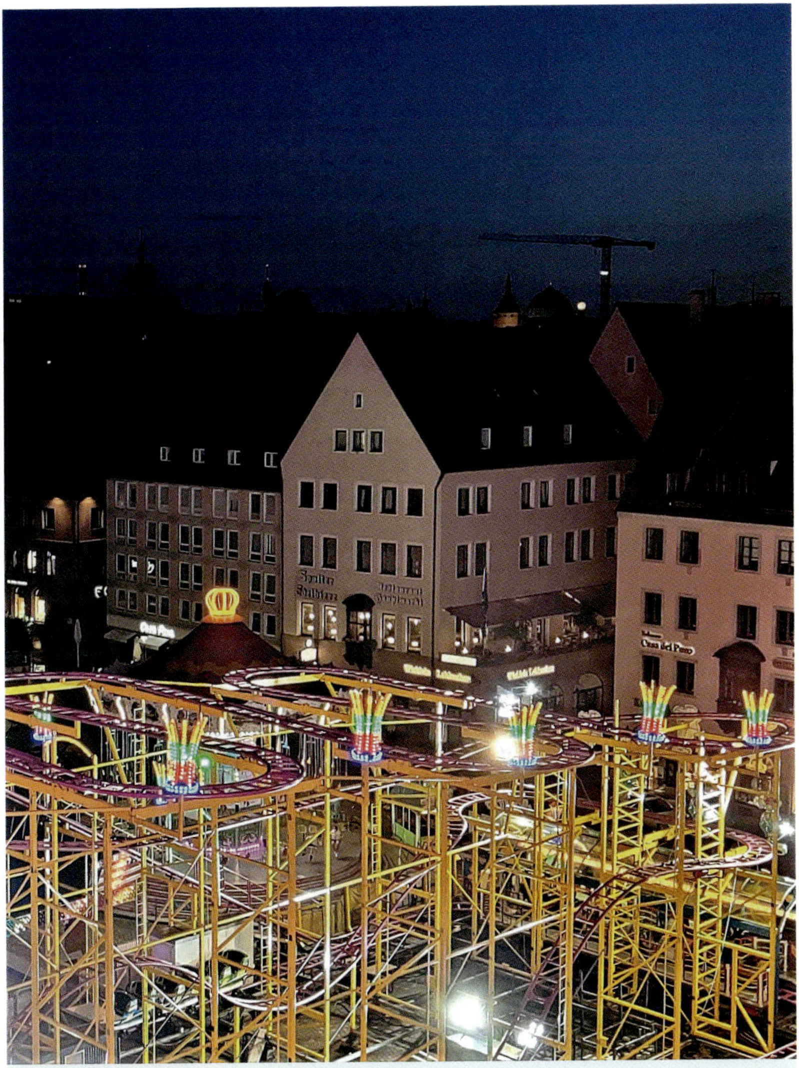

HARTE 5 FAKTEN

Adresse: Tuchgasse 1, 90403 Nürnberg
Kalbs Lebensdaten: 3.8.1899 – 5.4.1945
Kalbs Meisterschaften als Clubspieler: 5
Kalbs Länderspiele für Deutschland: 15
Begebenheit: Zahnarztpraxis von Meisterspieler Kalb

Nürnberg 082

Ziegelgasse

Schnell zu klein

Wer heute in Nürnberg die Ziegelgasse sucht, wird erstmal nicht fündig werden. Trägt diese doch seit dem Zweiten Weltkrieg den Namen Karl-Bröger-Straße, benannt nach dem Nürnberger Arbeiterdichter.

Und wer nun in der Nähe des Karl-Bröger-Hauses und des Südstadtparks nach dem alten FCN-Sportgelände Ausschau hält, wird lediglich auf eine dichte Bebauung blicken.

Doch hier befand sich einst die zweite Spielstätte des 1. FC Nürnberg. Ein 10.000 Quadratmeter großes Areal, das der FCN gepachtet hatte und auf dem für rund 14.000 Mark eine Holztribüne mit 300 Sitzplätzen, eine Umkleidekabine und ein Kassenhäuschen entstanden.

Natürlich war der Platz an der Ziegelgasse auch eingezäunt, sodass der 1. FC Nürnberg, anders als auf der zuvor genutzten Deutschherrnwiese, Eintrittsgeld verlangen konnte.

Positiv auf die rasche Deckung der Investitionskosten wirkte sich zudem aus, dass der FCN ab 1905 am Ligabetrieb des Süddeutschen Fußball-Verbandes teilnahm, wo es regelmäßig Spiele gab. Zuvor war der 1. FC Nürnberg Mitglied im Nürnberg-Fürther Fußball-Bund. Doch die zunehmende Popularität des FCN und des Fußballs zeigte bald auch die Grenzen des Platzes an der Ziegelgasse auf.

Dennoch sah ihn der Deutsche Fußball-Bund als würdig und geeignet an, hier 1906 das Endspiel um die Deutsche Fußballmeisterschaft stattfinden zu lassen. Im Finale besiegte dabei der VfB Leipzig den 1. FC Pforzheim vor 1.100 Besuchern mit 2:1. Als dritter Endspielort der Deutschen Fußballmeisterschaft überhaupt und erste Finalstadt Süddeutschlands war Nürnberg also bereits in den Anfangsjahren dieses Sports etabliert.

Schon 1908 zog der 1. FC Nürnberg dann aber weiter nach Schweinau, da der Platz an der Ziegelgasse endgültig zu klein für den aufstrebenden Verein geworden war. Der FCN war 1907 erstmals Bayerischer Meister geworden und verteidigte diesen Titel in den beiden Folgejahren. Angesichts dieser Dominanz begann man letztlich auch, den 1. FC Nürnberg ehrfurchtsvoll als den „Club" zu bezeichnen.

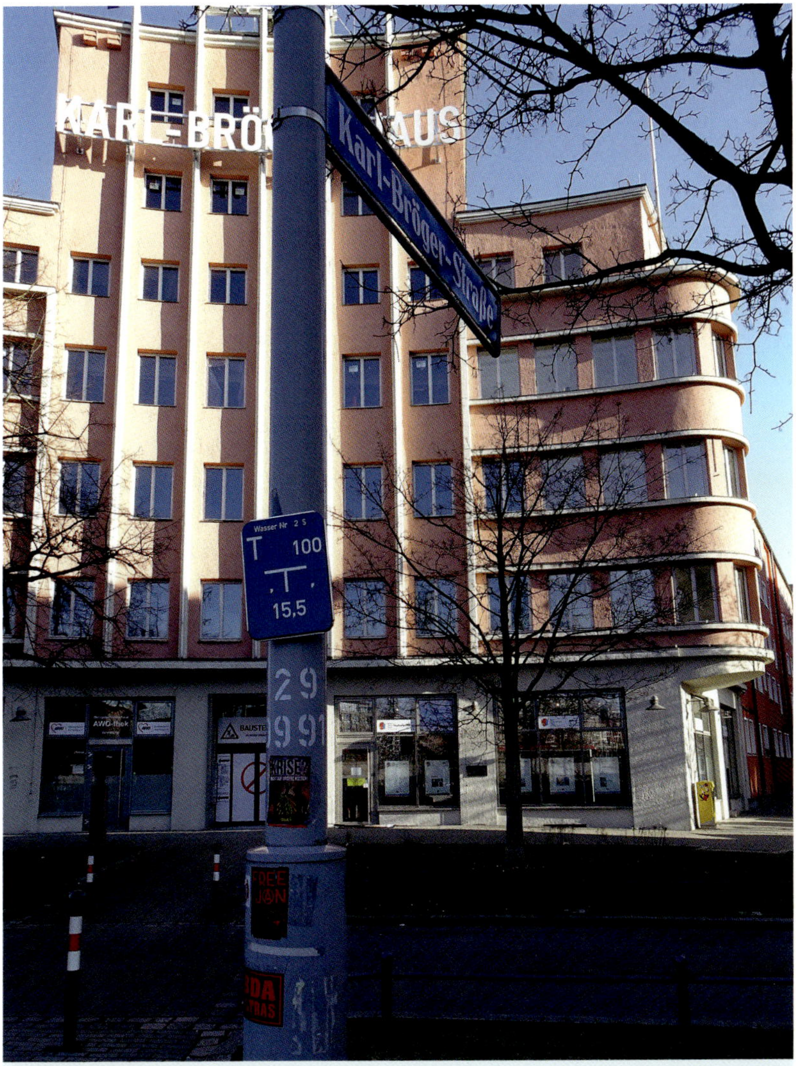

HARTE 5 FAKTEN

Adresse: Karl-Bröger-Straße, 90459 Nürnberg
Zeitraum des Bestehens: 1905–1908
Zuschauerkapazität: 1.100
Größe des Areals: 10.000 m²
Begebenheit: Zweite Heimspielstätte des 1. FC Nürnberg

Nürnberg 083

Zigarrenhaus Wieder & Popp

Anlaufstelle

Ludwig Wieder und Luitpold Popp waren große Spieler des 1. FC Nürnberg. Gemeinsam kickten beide in der Nationalmannschaft. Gemeinsam kamen sie mit der goldenen Mannschaft des FCN in den 1920er-Jahren mehrfach zu Meisterehren. Und gemeinsam betrieben Wieder und Popp in jener Zeit auch ein Tabakwarengeschäft.

Das nach den beiden Clubgrößen benannte Zigarrenhaus befand sich in der vormaligen Ludwigstraße 32. Vom Spittlertorturm führte die Ludwigstraße damals noch an Jakobskirche, Elisabethkirche und am Weißen Turm vorbei Richtung Josephsplatz. An jenem steht heute wiederum das Clubhaus, das vom FCN nicht als bloßer Fanshop beworben wird, sondern als „Anlaufstelle" für alle Clubfans.

Das galt in früheren Zeiten gleichermaßen für die von FCN-Spielern betriebenen Geschäfte. So auch für das Zigarrenhaus Wieder & Popp am heutigen Ludwigsplatz – sofern nicht ein Schild mit der Aufschrift „Komme gleich wieder!" an der Ladentür hing.

Das soll allerdings sehr häufig der Fall gewesen sein. Und da Zigarrenliebhaber Poidl Popp zudem als bester Kunde des Geschäfts galt, war Wieder und Popp damit wohl kein Reichtum beschieden.

Vielleicht deshalb orientierten sich beide später um. Ludwig Wieder war danach als Vertreter einer Automobilzubehörfirma, als Trainer und als Sportlehrer tätig.

Luitpold Popp hingegen versuchte sich an einer Hühnerfarm. Doch dieses Vorhaben scheiterte an des Poidls legendärem Appetit. So sollen bei einem Besuch seine Mitspieler besorgt gefragt haben, ob denn eine Seuche gewütet habe, da sie zwar große Ställe, aber kaum Hühner sahen. Doch Popp winkte ab und meinte: „Ach wo! Die hab ich scho fast alle gfressen."

Tatsächlich hatte Luitpold Popp einen sagenhaften Ruf als Esser. Auch ein paar Maß Bier konnten ihm nichts anhaben. Und dafür, dass er vor Fußballspielen mühelos eine Kalbshaxe verdrückte, wurde er allenthalben gerühmt. Zumal Popp noch 41-jährig, nach wie vor rank und schlank, mit seinem Club im Endspiel um die Deutsche Meisterschaft 1934 stand.

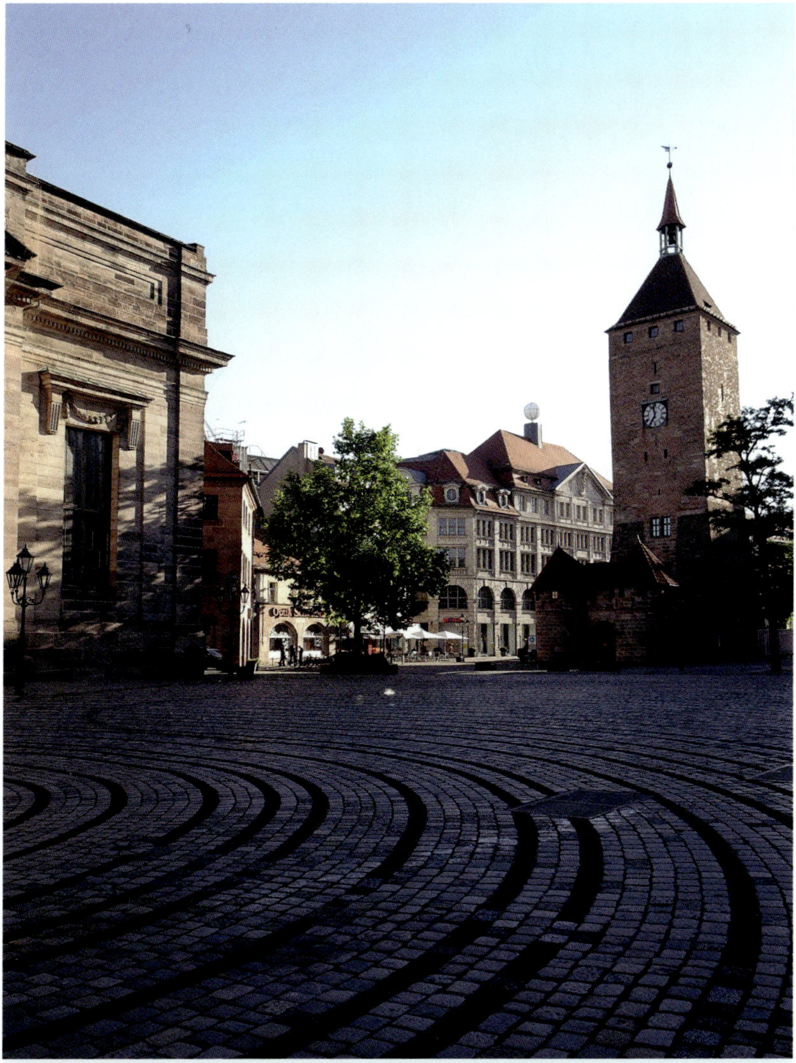

HARTE 5 FAKTEN

Adresse heute: Ludwigsplatz (Weißer Turm), 90402 Nürnberg
Adresse damals: Ludwigstraße 32, Nürnberg
Wieders Lebensdaten: 22.3.1900 – 30.11.1977
Popps Lebensdaten: 7.3.1893 – 30.8.1968
Begebenheit: Tabakwarengeschäft der Meisterspieler Wieder und Popp

Zum Bumbes

Wie Nürnberger sollt ihr reden

Hans Schmidt, von allen nur Bumbes genannt, kam zu diesem Spitznamen, weil er als Jugendlicher ziemlich schmächtig und klein war, was dann den Anlass gab, ihn „kleines Fürzchen", fränkisch eben Bumbes, zu rufen. Das hielt Schmidt aber nicht davon ab, ein drahtiger, zäher und dazu noch überaus erfolgreicher Außenläufer zu werden. Mit der SpVgg Fürth wurde er 1914 Meister, kam dann über den TV 1860 Fürth Anfang 1922 zum 1. FC Nürnberg. Dort blieb der lauf- und kampfstarke Bumbes bis 1928 und konnte drei weitere Meistertitel erringen.

War Schmidt während seiner Fürther Zeit noch als kaufmännischer Angestellter in der Spielwarenbranche tätig, verdiente er in Nürnberg sein Geld als Wirt. Bei der Namenswahl für seine Gaststätte in der Jagdstraße 16 im Stadtteil Johannis griff Schmidt dann auf seinen Spitznamen zurück: Zum Bumbes, so nannte er diese.

Später erzielte Bumbes Schmidt als Trainer ebenfalls bemerkenswerte Erfolge und war in dieser Funktion auch bei der SpVgg Fürth und beim Club aktiv. Eine bittere Derbyniederlage des FCN im Jahr 1956 kommentierte er so: „Die Tränen haben mir in den Augen gestanden, wie die gespielt haben! Und ausgerechnet die Blödel aus Fürth gewinnen das!" Bezeichnenderweise war Schmidt zu diesem Zeitpunkt Trainer der Fürther.

Nun, der Bumbes pflegte mit seinen Spielern einen rauen Umgangston, stand Virginiazigarre paffend am Spielfeldrand und warf dazu auch mit deftigen fränkischen Ausdrücken um sich. Außerdem herrschte er einst seine auswärtigen Spieler an: „Ich verstehe kein Wort von eurem Schmarrn. Ich habt so zu reden wie wir Nürnberger."

Zumindest schienen die Spieler ihren Trainer zu verstehen, auch außerhalb Frankens. Denn es gelang dem 16-fachen Ex-Nationalspieler meisterhaft, diese anzuspornen.

So führte Schmidt den FC Schalke 04 zu drei Meistertiteln sowie einem Pokalsieg und machte mit dem VfR Mannheim 1949 einen krassen Außenseiter zum Deutschen Meister. Ob der Bumbes allerdings Schalkern und Mannheimern auch beibrachte, wie Nürnberger zu reden, ist unklar.

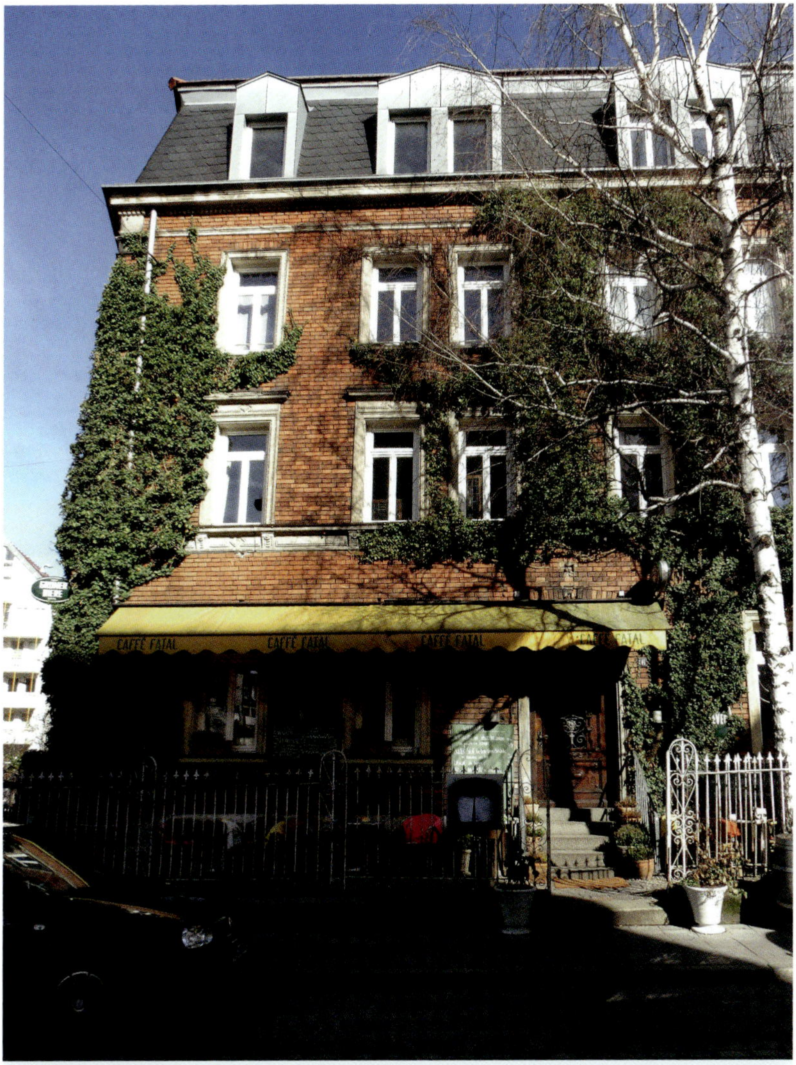

HARTE 5 FAKTEN

Adresse: Jagdstraße 16, 90419 Nürnberg
Schmidts Lebensdaten: 23.12.1893 – 31.1.1971
Schmidts Meistertitel als Spieler / Trainer: 4 / 4
Schmidts Zeit beim Club als Spieler / Trainer: 1922–1928 / 1941–1945, 1949–1951
Begebenheit: Gastwirtschaft von Meisterspieler Schmidt

Nürnberg 085

Zum Hippel

Wo der Zapf zapfte

Schon als Kind musste der kleine Robert in der väterlichen Wirtschaft den Zapfhahn bedienen, was Gebhardt später als Clubspieler seinen Spitznamen Zapf einbringen sollte.

Bis dahin war es jedoch ein weiter Weg. Zumal sein Vater nicht viel von dem Sport hielt, wie diese Aussage Robert Gebhardts unterstrich: „Am Sonntag erhielt ich von meinem Vater immer 50 Pfennig fürs Kino. Stattdessen ging ich allerdings lieber zum Club. Das durfte ich nie sagen, sonst hätte mich mein Vater verprügelt."

Selbst lernte Gebhardt auf der Deutschherrnwiese das Fußballspielen, wo er mit seinen Freunden „bis zu drei Stunden am Tag" trainierte. Nur zu gerne wäre er dem 1. FC Nürnberg beigetreten, doch sein Vater war der Meinung, Schule und Beruf gingen vor. So war Robert Gebhardt bereits 16 Jahre alt, als er sich 1936 dem FCN anschloss.

Seine große Zeit beim Club sollte allerdings erst nach dem Zweiten Weltkrieg beginnen. Zum einen holte der allenthalben Zapf genannte Gebhardt mit dem FCN 1948 die Deutsche Meisterschaft, zum anderen spielte der trickreiche Außenläufer in den Notzeiten nach dem Krieg eine entscheidende Rolle bei der Versorgung der Clubmannschaft. Denn der wie sein Vater Wirt gewordene Zapf Gebhardt hatte gute Kontakte zum Schlachthof, wo er damals jeden Donnerstag zwei Taschen voll mit Fleisch bekam. Extrarationen gegen Freikarten für FCN-Spiele kamen noch hinzu, die dann in seiner Wirtschaft an der Kleinweidenmühle für die Spieler zubereitet wurden. Zum Hippel hieß diese und sie war in jener Zeit nicht nur Treffpunkt der ersten Mannschaft, sondern zum Vereinslokal erkoren.

Der Zapf, trickreich auf dem Spielfeld und daneben, organisierte auch beispielsweise mal einen neun Zentner schweren Ochsen im Hersbrucker Umland. Er zerlegte ihn dort und schaffte ihn, verteilt auf vier Fuhren, mit einem klapprigen Automobil an der US-Militärpolizei vorbei nach Nürnberg.

Später wurde der begnadete Fußballer und Hippel-Wirt dann Trainer. Auch in dieser Funktion fand Zapf Gebhardt seinen Weg zum Club und führte diesen 1981 zurück in die 1. Bundesliga.

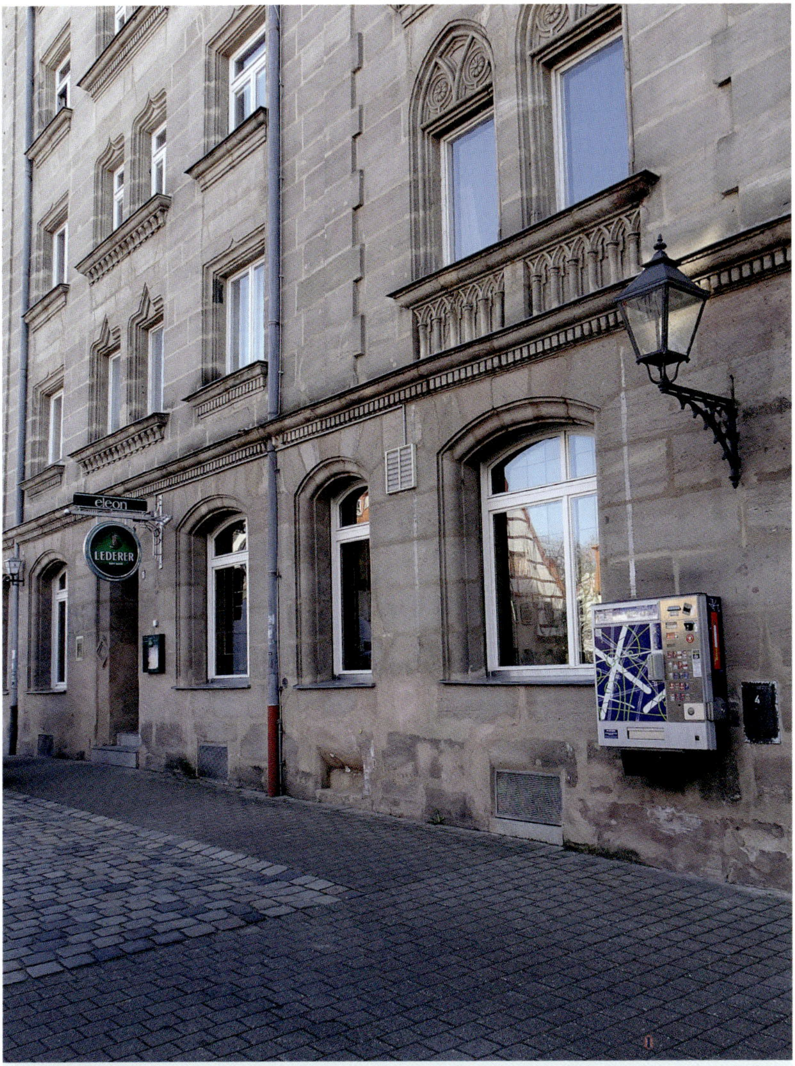

HARTE 5 FAKTEN

Adresse: Kleinweidenmühle 5, 90419 Nürnberg
Gebhardts Lebensdaten: 20.9.1920 – 8.2.1986
Gebhardts größter Erfolg als Clubspieler:
Deutscher Meister 1948
Gebhardts größter Erfolg als Clubtrainer:
Aufstieg in die 1. Bundesliga 1980/81
Begebenheit: Gastwirtschaft von Meisterspieler Gebhardt

Prag

086

Stadion Letna

Europameister 1. FC Nürnberg

Sparta Prag reifte wie der 1. FC Nürnberg nach dem Ersten Weltkrieg zu einer nationalen wie internationalen Spitzenmannschaft. Wenig verwunderlich also, dass 1921 vom Duell der „stärksten Mannschaften des Kontinents" die Rede war.

Aus diesem ging jedoch Sparta als Sieger hervor, das nach einem 0:0 im Zabo das Rückspiel in Prag vor 30.000 Zuschauern mit 5:2 gewann. „Sparta Prag Europameister", titelte die Presse anschließend.

Bereits im Jahr darauf kam es allerdings zur Neuauflage der „Europameisterschaft". Und diesmal dominierte der Club, der das Hinspiel in Nürnberg am 27. August 1922 vor 30.000 Zuschauern durch Tore von Riegel, Popp und Sutor mit 3:2 gewann.

Als der 1. FC Nürnberg dann am 1. Oktober 1922 auch das Rückspiel im Stadion Letna für sich entschied, schrieb die Zeitschrift „Fußball" enthusiastisch: „Nürnberg führt den Kontinent! Seit 1917 die Sparta zum ersten Mal in Prag von einer Auslandself geschlagen." Träg, Popp und Wieder schossen dabei die Tore zum historischen 3:0-Erfolg des FCN auf dem von Regen aufgeweichten Platz.

Und weiter hieß es: „Solange deutscher Fußballsport existiert, hat es nie einen größeren Ruhmestag für ihn gegeben, hat Deutschland nie einen stolzeren Sieg errungen."

In Prag wurde der Club 1922 quasi prähistorischer Champions-League-Sieger. Schließlich schickte der FCN in jener Zeit Galatasaray Istanbul mit 6:0, Ajax Amsterdam mit 4:0 und Rapid Wien mit 4:1 nach Hause, siegte ferner bei Athletic Bilbao 3:2, bei Real Madrid 3:0, beim FC Valencia 3:2 sowie beim FC Sevilla 1:0 und 2:1. Die Krönung zum Meister des Kontinents erfolgte also nicht zu unrecht. Wobei damals bei dieser Betrachtung zumeist die Britischen Inseln außen vor gelassen wurden.

Doch auch dort ließ das Aushängeschild Kontinentaleuropas aufhorchen. So 1927, als der Club den vormaligen englischen Meister und Pokalsieger FC Burnley im Zabo mit 4:2 schlug. „Nürnbergs größter Triumph", hieß es danach in der Presse über dieses paneuropäische Meisterstück des FCN.

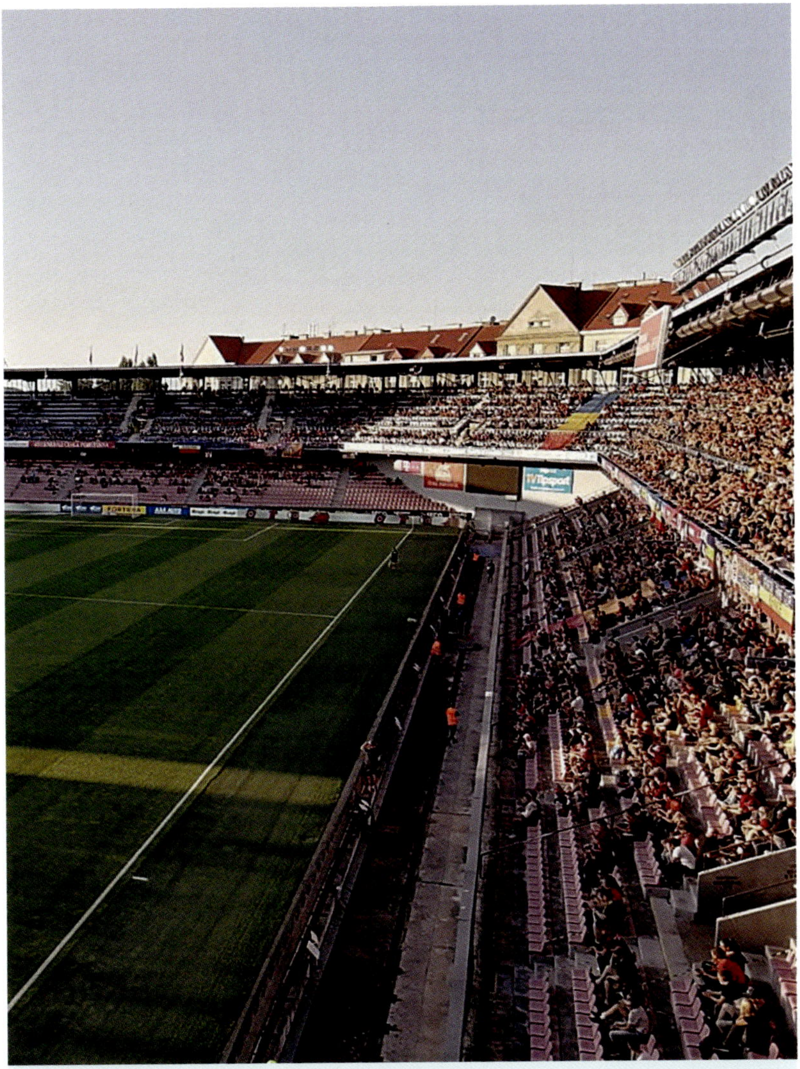

HARTE 5 FAKTEN

Adresse: Milady Horakove 1066/98, 170 00 Prag 7
Erbaut: 1917
Zuschauerkapazität: 20.854
Verein: Sparta Prag
Begebenheit: Gewinn der „Europameisterschaft" 1922

Röthenbach/Pegnitz 087

Autozentrum Hammer

Phantomjäger

Ein Autohändler aus Röthenbach erhält auf dem Weg in die Slowakei einen Anruf von Wolfgang Wolf. Eigentlich ging es um ein Auto. Eigentlich. 2003 war das, als Wolf Trainer beim FCN war und im elterlichen Haus von Autohändler Peter Hammer wohnte. Am Ende des Telefonats soll der Clubtrainer zum Spaß gesagt haben, dass es in der Slowakei doch auch günstige und gute Fußballer geben müsse. Und auf Nachfrage formulierte er sein Anforderungsprofil: „Ein Mittelfeldspieler, der Tore machen kann."

Dort angekommen, fiel Hammers Augenmerk auf einen gewissen Marek Mintal. Der war in der slowakischen ersten Liga 2002 Torschützenkönig geworden und schickte sich an, das 2003 zu wiederholen. Also jagte Hammer der Telefonnummer von Mintals Berater nach und stellte den Kontakt her.

Im Sommer 2003 kam dann ein sogar sehr guter Fußballer für relativ günstiges Geld, schoss den Club 2003/04 zum Aufstieg in die 1. Bundesliga und wurde Zweitliga-Torschützenkönig – was ihm 2008/09 nochmals gelingen sollte.

Seine eher unauffällige Spielweise, verbunden mit der Tatsache, dass er plötzlich da steht, wo ein Torjäger stehen muss, brachte ihm den Beinamen „Phantom" ein. Als solches schlug Marek Mintal in der Folgesaison erneut zu und holte sich auch in Liga 1 die Torjägerkanone.

Wie in der Branche üblich, klopften daraufhin etliche Interessenten an, doch branchenunüblich war es für Mintal keine Frage, dass er beim FCN blieb. Das, seine Bodenständigkeit und Bescheidenheit brachten ihm nicht nur viele Sympathien, sondern größte Verehrung der Clubfans. Die Menschen nahmen auch großen Anteil an seinen zahlreichen und schweren Verletzungen. So beispielsweise als er im siegreichen Pokalfinale 2007 gegen den VfB Stuttgart das 1:1 für den Club beisteuerte und wenig später brutal aus dem Spiel getreten wurde.

Marek Mintal, der nach einem einjährigen Intermezzo in Rostock zwischen 2013 und 2015 noch für die zweite Mannschaft des FCN spielte, ist in Nürnberg „unantastbar", „Fußballgott" und Trainer geworden. Doch ohne Peter Hammer wäre das „Phantom" wohl nie hier aufgetaucht.

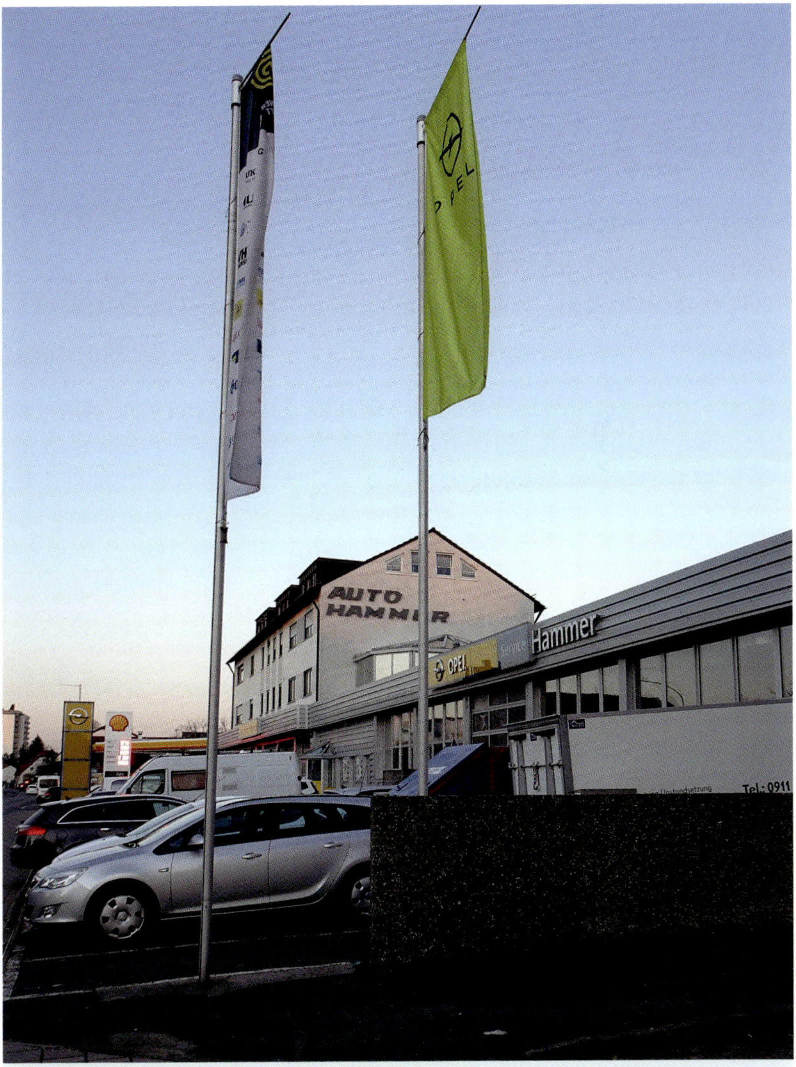

HARTE 5 FAKTEN

Adresse: Rückersdorfer Straße 40, 90552 Röthenbach/Pegnitz
Firmengründung: 1935
Mintals Transfer zum 1. FC Nürnberg: 2003
Mintals Abschiedsspiel: 21. 7. 2012,
4:2 gegen Borussia Dortmund
Begebenheit: Autohaus von Mintals „Entdecker"

Stadio Flaminio

Ewiger Traum in der ewigen Stadt

1988 ging ein langgehegter Wunsch der Cluberer in Erfüllung: Nach schier endlosen zwanzig Jahren spielte der 1. FC Nürnberg wieder im Europapokal. Der ewige Traum der Clubfans wurde Realität und führte den FCN in die ewige Stadt, nach Rom.

Dort wartete die AS Rom mit ihrem Starensemble um Rudi Völler. Der Club aber fühlte sich bereit für diese Aufgabe in Runde 1 des UEFA-Pokals. Auch wenn mit Reuter und Grahammer in der Sommerpause zwei absolute Leistungsträger vom FC Bayern weggekauft wurden, da die Münchner wieder einmal ihre finanzielle Vormachtstellung ausgenutzt und dem FCN – zumindest laut Präsident Gerd Schmelzer – „das Herz herausgerissen" hatten.

Was nicht bereit war, war das Städtische Stadion, das zu jener Zeit den großen Umbau zum Frankenstadion erfuhr. Doch auch in Rom wurde gebaut und das Olympiastadion für die WM 1990 erneuert. So wurde im kleinen Stadio Flaminio gespielt.

Und dort widerlegte die Clubelf am 7. September 1988 die präsidiale Einschätzung, nahm das natürlich immer noch heftig schlagende Herz in die Hand und trumpfte – wieder eine Aussage Schmelzers – mit dem „schnellsten Sturm der Bundesliga" auf. Dieser schlug in Person von Neuzugang Sané und Dieter Eckstein zu. 2:1 in Rom! Ein Ausrufezeichen des FCN, das aufhorchen ließ. International, aber auch im elterlichen Haus des Autors. Denn dort griff der gleichsam clubbegeisterte wie musikalische Vater aufgrund des Sieges, aber auch wegen des sehenswerten 1:0, das in etwa wie folgt entstand, in die Tasten. Er schmetterte in Vorfreude auf das nächste Ligaheimspiel zur Melodie eines bekannten Udo-Jürgens-Songs: „Wir treffen uns samstags um dreißig nach drei … / Beim Club in der Kurve zur Fußballerei … / Wir blasen zum Sturm auf des Gegners Verein. / Mit Köpke und Brunner, auch Dittwar steigt ein. / Dann Eckstein auf Wagner, wir schwenken die Fahne: / Tor durch Souleymane Sané …

Doch leider fiel der Auftritt beim Rückspiel am 12. Oktober 1988 weniger beherzt aus. Ein Tor von Eckstein war zu wenig für den Club, der in der Stadionbaustelle Nürnberg mit 1:3 nach Verlängerung verlor.

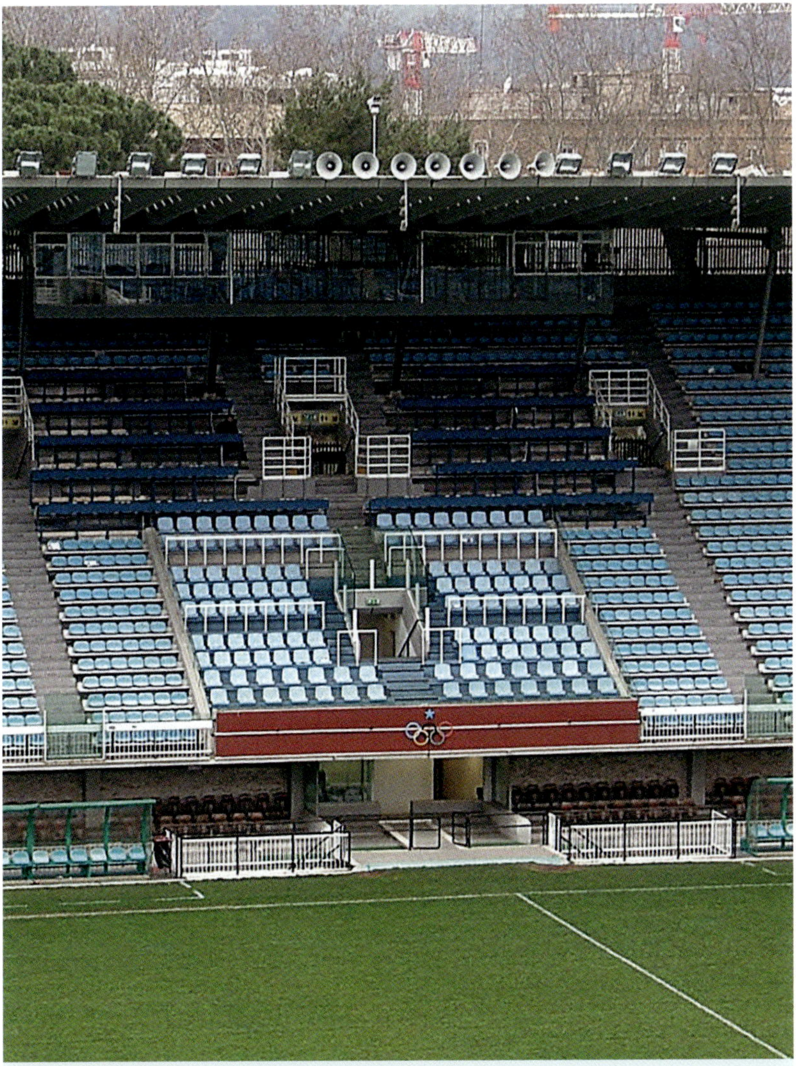

HARTE 5 FAKTEN

Adresse: Viale Tiziano, 00196 Rom

Erbaut: 1959

Zuschauerkapazität: 24.973 (2021)

Verein: Ehemals Atletico Rom
(UEFA-Pokal 1988/89: AS Rom)

Begebenheit: 1. Runde UEFA-Pokal 1988/89

Saint-Étienne 089

Stade Geoffroy-Guichard

Im Kessel

Ein paar Gemeinsamkeiten gibt es zwischen dem 1. FC Nürnberg und der AS Saint-Étienne. Beide prägten einst den Fußball in ihren jeweiligen Ländern. Beide schwangen sich irgendwann zum Rekordmeister auf. Auch in den 1960ern erlebten beide erfolgreiche Jahre. Doch während die Hochzeit der ASSE erst danach, in den 1970ern, kommen sollte, fuhr der FCN da schon Achterbahn.

Saint-Étienne gesellte sich aber ab Mitte der 1980er-Jahre dazu und erlebte in der Folge ebenfalls Höhen und viele Tiefen. Dennoch zählen beide Fanlager in Deutschland beziehungsweise Frankreich zu den treuesten, kreativsten und aktivsten.

Außerdem wurden beide Vereine 1962 nationaler Pokalsieger. Als solche trafen sie dann im Achtelfinale des Europapokals der Pokalsieger aufeinander. Dabei reiste der Club zunächst nach Saint-Étienne ins Stade Geoffroy-Guichard. Dort wurde bereits 1957 die Laufbahn entfernt und die Kapazität auf zunächst 25.000 Plätze erhöht. Im Laufe der Jahre wurde es weiter ausgebaut und entwickelte sich zum „Le Chaudron vert“, zum grünen Kessel.

Von vielen Gegnern gefürchtet, ließ sich jedoch der FCN nicht im Kessel abkochen. Clubtorwart Wabra hielt am 18. Oktober 1962 die Null fest, sodass es mit einem torlosen Unentschieden nach Hause ging. Dort sorgten dann am 14. November 1962 die Tore von Strehl, Wild und Haseneder für einen 3:0-Sieg und den Einzug in das Viertelfinale.

Auf der großen Fußballbühne lief die ASSE dem FCN anschließend nicht mehr über den Weg. Aber sie sollte 1976 von etwas heimgesucht werden, das auch dem Club oft zum Nachteil gereichte: dem Bayern-Dusel. Denn im Finale des Europapokals der Landesmeister war der Torwart des FC Bayern nach Schüssen Saint-Étiennes bereits zweimal geschlagen. Doch da das Torgebälk damals noch eckig statt rund war, überquerte der Ball beide Male nicht die Linie.

So siegte Bayern München glücklich mit 1:0 und im unglücklichen Saint-Étienne weiß seitdem jeder, was es mit „les poteaux carrés“, also eckigen Pfosten, auf sich hat.

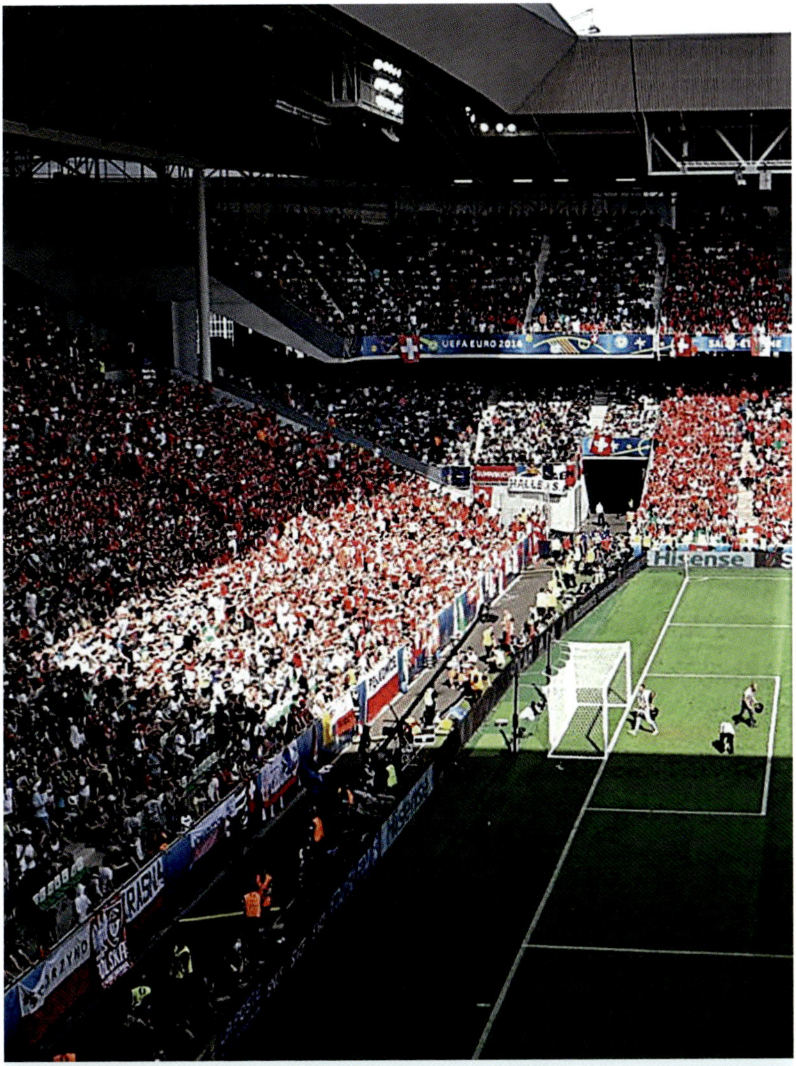

HARTE 5 FAKTEN

Adresse: 14, Rue Paul et Pierre Guichard, 42028 Saint-Étienne
Erbaut: 1931
Zuschauerkapazität: 41.965
Verein: AS Saint-Étienne
Begebenheit: Achtelfinale
Europapokal der Pokalsieger 1962/63

Hardtwaldstadion

Oohhh ... der FCN steigt wieder auf!

Das Hardtwaldstadion im baden-württembergischen Sandhausen fasst 15.414 Zuschauer und bietet damit in etwa so vielen Menschen Platz, wie die Gemeinde in der Oberrheinischen Tiefebene Einwohner hat.

Mit dem sportlichen Aufstieg des SV Sandhausen, der ab 2008 in der 3. Liga spielte und es 2012 in die 2. Bundesliga schaffte, war auch das Hardtwaldstadion gewachsen. Doch ausverkauft ist es eher selten. So lag der Zuschauerschnitt in der Saison 2017/18 lediglich bei 6.118. Sandhausen rangierte damit auf dem letzten Platz der Zuschauertabelle der 2. Liga. Platz 1 mit über 30.000 Besuchern im Schnitt nahm in diesem Ranking dagegen der 1. FC Nürnberg ein.

Und auch das sportliche Klassement führte der Club an, nachdem es am 33. Spieltag der Zweitligasaison 2017/18 zum Aufeinandertreffen mit dem SV Sandhausen im Hardtwaldstadion gekommen war. Begleitet von 8.000 Fans hatte der FCN dabei nicht nur für einen satten Sprung in Sachen Sandhäuser Stadionauslastung gesorgt, sondern auch für eine tolle Atmosphäre.

Der fantastischen Nürnberger Stimmung zuträglich war natürlich der 2:0-Auswärtssieg des 1. FC Nürnberg an jenem 6. Mai 2018 durch Tore von Hanno Behrens und Tim Leibold. Damit machte der Club fünfzig Jahre nach der letzten Deutschen Meisterschaft den Wiederaufstieg in die 1. Bundesliga perfekt.

Nach Spielende brachen dann entsprechend alle Dämme. Voller Freude stürmten die Clubfans den Platz, feierten sich, die Mannschaft und Trainer Michael Köllner.

Immer wieder ertönte der Fangesang: „Oohhh ... der FCN steigt wieder auf!" Und nach der Rückkehr von Fans und Mannschaft ins rot-schwarze Nürnberg ging die Aufstiegsparty bis in die späten Abendstunden am Valznerweiher weiter.

Dass der Club dann am letzten Spieltag zuhause gegen Mitaufsteiger Fortuna Düsseldorf verlor und lediglich als Zweiter das Fußballoberhaus erreichte, war sicherlich ein kleiner Makel, aber verschmerzbar. Am Ende stand schließlich der achte Aufstieg in die 1. Bundesliga des Rekordaufsteigers aus Nürnberg.

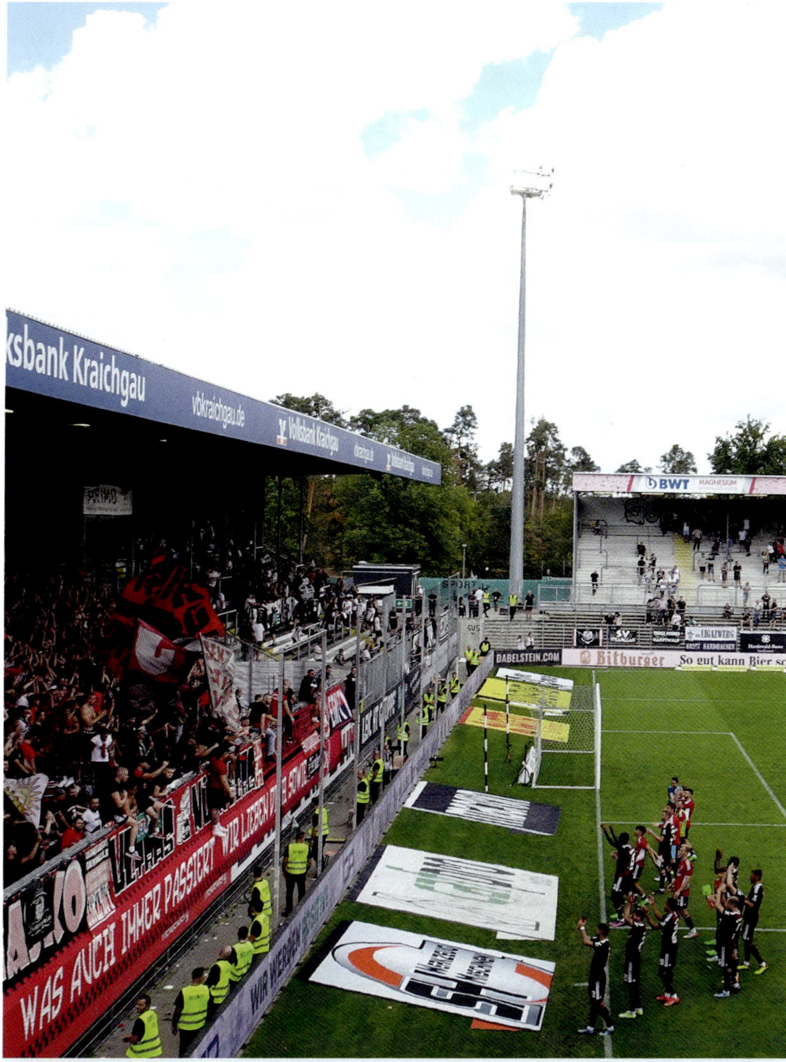

HARTE 5 FAKTEN

Adresse: Jahnstraße 1, 69207 Sandhausen
Erbaut: 1951
Zuschauerkapazität: 15.414
Verein: SV Sandhausen
Begebenheit: Aufstieg in die 1. Bundesliga 2017/18

Sankt Petersburg 091

Petrovski

Der spätere Sieger

Die Spannweite dessen, was man in das Spiel des 1. FC Nürnberg bei Zenit in der Gruppenphase des UEFA-Pokals 2007/08 hineininterpretieren konnte, war groß: Sie reichte von der Bestätigung schlimmster Befürchtungen, nämlich dass der Club international überfordert sei, bis zur Erkenntnis, dass der FCN in Europa durchaus mithalten kann.

Für Letzteres steht die Nürnberger 1:0-Führung nach 26 Minuten durch Angelos Charisteas, die im 1925 eröffneten Stadion auf der Insel Petrovski bis in Spielminute 76 hielt.

Für das Erstgenannte der Umstand, dass der Club nur mit Glück und dank zweier Sankt Petersburger Torwartfehler einen Punkt ergatterte – Leon Benko erzielte das 2:2 gegen das schon als sicherer Sieger erscheinende Zenit in der 84. Minute.

Die Retrospektive lässt jedoch noch eine – zugegeben kühne – Interpretation des Unentschiedens am 29. November 2007 zu: der 1. FC Nürnberg als möglicher Europapokalsieger! Schließlich spielte der FCN im damals mit 21.500 Zuschauern ausverkauften Petrovski gegen den späteren UEFA-Pokalsieger jener Saison. Zudem schob sich der Club in der Abschlusstabelle der Gruppe A sogar vor die vom Gaskonzern Gazprom alimentierten Sankt Petersburger und erreichte als Zweiter, hinter dem FC Everton, das Sechzehntelfinale – Zenit lediglich als Dritter.

Vielleicht wäre für den FCN dort nicht gegen Benfica Lissabon Schluss gewesen, hätte man nicht kurz vor dem Europapokalduell gegen die Portugiesen Pokalsieger-Trainer Hans Meyer entlassen? Immerhin hatte es Meyer 1981 schon mal als Trainer von Carl Zeiss Jena in ein Europapokalfinale geschafft. Vielleicht hätte ja der 1. FC Nürnberg das Überraschungsteam des UEFA-Pokals 2007/08 sein können?

So standen letztlich Sankt Petersburg und die Glasgow Rangers im Finale des UEFA-Pokals, welches Zenit mit 2:0 im City of Manchester Stadium von Manchester City für sich entscheiden konnte. Für den Club hingegen blieb am Ende der Saison – dann mit Trainer Thomas von Heesen – nur der schmerzliche Abstieg in die 2. Bundesliga.

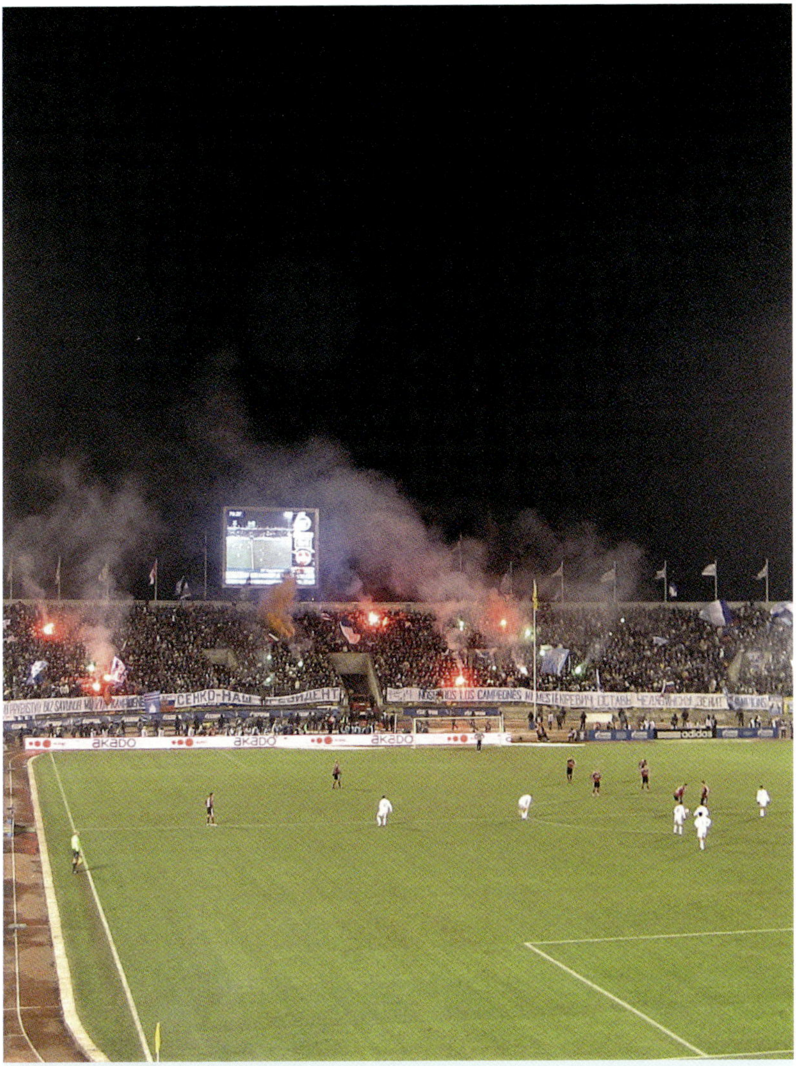

HARTE 5 FAKTEN

Adresse: Petrovski Ostrov, 2-g, 197042 Sankt Petersburg
Erbaut: 1925
Zuschauerkapazität: 20.985
Verein: Zenit Sankt Petersburg
Begebenheit: Gruppenspiel UEFA-Pokal 2007/08

Straubing 092

TSV-Stadion

Der Bruchteil einer Sekunde

Der TSV Straubing, vor dem Zweiten Weltkrieg noch als 1. FC Straubing unterwegs, war ein durchaus ambitionierter Verein. Zwischen 1929 und 1931 sowie 1932/33 war dort sogar Torwartlegende Heiner Stuhlfauth als Trainer tätig.

Zu jener Zeit spielten die Straubinger noch an der ehemaligen Kasernstraße. Ab 1938 diente dann die Regensburger Straße als Spielort. Und die Amateurmannschaft des FCN war später oft zu Gast. 1974 war auch Walter Spangler aus Schwarzenbruck mit dabei – die nächste Torwarthoffnung beim Club. Bereits viermal war er bei Spielen der ersten Mannschaft in der damals zweitklassigen Regionalliga eingesetzt worden.

An jenem 14. September 1974 ging es mit den FCN-Amateuren in der Landesliga Mitte gegen den TSV Straubing. Und dabei prallte Spangler derart unglücklich mit einem gegnerischen Spieler zusammen, dass er sich eine Quetschung des Stammhirns zuzog.

Fast einen Monat lag Walter Spangler im Koma, war rechtsseitig gelähmt, konnte sich kaum artikulieren und bangte aufgrund von Augenmuskelstörungen um sein Augenlicht. Das Schicksal des 22-jährigen Torwarttalents sorgte für bundesweite Schlagzeilen.

Mediziner stellten Spangler düstere Prognosen aus und prophezeiten ein Leben im Rollstuhl. Doch Resignation hatte im Leben des Cluberers keinen Platz. Walter Spangler trainierte willensstark, verzeichnete enorme Fortschritte und blieb nicht auf den Rollstuhl angewiesen. „Zu einem Bundesligaeinsatz langt es wahrscheinlich nicht mehr, aber ich werd ganz bestimmt wieder gesund“, versprühte er Optimismus.

Zumindest hatte sich Spangler mit seinen körperlichen Gebrechen arrangiert. Das Gehen bereitete nach wie vor Probleme. „Der Bruchteil einer Sekunde hat mein Leben völlig verändert“, blickte er auf sein letztes Fußballspiel gegen den TSV Straubing zurück.

Dieser übrigens war in den 1980er-Jahren vom TSV-Stadion an der Regensburger Straße an den Peterswöhrd umzogen. Und auch Walter Spangler sah neue Stadien, schließlich nahm er mehrmals erfolgreich an den Paralympischen Spielen teil.

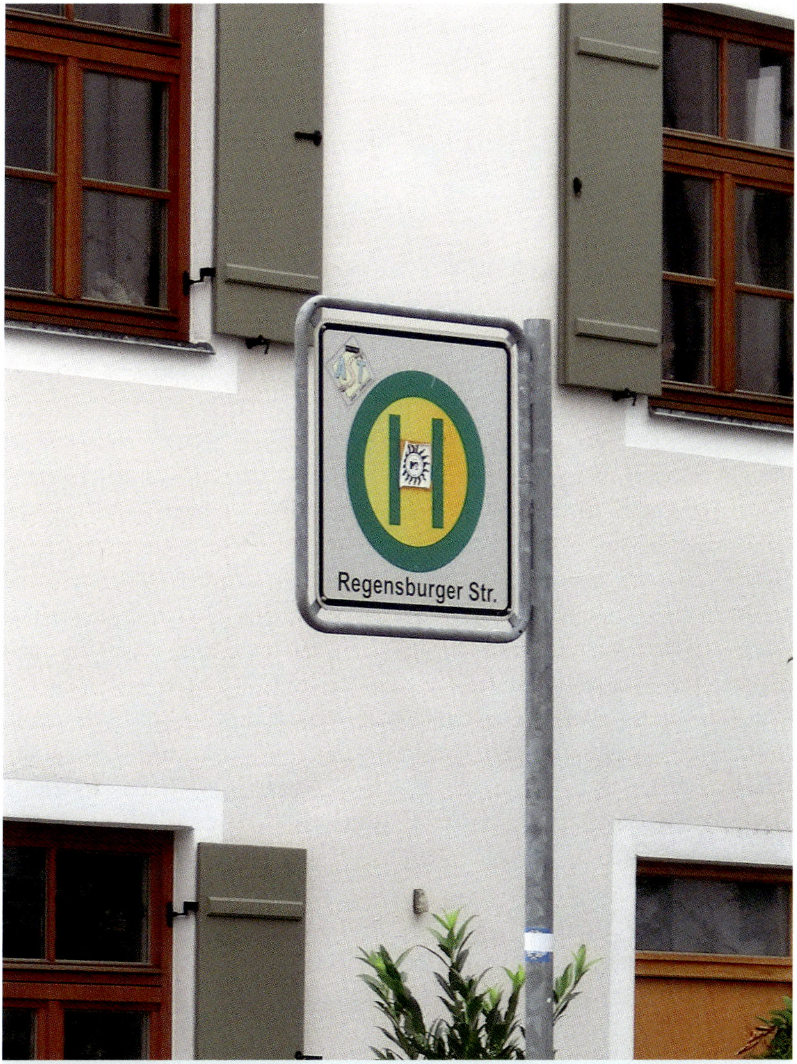

HARTE 5 FAKTEN

Adresse: Regensburger Straße, 94315 Straubing
Zeitraum des Stadionbestehens: 1938–1982
Verein: TSV Straubing
Spanglers Lebensdaten: 14. 10. 1952 – 4. 7. 2021
Begebenheit: Zusammenprall von Spangler

Stuttgart 093

Neckarstadion

Auf ewig Tabellenführer

Am 12. August 2006 übernahm der FCN erstmals nach rund 38 Jahren wieder die Tabellenführung der 1. Bundesliga. Zum Auftakt der Spielzeit 2006/07 hatte es einen 3:0-Sieg beim VfB Stuttgart gegeben, den Clubtrainer Hans Meyer in der für ihn typischen Art kommentierte: „Ich denke, die Spitze werden wir auch nicht mehr hergeben."

Meyer hatte dies nicht sehr ernst gemeint, aber „gehen Sie davon aus", dass das die Clubfans richtig gerne gesehen hätten. Doch auch wenn sich der FCN lediglich bis zum dritten Spieltag an der Tabellenspitze hielt, wurde es eine durchaus erfolgreiche Saison. In dieser konnten die Schwaben, die am Ende Meister wurden, zwei weitere Male besiegt werden. 4:1 in der Rückrunde und natürlich im legendären Pokalfinale 2007 in Berlin mit 3:2 nach Verlängerung.

Es gab aber auch andere Zeiten. So steht das mehrfach umgebaute und umbenannte Neckarstadion des VfB für die höchste Niederlage des FCN in der 1. Bundesliga. 0:7 – so hoch verlor der Club nur nochmals 2018/19 bei Borussia Dortmund – hieß es am 5. November 1983 in Stuttgart. Das war in der fürchterlichen Spielzeit 1983/84, als der FCN ohne einen einzigen Auswärtspunkt abstieg. Neben diesem Negativrekord fiel in jene Zeit auch noch ein weiterer, nämlich eine Serie von 29 Auswärtsniederlagen in Folge zwischen 1982 und 1984.

Übrigens setzte es 1983/84 mit 0:6 gegen den VfB auch die höchste Heimniederlage im Oberhaus. Darüber hinaus zudem die höchste Niederlage in der 2. Bundesliga, als man 2019/20 bei einem weiteren 0:6 um den Club fürchten musste.

Das Fürchten lehrte die Schwaben wiederum Georg Kennemann. Der FCN-Meisterspieler von 1948 machte einst die knielangen „Kennemann-Hosen" berühmt, war Kriminalpolizist und für seine harte Spielweise berüchtigt. Und da er in einem Spiel beim VfB einst seinen Gegenspieler rabiat per Kinnhaken ausschaltete, diente sein Name schwäbischen Eltern später sogar zur Kindererziehung: „Hano, wenn's Büble net pariert, / wenn's bös ist und sich schlecht aufführt, / droh ich, weil sonst nix helfe kah: / ‚Büble, ich sag's dem Kennemah!'"

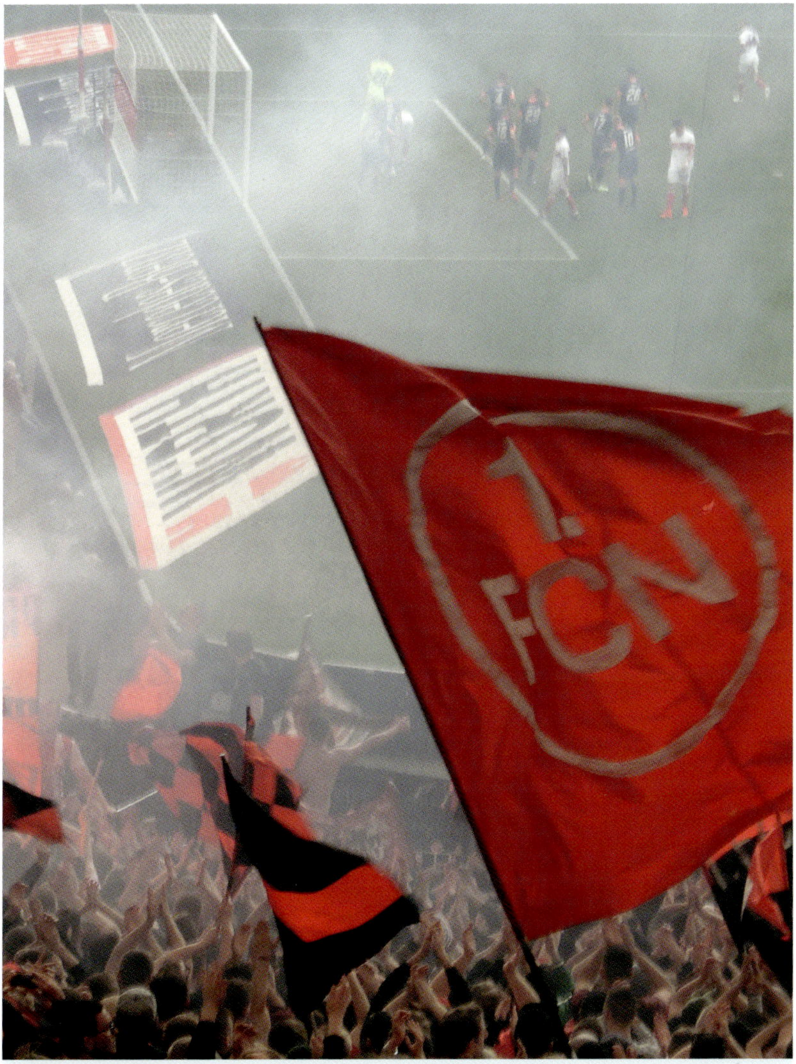

HARTE 5 FAKTEN

Adresse: Mercedesstraße 87, 70372 Stuttgart
Erbaut: 1933
Zuschauerkapazität: 60.449
Verein: VfB Stuttgart
Begebenheit: Tabellenführung (2006/07) und höchste Bundesliga-Niederlage (1983/84)

Stuttgart 094

Waldau-Stadion

Durchmarsch

Im Jahr 1905 eingeweiht, ist das Waldau-Stadion im Stuttgarter Stadtteil Degerloch das älteste Stadion Deutschlands, in dem nach wie vor Fußball gespielt wird. Bis 1975 verfügte die Spielstätte der Stuttgarter Kickers sogar noch über eine Holztribüne aus dem Jahr 1913, ehe diese aufgrund von DFB-Auflagen abgerissen werden musste.

Es handelte sich bei jener ehrwürdigen Haupttribüne übrigens um eine originalgetreue Tribünen-Nachempfindung des legendären Highbury von Arsenal in London, allerdings im Maßstab 1:3.

Bei den Kickers, so könnte man nun denken, ist eben alles ein bis zwei Nummern kleiner. Tatsächlich waren die Blauen aber lange Zeit zumindest in Stuttgart die Größten, wurden 1908 sogar Deutscher Vizemeister. In späteren Jahren vom Lokalrivalen VfB überholt, schafften es die Kickers aber immerhin 1987 ins DFB-Pokalfinale sowie Ende der 1980er- und Anfang der 1990er-Jahre zweimal in die 1. Bundesliga.

Ansonsten spielten die Blauen in jener Zeit meist in der zweiten Liga. So auch 1997/98, als es am 33. Spieltag den 1. FC Nürnberg ins Waldau-Stadion verschlug. In der Vorsaison wieder aus der Regionalliga aufgestiegen, schickten sich die Cluberer an, die Jahre zum Vergessen vergessen zu machen. Nach dem Abstieg 1994 aus der 1. Bundesliga, landete der FCN 1995 auch in Liga 2 auf einem Abstiegsplatz und erreichte nur aufgrund von Lizenzentzügen anderer Vereine den Klassenerhalt. 1996 erwischte es den Club aber schließlich und der erste und einzige Sturz in die Drittklassigkeit folgte.

Doch bereits am 3. Juni 1998, ein Mittwochabend, klopfte der in der Vorsaison in die 2. Bundesliga aufgestiegene FCN im Waldau-Stadion wieder an der Tür zum Fußballoberhaus. Und da Aufstiegskonkurrent FC Gütersloh parallel nur unentschieden spielte, reichte dem Club ein Tor von Sasa Ciric und ein 1:1 bei den Stuttgarter Kickers, um sich am vorletzten Spieltag vorzeitig Platz 3 zu sichern.

Dieser berechtigte damals zum direkten Aufstieg in Liga 1 und machte den sensationellen Durchmarsch von der Regionalliga Süd in die 1. Bundesliga perfekt.

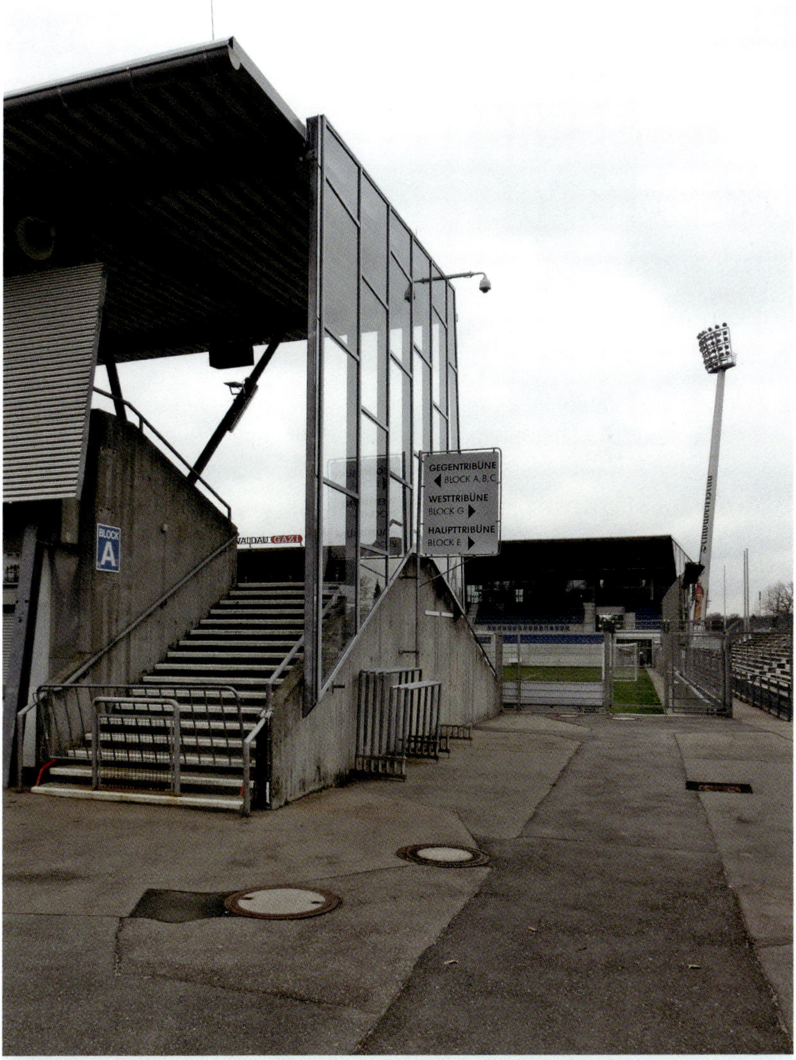

HARTE 5 FAKTEN

Adresse: Guts-Muths-Weg 4, 70759 Stuttgart
Erbaut: 1905
Zuschauerkapazität: 11.408
Verein: Stuttgarter Kickers
Begebenheit: Aufstieg in die 1. Bundesliga 1997/98

Ulm 095

Donaustadion

Nur der FCN!

Wer wurde 1935 erster Deutscher Pokalsieger? Nur der FCN! Wer war bis 1969 Rekordpokalsieger? Nur der FCN! Man könnte also durchaus zu dem Schluss kommen, der FCN sei eine Pokalmannschaft. Ist er aber nicht! Oder nicht mehr!

Und so hätten in der Folge wohl viele Clubfans auf die Frage, welcher Bundesligist als erster gegen einen Fünftligisten aus dem Pokal fliegen könnte, geantwortet: „Nur der FCN!".

So ist er eben, der Umgang der Cluberer mit ihrem Club: Liebevoll ironisch. Eine Portion fränkischer Zweckpessimismus ist da freilich auch dabei. Kommt es nicht so schlimm wie befürchtet, freut man sich. Kommt es doch so schlimm, hat man wenigstens recht behalten.

So wird wohl auch der ein oder andere am 26. August 2001 gedacht haben. Der 1. FC Nürnberg musste beim SSV Ulm im Donaustadion antreten. Dort hatten die sogenannten Spatzen in den Vorjahren Großes vollbracht, waren zwischen 1997 und 1999 von der Regionalliga Süd in die 1. Bundesliga durchmarschiert.

Noch schneller ging es zurück. Nach einem Lizenzentzug spielte der SSV 2001 nur noch in der fünftklassigen Verbandsliga Württemberg. Und in der 1. Pokalhauptrunde gegen den FCN. Dort avancierte der SSV Ulm zum niederklassigsten Verein, der je im DFB-Pokal – noch dazu gegen einen Erstligisten – ein Spiel gewinnen konnte.

Zweimal musste Clubtorwart Darius Kampa hinter sich greifen. Für den FCN traf einzig der Mann mit den zwei Namen: Stojcho Stoilow oder Stoikos Stoilas. Ähnlich wie die Pokalblamage sorgte auch dieser für Schlagzeilen. Nicht wegen seines Treffers im Donaustadion, sondern wegen Urkundenfälschung. Wohl auf Drängen seines vormaligen Vereins Litex Lowetsch hatte sich der Bulgare nämlich die griechische Staatsbürgerschaft erschlichen, damit man für ihn als EU-Bürger eine höhere Ablösesumme kassieren kann. Dafür wurde Stoilow dann zu einer 70.000-Euro-Geldstrafe und einer achtmonatigen Haftstrafe verurteilt, deren Vollstreckung zur Bewährung ausgesetzt wurde. Und wer hatte Stoilas verpflichtet? Nur der FCN!

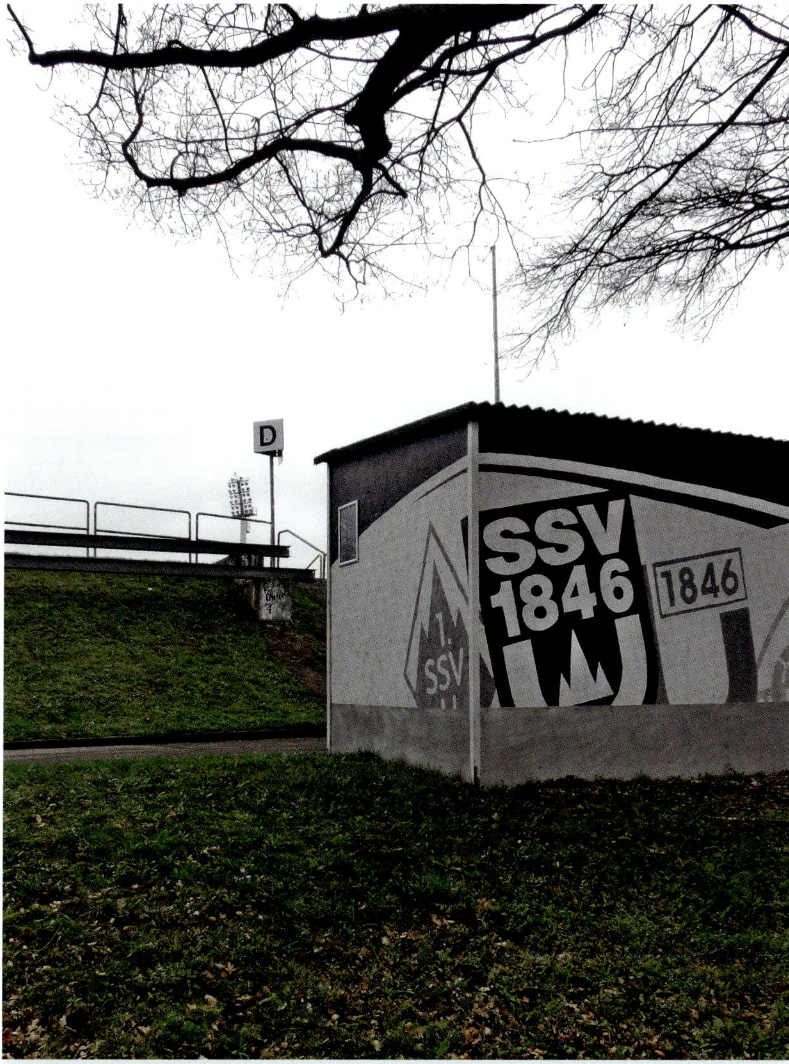

HARTE 5 FAKTEN

Adresse: Stadionstraße 5, 89073 Ulm
Erbaut: 1925
Zuschauerkapazität: 19.500
Verein: SSV Ulm
Begebenheit: Pokalaus gegen Fünftligist (2001/02)

Estadio Mestalla

Aus Clubsicht wenig fruchtbar

Das Estadio Mestalla wurde 1923 eröffnet und bereits vier Jahre später erstmals erweitert. 1940 musste es dann aber neu aufgebaut werden. Denn Valencia war eine der letzten Städte, die den Francoisten im Spanischen Bürgerkrieg Widerstand leistete.

So nahm das Stadion des FC Valencia während der Auseinandersetzungen nicht nur Schaden, es wurde im Anschluss auch als Konzentrationslager und Schrottplatz genutzt. Übrig blieben eine beschädigte Tribüne und ansonsten lediglich Grundmauern.

In der wiederaufgebauten Spielstätte durfte der FC Valencia dann seine erste erfolgreiche Dekade erleben, die 1940er-Jahre. Drei spanische Meisterschaften und zwei Pokalsiege stehen in dieser Zeit zu Buche und ermöglichten es auch, dass das Estadio Mestalla in den 1950er-Jahren ausgebaut werden konnte. 45.000 Zuschauer fasste das Stadion anschließend, das seinen Namen übrigens von einem der Kanäle hat, der die fruchtbaren Obstgärten in Valencias Umgebung bewässert.

Fruchtbar waren auch die Auftritte des FC Valencia im Messepokal. 1962 und 1963 konnte der Verein mit der Fledermaus im Wappen den Cup gewinnen, zudem 1964 das Finale erreichen.

Für den 1. FC Nürnberg stand hingegen in der Spielzeit 1966/67 erst die zweite Teilnahme in diesem europäischen Wettbewerb an. Aber nach zwei ordentlichen sechsten Plätzen in der Bundesliga in den beiden Saisons zuvor konnte man durchaus Hoffnungen hegen, dass der Club auch international erfolgreich spielen kann.

Doch mit eben jenem FC Valencia stand bereits in Runde 1 ein schwerer Gegner im Weg. Schon das Hinspiel am 21. September 1966 in Nürnberg ging dabei verloren. Heinz Strehls 1:0 war zu wenig. Am Ende hieß es 1:2.

Somit schlechte Vorzeichen für das Rückspiel im Estadio Mestalla, wo der Club dann am 5. Oktober 1966 vor 50.000 Zuschauern mit 0:2 unterlag. Das war es für den FCN im Messepokal. Und auch der Nachfolgerwettbewerb, der UEFA-Pokal, sollte für den Club wenig fruchtbar sein. Anders aus Sicht des FC Valencia, der 2004 auch den UEFA-Pokal ins Estadio Mestalla holte.

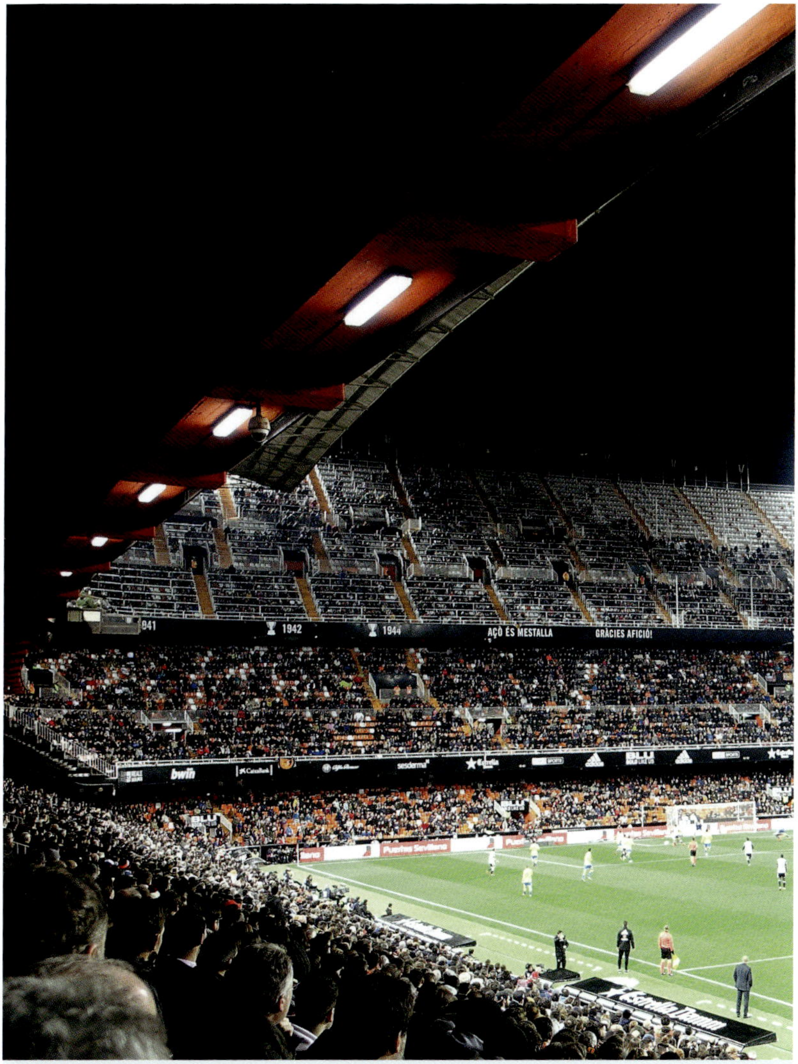

HARTE 5 FAKTEN

Adresse: Avenida Suècia, 46010 Valencia
Erbaut: 1923
Zuschauerkapazität: 55.000
Verein: FC Valencia
Begebenheit: 1. Runde Messepokal 1966/67

Volos 097

Panthessaliko Stadio

Überwintern

Larisa ist nicht nur die größte Stadt der griechischen Region Thessalien, sondern auch deren Hauptstadt. Mit AE stellt Larisa zudem auch den erfolgreichsten Verein der Region. Doch über ein Stadion nach UEFA-Vorgaben verfügte die thessalische Großstadt lange nicht.

So kam es, dass AE Larisa als griechischer Pokalsieger des Jahres 2007 im UEFA-Pokal vom heimischen Alcazar ins Panthessaliko Stadio nach Volos ausweichen musste. Dieses war 2004 für das Frauenfußballturnier der Olympischen Spiele in der thessalischen Hafenstadt errichtet worden.

Dahin verschlug es dann auch den 1. FC Nürnberg, als er in der Gruppenphase des UEFA-Pokals am 20. Dezember 2007 bei AE Larisa antrat. Das Pokalsiegerjahr neigte sich dem Ende. Es war kurz vor Weihnachten. Es war das letzte Spiel der Gruppenphase. Und es war schon verdammt lang her, dass der Club im Europapokal überwinterte.

Genauer gesagt gelang dies zuletzt 1962/63. Damals als amtierender DFB-Pokalsieger im Europapokal der Pokalsieger. Trainer war dabei übrigens Herbert Widmeyer, der nicht nur aufgrund seiner Erfolge mit dem Club bekannt wurde, sondern auch wegen des 30. Oktobers 1963. Denn die Trennung des FCN von Widmeyer an jenem Tag ging als erste Trainerentlassung der Bundesligahistorie in die Annalen ein.

Ebenfalls Geschichtsträchtig war der Sieg der von Hans Meyer trainierten Clubelf im DFB-Pokal 2007. Und nach 45 Jahren gelang dem FCN daraufhin zudem tatsächlich wieder der Verbleib im internationalen Wettbewerb auch über Silvester hinaus.

Mit einem 3:1 im Panthessaliko Stadio von Volos machte der Club das Weiterkommen perfekt. Ivan Saenko, Marek Mintal und Angelos Charisteas hießen dabei die Torschützen gegen AE Larisa.

Wie Herbert Widmeyer schaffte also auch Meyer mit seiner Mannschaft nach dem Pokalsieg das Überwintern im Europacup. Doch wie Widmeyer wurde auch Hans Meyer später entlassen. Meyer, am 11. Februar 2008 gekündigt, saß sogar nicht einmal mehr in den folgenden UEFA-Pokalspielen auf der Clubbank.

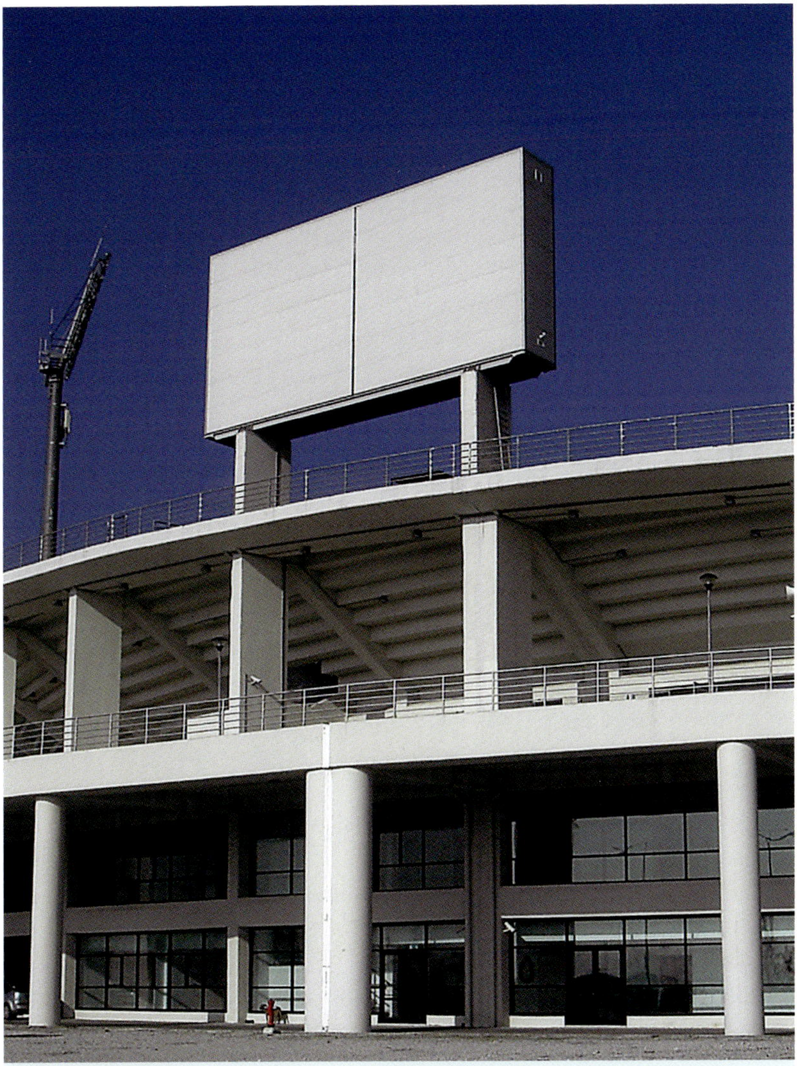

HARTE 5 FAKTEN

Adresse: Odos Stadiou, 38222 Volos
Erbaut: 2004
Zuschauerkapazität: 22.700
Verein: Olympiakos Volos (Europapokal 2007/08: AE Larisa)
Begebenheit: Gruppenspiel UEFA-Pokal 2007/08

Weismain 098

Waldstadion

Synonym für Regionalliga

Der 12. April 1997 ist vielleicht der größte Tag in der Sportgeschichte Weismains, einer Kleinstadt am Nordrand der Fränkischen Schweiz. Denn damals pilgerten sage und schreibe 17.000 Menschen in das örtliche Waldstadion. Anlass war ein Spiel in der Regionalliga Süd des SC Weismain. Freilich nicht irgendeines.

Die Weismainer waren bis 1996 in die Drittklassigkeit aufgestiegen. Und mit dem sportlichen Erfolg einher ging auch die Entwicklung des Waldstadions, das bis dahin bereits über 10.000 Plätze verfügt hatte. Doch damit nicht genug. „Ein Fassungsvermögen von 10.000 aber war zu wenig, denn es nahte in der Regionalliga Süd das Spiel der Spiele aus Weismainer Sicht: Der 1. FC Nürnberg kam! So schloss man an die neun Betonstehstufen der Ostseite weitere 18 Reihen Sandsteinrohlinge als Stehränge an, stellte zudem eine Flutlichtanlage fertig. Am 12. April 1997 trat der Club in der 5.000-Einwohner-Gemeinde an, in der beim ‚Franken-Fußballfest' sensationelle 17.000 Zuschauer gezählt wurden!" So schrieb Werner Skrentny in seinem Werk „Das große Buch der deutschen Fußball-Stadien".

Durch die finanzielle Unterstützung eines örtlichen Bauunternehmers entstand letztlich ein beeindruckendes Naturstadion, bei dem also insgesamt 27 Stehränge den Waldhang neben dem Spielfeld emporklimmen. Es ist wohl nicht nur für den Fußballhistoriker Hardy Grüne „eines der atemberaubendsten Stadien des Landes".

Dort gewann 1997 der in der Vorsaison abgestiegene und dramatisch abgestürzte FCN vor ausverkauftem Haus mit 2:0. Alleine aufgrund der Atmosphäre ist dieses Spiel legendär. Aus Sicht der im Jahr zuvor bitter enttäuschten Clubfans schien an jenem schönen Apriltag alles möglich: Der Wiederaufstieg am Saisonende sowieso, der Durchmarsch in Liga 1 auch, ja selbst ein Pokalsieg zehn Jahre später.

Im Rückblick glänzt das einzige drittklassige Jahr des FCN damit sogar. Und Weismain wurde für die Cluberer zum Synonym für Regionalliga. Leuten zu erzählen, dass man dort war, verleiht einen in Fankreisen noch heute ein gewisses Prestige.

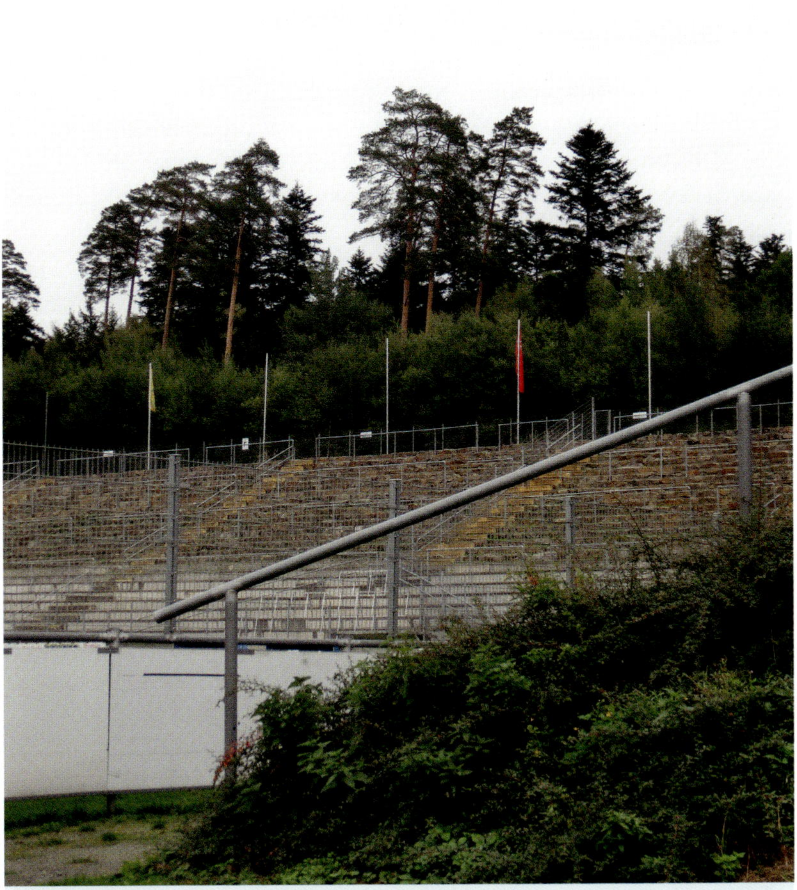

HARTE 5 FAKTEN

Adresse: Baiersdorfer Straße 12, 96260 Weismain
Erbaut: 1945 / 1968
Zuschauerkapazität: 17.000
Vereine: SC Weismain (heute: SCW Obermain)
Begebenheit: „Franken-Fußballfest" in der Regionalliga 1996 / 97

Weststadion

Zuhause in Hütteldorf

„Rapid Wien und FCN", schallt es nicht selten durch das Wiener Weststadion. Ebenso ist dieser Fangesang im Max-Morlock-Stadion zu hören. Waren es anfangs die Ultras, die den bereits in den 1970er- und 1980er-Jahren zwischen Teilen beider Fanszenen bestehenden Kontakt wiederbelebten und 2002 ihre Freundschaft offiziell begründeten, wird diese deutsch-österreichische Fanfreundschaft inzwischen von einer breiten Fanbasis getragen.

Rapid, zuhause im Wiener Stadtteil Hütteldorf, spielt im 2016 erbauten Weststadion, welches auf dem Areal des vormaligen Gerhard-Hanappi-Stadions errichtet wurde. Wie der zuvor genutzte Rapid-Platz auf der Pfarrwiese war jedoch auch das „St. Hanappi" bei Spielen von besonderem Zuschauerinteresse zu klein, weshalb in diesen Fällen ins große Praterstadion ausgewichen wurde.

Auch Erzrivale Austria hielt dies übrigens so und nutzte für solche Spiele das Stadion im Wiener Prater. So im Juli 1968 für ein – letztlich sehr ruppiges – Freundschaftsspiel gegen den 1. FC Nürnberg.

Dabei sah Clubstürmer Georg Volkert beim Stand von 2:1 für den FCN die Rote Karte und weigerte sich anschließend vehement, das Spielfeld des später nach Ernst Happel benannten Stadions zu verlassen. Damit sorgte Volkert tatsächlich für einen Spielabbruch.

Freundschaftsspiele, die diese Bezeichnung verdienen, gab es auch zwischen Rapid und dem Club. Nachdem sich beide Vereine bereits zweimal in einem Halbfinale um den Deutschen Pokal gegenüber gestanden hatten, 1938 sowie im Wettbewerb 1939, kam es 2013, noch im alten Gerhard-Hanappi-Stadion, und 2019 zu den herbeigesehnten Begegnungen. Wie bei den Pokalspielen, ging auch hier je ein Vergleich an Rapid, einer an den FCN.

Im Rahmen der Freundschaftsspiele wurde dann im Wortsinn die Freundschaft auf und neben den Rängen intensivst zelebriert. Auch sonst sind regelmäßig Clubfans bei Rapid-Spielen im Weststadion anzutreffen. So wurde die Hütteldorfer Spielstätte mit ihrem markanten röhrenförmigen Gebäude hinter der Haupttribüne nicht nur die neue Heimat der Rapidler, sondern ist inzwischen auch zweite Heimat vieler Cluberer.

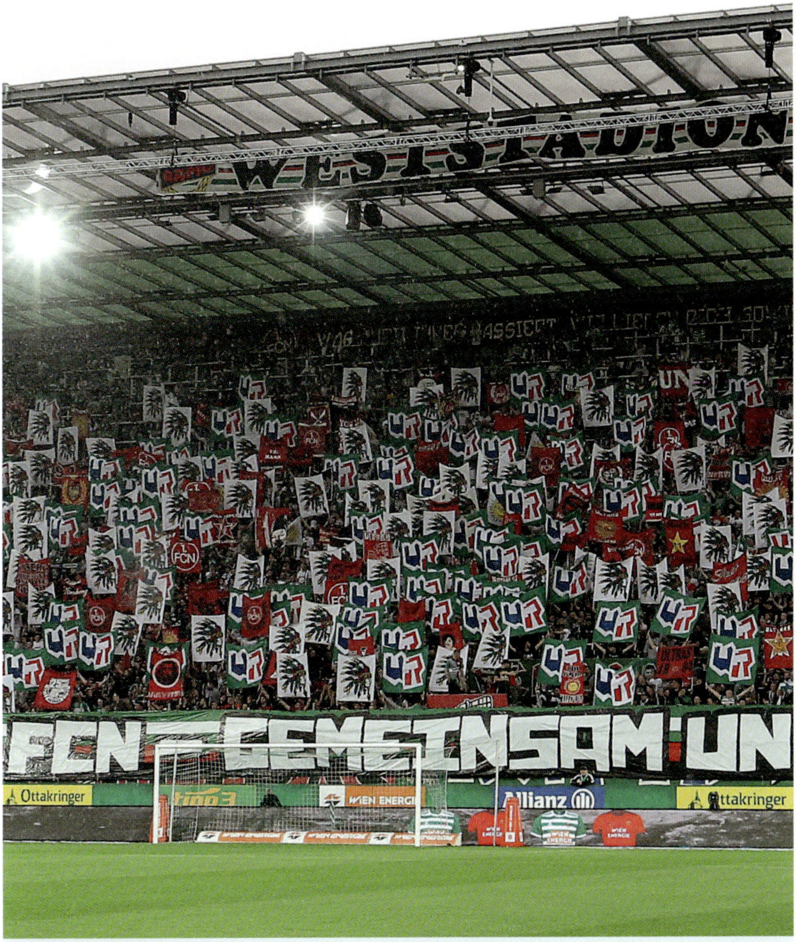

HARTE **5** FAKTEN

Adresse: Gerhard-Hanappi-Platz 1, Hütteldorf, 1140 Wien
Erbaut: 1977/2016
Zuschauerkapazität: 28.345
Verein: Rapid Wien
Begebenheit: Deutsch-österreichische Fanfreundschaft

Wiesbaden 100

Studio unter den Eichen

Jeder Schuss ein Treffer

Am 24. August 1963, mit dem Start der damals neu gegründeten Bundesliga, ging das „Aktuelle Sportstudio" erstmals auf Sendung. Die wöchentliche Sportsendung des ZDF ist seitdem ständiger Wegbegleiter des Fußballoberhauses. Zudem schuf sich das „Aktuelle Sportstudio" mit dem Torwandschießen ein Markenzeichen, welches Kultstatus erreicht hat.

Los ging es einst am provisorischen Sitz des ZDF in Eschborn, ehe Sender und Sportsendung 1964 im Studio unter den Eichen in Wiesbaden eine neue Heimat fanden.

Viele Sportgrößen waren dort Gast, beziehungsweise seit 1984 im ZDF-Sendezentrum in Mainz. Und sie alle waren aufgefordert, auf die inzwischen legendäre Torwand zu schießen. „Drei unten, drei oben", also dreimal den Ball im Loch unten rechts und dreimal in dem oben links versenken.

Dieser Herausforderung stellte sich bei seinem Auftritt auch Toni Allemann, Schweizer Nationalspieler und von 1964 bis 1966 in Diensten des 1. FC Nürnberg.

Für diesen gelangen Allemann acht Tore in 50 Bundesligaspielen. Doch wirklich bemerkenswert war der eine Sportstudiobesuch, bei dem der Cluberer sagenhafte vier Treffer erzielen konnte.

Am 29. Januar 1966 verwandelte Toni Allemann zunächst dreimal unten rechts – Raunen im Studio unter den Eichen. Als der Linksaußen des FCN dann der vierte Treffer in Folge gelang, diesmal oben links, sprang das Studiopublikum in Wiesbaden auf und jubelte begeistert. Allemann scherzte mit Moderator Gerd Krämer und musste derart lachen, dass er die letzten beiden Schüsse gar nicht mehr ausführte.

Damit ging der Clubspieler in die Geschichte ein. Denn er war der erste Teilnehmer überhaupt, der viermal im „Aktuellen Sportstudio" traf. Überboten wurde das erst 1974 von Günter Netzer mit fünf Treffern, bei allerdings einem Fehlversuch und in einer Zeit, als der Durchmesser der Torwandlöcher bereits von 50 Zentimeter auf 55 Zentimeter erhöht worden war. So ist Toni Allemann vom FCN nach wie vor der einzige Sportstudio-Torwandschütze, bei dem jeder Schuss ein Treffer war.

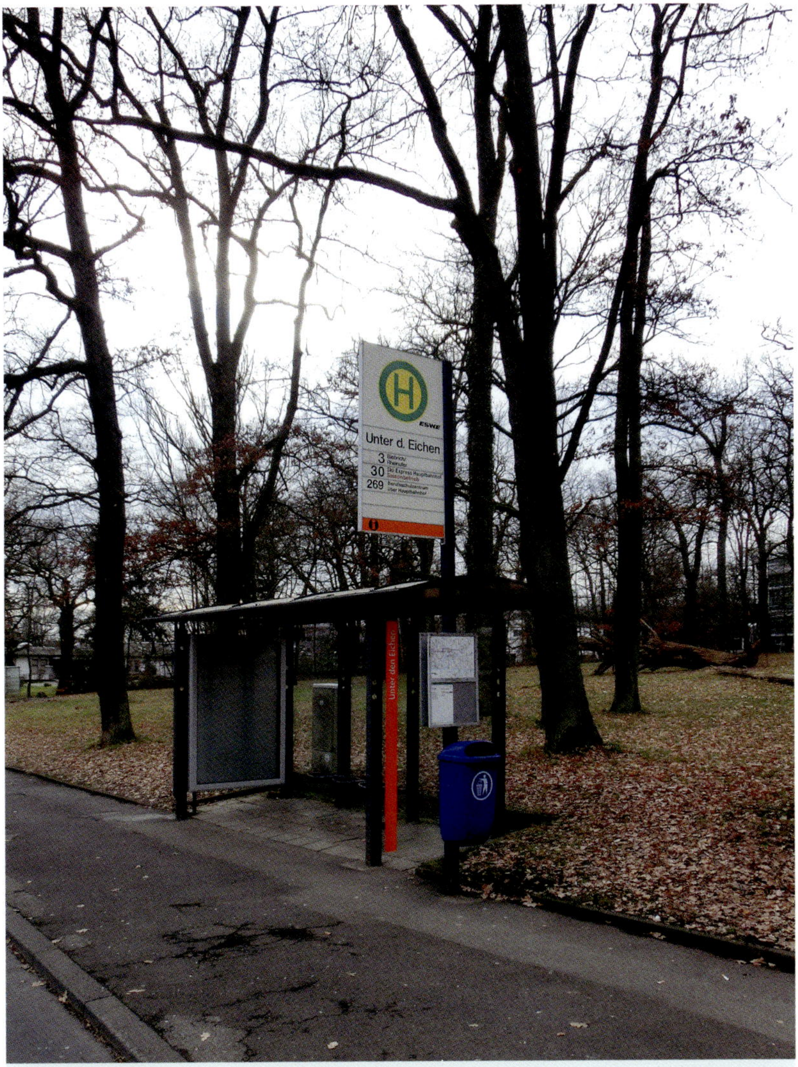

HARTE 5 FAKTEN

Adresse: Unter den Eichen 5, 65195 Wiesbaden
Heimat des „Aktuellen Sportstudios“: 1964–1984
Fernsehsender: ZDF
Torwandschütze des FCN 1966: Toni Allemann
Begebenheit: Kein Fehlversuch beim Torwandschießen

Einer geht noch, einer geht noch rein …

Dieser Ort hätte unbedingt noch reingehört?

Verzeihung. Bitte hier eintragen

HARTE 5 FAKTEN

Quellen

1. FC Hersbruck / 1. FC Köln / 1. FC Lokomotive Leipzig / 1. FC Nürnberg / 11 Freunde / AE Larisa / Ajax Amsterdam / Alemannia Aachen / alleburgen.de / anpfiff.info / Arminia Bielefeld / Atletico Madrid / AS Saint-Étienne / Augsburger Allgemeine / Autozentrum Hammer / Bausenwein, Christoph; Kaiser, Harald; Siegler, Bernd: „Der Club. Die Chronik." Verlag Die Werkstatt, Göttingen 2018 / Bausenwein, Christoph; Kaiser, Harald; Siegler, Bernd: „Die Legende vom Club." Verlag Die Werkstatt, Göttingen 1996/2012 / Bausenwein, Christoph; Kaiser, Harald; Siegler, Bernd: „Legenden. Die besten Club-Spieler aller Zeiten." Verlag Die Werkstatt, Göttingen 2010 / Bausenwein, Christoph; Siegler, Bernd: „Das Club-Lexikon." Verlag Die Werkstatt, Göttingen 2002 / Bausenwein, Christoph; Siegler, Bernd; Liedel, Herbert: „Franken am Ball. Geschichte und Geschichten eines Fußballjahrhunderts." Echter Verlag, Würzburg 2003 / Bayerischer Rundfunk / Benfica Lissabon / Besiktas Istanbul / Bild / Block 2 – KMOP / Borussia Dortmund / cluberer69.de / Clubmagazin / Deutsche Akademie für Fußball-Kultur / Deutsche Handwerks-Zeitung / Deutscher Fußball-Bund / Deutsches Fußballmuseum / Der Spiegel / Der Tagesspiegel / Der Westen / die-fans.de / Die Tageszeitung „taz" / Diefenbacher, Michael; Endres, Rudolf (Hrsg.): „Stadtlexikon Nürnberg." Tümmel Verlag, Nürnberg 1999 / Die Welt / Dolomiten / Düsseldorfer SC 99 / Eintracht Frankfurt / Erzbischöfliches Priesterseminar Bamberg / europapokal.de / europlan-online.de / Faszination Nordkurve / FC Augsburg / FC Bayern München / FC Eintracht Bamberg / FC Energie Cottbus / FC Everton / FC Homburg / FC Ingolstadt / FC Schalke 04 / FC Valencia / Fenerbahce Istanbul / Fortuna Düsseldorf / Frankfurter Allgemeine Zeitung / Frankfurter TV 1860 / FSV Frankfurt / fupa.net / fussballdaten.de / fussballstadion.de / fussball-stadion.de / Ginhart, Karl et al.: „Dehio-Handbuch. Die Kunstdenkmäler Österreichs. Kärnten." Verlag Anton Schroll & Co., Wien 2001 / Gemeinde Natz-Schabs / Germania Frankfurt / glubberer.de / Grüne, Hardy: „100 Jahre Deutsche Meisterschaft. Die Geschichte des Fußballs in Deutschland." Verlag Die Werkstatt, Göttingen 2003 / Grüne, Hardy: „Fußballwappen." Verlag Die Werkstatt, Göttingen 2018; Grüne, Hardy: „Vereinslexikon. Enzyklopädie des deutschen Ligafußballs. Band 7." Agon-Sportverlag, Kassel 2001 / Grüne, Hardy; Karn, Christian: „Das große Buch der deutschen Fußballvereine.", Agon-Sportverlag, Kassel 2009 / Grüne, Hardy; Knieriem, Lorenz: „Enzyklopädie des deutschen Ligafußballs. 8. Spielerlexikon 1: 1890–1963." Agon-Sportverlag, Kassel 2006 / Hamburger Abendblatt /

Hamburger SV / Handelsblatt / Handke online / Handke, Peter: „Die Innenwelt der Außenwelt der Innenwelt." Suhrkamp Verlag, Berlin 1969 / Hannover 96 / Haus der Bayerischen Geschichte / Hefdla / herrensitze.com / Hertha BSC / Hessen Kassel / Hochschule Weihenstephan-Triesdorf / idowa.de / Inter Mailand / jp4sport.biz / Kicker und Kicker-Sonderhefte / kleeblatt-chronik.de / Kronen Zeitung / Lenhard, Michael: „Fußballheimat München und Südbayern", Arete Verlag, Hildesheim 2018 / meedia.de / Mein Club – Mein Verein / MTV Ingolstadt / n-tv / nachtkritik.de / Neue Zeitung / Neue Züricher Zeitung / Nürnberger Nachrichten und Nürnberger Zeitung mit den angeschlossenen Heimatzeitungen / nuernberginfos.de / Olympiakos Volos / paralympics.org / Rapid Bukarest / Real Madrid / RevierSport / Rheinische Post / Riegler, Theo: „Als Stuhlfauth noch im Tor stand. Ein Buch vom deutschen Fußball." Porta-Verlag, München 1953 / Rot-Schwarzes Quartier / Rot-Weiss Essen / RSC Anderlecht / schalkenews.de / Schwammberger, Adolf: „Fürth von A bis Z. Ein Geschichtslexikon." Selbstverlag der Stadt Fürth, 1968 / Setzepfand, Walter: „13, meine Glückszahl. Max Morlock." Copress-Verlag, München 1961 / SG Wattenscheid 09 / Skrentny, Werner: „Als Morlock noch den Mondschein traf. Die Geschichte der Oberliga Süd 1945–1963." Klartext-Verlag, Essen 1993 / Skrentny, Werner (Hrsg.): „Das große Buch der deutschen Fußball-Stadien", Verlag Die Werkstatt, Göttingen 2001 / sport.de / sport1.de / sportjournalist.de / sportler-des-jahres.de / SpVgg Greuther Fürth / sseairtricityleague.ie / SSV Ulm / Staatstheater Nürnberg / stadionwelt.de / stadiony.net / stadiumdb.com / Stadt Augsburg / Stadt Bamberg / Stadt Bielefeld / Stadt Berlin / Stadt Bochum / Stadt Bruneck / Stadt Düsseldorf / Stadt Dortmund / Stadt Frankfurt/Main / Stadt Fürth / Stadt Gelsenkirchen / Stadt Hannover / Stadt Hersbruck / Stadt Ingolstadt / Stadt Leipzig / Stadt Mannheim / Stadt München / Stadt Nördlingen / Stadt Nürnberg / Stadt Stuttgart / Stadt Ulm / Stadt Wiesbaden / Stadtarchiv Nürnberg / Stuttgarter Kickers / Suhrkamp / SV Sandhausen / SV Waldhof Mannheim / The Ritz-Carlton Berlin / t-online.de / transfermarkt.de / TSV 1860 München / TSV Blaibach / TSV Havelse / UEFA / VfB Stuttgart / wahretabelle.de / Weinrich, Matthias; Grüne, Hardy: „Deutsche Pokalgeschichte seit 1935. Enzyklopädie des deutschen Ligafußballs." Agon-Sportverlag, Kassel 2000 / weltexpresso.de / weltfussball.de / Wich, Georg; Kelber, Hildebrand: „Der Meisterclub. Geschichte des 1. FC Nürnberg." Copress-Verlag, München 1968 / ZDF / Zeitspiel / Zenit Sankt Petersburg